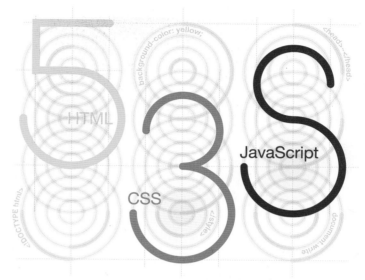

HTML5+CSS3+JavaScript

차세대 웹 프로그래밍

홍성용 지음

HB 한빛아카데미
Hanbit Academy, Inc.

지은이 홍성용 gowebprogram@gmail.com

지식을 널리 알리기 위해서는 무엇보다 좋은 콘텐츠가 필요하다고 생각하여 집필을 시작했다. 미국 IACIS학회 편집위원, 한국영재교육학회 운영위원장, 한국창의력교육학회 학술위원장, 한국전자상거래 상임이사, 한국정보과학회 데이터베이스 이사 등을 역임하였고, 관심 분야는 빅데이터 마이닝, 차세대 SW 교육, 미래지능형 로봇, 지능형 DB 시스템, 시맨틱 웹, 융합지식 서비스, 국가 IT 정책 분야 등이다. 저서로 『XML 프로그래밍』(한빛아카데미, 2015), 『창의력 향상을 위한 C 프로그래밍』(내하출판사, 2014), 『지능로봇프로그래밍』(북스홀릭, 2012), 『차세대 프로젝트 관리』(내하출판사, 2009), 『자바2 프로그래밍』(피어슨에듀케이션코리아, 2005) 등이 있다.

차세대 웹 **프로그래밍** : HTML5+CSS3+JavaScript

초판발행 2017년 07월 30일
5쇄발행 2022년 01월 20일

지은이 홍성용 / **펴낸이** 전태호
펴낸곳 한빛아카데미(주) / **주소** 서울시 서대문구 연희로2길 62 한빛아카데미(주) 2층
전화 02-336-7112 / **팩스** 02-336-7199
등록 2013년 1월 14일 제2017-000063호 / **ISBN** 979-11-5664-330-2 93000

책임편집 김성무 / **기획** 변소현 / **편집** 신꽃다미 / **진행** 이해원
디자인 표지 최연희, 내지 김연정 / **제작** 박성우, 김정우
영업 김태진, 김성삼, 이정훈, 임현기, 이성훈, 김주성 / **마케팅** 길진철, 김호철, 주희

이 책에 대한 의견이나 오탈자 및 잘못된 내용에 대한 수정 정보는 아래 이메일로 알려주십시오.
잘못된 책은 구입하신 서점에서 교환해 드립니다. 책값은 뒤표지에 표시되어 있습니다.

홈페이지 www.hanbit.co.kr / **이메일** question@hanbit.co.kr

지금 하지 않으면 할 수 없는 일이 있습니다.
책으로 펴내고 싶은 아이디어나 원고를 메일(writer@hanbit.co.kr)로 보내주세요.
한빛아카데미(주)는 여러분의 소중한 경험과 지식을 기다리고 있습니다.

1시간 강의를 위해
3시간을 준비하는 마음!

군더더기 없는 핵심 원리 + 말랑말랑 쉬운 콘텐츠

핵심 원리 하나만 제대로 알면 열 가지 상황도 해결할 수 있습니다.
친절한 설명과 명확한 기승전결식 내용 전개로 학습 의욕을 배가시켜줍니다.

핵심 원리 → 풍부한 예제와 연습문제 → 프로젝트로 이어지는 계단 학습법

기본 원리를 다져주는 예제, 본문에서 배운 내용을 촘촘하게 점검해볼 수 있는 연습문제,
현장에서 바로 응용할 수 있는 프로젝트를 단계별로 구성해 학습의 완성도를 높였습니다.

학습욕구를 높여주는 현장 이야기가 담긴 IT 교과서

필드 어드바이저의 인터뷰와 주옥 같은 현업 이야기를 담았습니다.
강의실 밖 현장의 요구를 접하는 기회를 제공하고,
학생들 스스로 필요한 공부를 할 수 있도록 방향을 제시합니다.

4차 산업혁명 시대
웹 프로그램 개발에 도움이 되길 바라며

초창기에 웹은 단순히 정보를 전달할 목적으로 시작되었습니다. 그러나 2000년대 이후 '웹 2.0'이라는 혁명적인 변화를 맞았습니다. 웹 사용자들 간의 상호 협동적인 참여와 소통의 결과 집단지성이 만들어졌고, 사용자가 직접 제작한 콘텐츠인 UCC 문화가 확산되면서 콘텐츠 생산의 주체가 사업자뿐만 아니라 사용자로 확대되었습니다. 사용자 편의를 위한 UI/UX 디자인이 등장하였고, 웹을 이용한 비즈니스 모델이 등장하여 경제적으로도 많은 기여를 했습니다. 이렇듯 웹은 지능적인 진화를 거듭하고 있습니다.

이 책은 차세대 웹 프로그래밍 기술인 HTML5를 HTML5 문서, CSS3 스타일시트, 자바스크립트로 나누어 설명합니다. 또한 다이나믹한 웹을 개발하는 데 사용하는 응용 라이브러리인 제이쿼리도 소개합니다. 이 책의 구성과 특징은 다음과 같습니다.

구성

❶ **웹 프로그래밍의 이해** : 웹의 개념과 활용 분야를 알아보고, HTML5 웹 표준이 등장하게 된 배경을 살펴봅니다. 그리고 실습을 위해 필요한 프로그램은 무엇인지 알아보고 내 컴퓨터에 설치해봅니다.

❷ **HTML5 이해와 활용** : HTML5 문서 구조와 작성 규칙을 알아보고, 기본 태그와 멀티미디어 태그, 입력 양식 태그와 공간 분할 태그의 종류와 사용법에 대해 알아봅니다.

❸ **CSS3 이해와 활용** : CSS3 스타일시트의 기본 사용법을 익힌 후 선택자 및 속성의 종류를 알아보고 다양한 예제로 실습해봅니다. CSS3를 이용하여 웹 문서에 적용할 수 있는 다양한 효과와 애니메이션 기법에 대해서도 살펴봅니다.

❹ **자바스크립트 이해와 활용** : 자바스크립트의 역할과 작성 방법을 익힌 후 변수, 연산자, 제어문 등의 기본 문법과 함수 및 배열 같은 고급 문법을 실습해봅니다. 자바스크립트 객체를 활용하는 방법과 자바스크립트 응용 라이브러리인 제이쿼리의 사용법도 익힙니다.

특징

❶ HTML5, CSS3, 자바스크립트의 각 내용을 체계적으로 정리하고, 정리한 내용을 다양한 예제로 실습합니다.

❷ 책에 실린 내용 외에 추가적인 내용을 찾아볼 수 있도록 중간 중간 참고 사이트를 안내합니다.

❸ 각 장에서 배운 내용을 퀴즈로 풀어 볼 수 있도록 퀴즈 사이트를 제공합니다. https://sites.google. com/view/webprogram 사이트에 접속하면 퀴즈를 푼 후 바로 답을 확인할 수 있습니다.

웹 기술 분야는 광범위합니다. 책의 지면상 모든 기술을 다루지 못해 안타깝지만 '천리 길도 한 걸음 부터'라는 말처럼 이 책을 통해 기초부터 하나하나 학습하면 앞으로 Node.js, WebGL, XML, JSP, PHP, ASP 등의 웹 프로그램 기술을 학습하는 데 튼튼한 토대가 되리라 생각합니다.

이 책이 독자 여러분의 손에 들려지기까지 수고해주신 ㈜한빛아카데미 편집부와 직원 여러분께 감사 드립니다. 또한 집필 내내 격려를 아끼지 않고 언제나 아낌없는 사랑과 힘이 되어준 가족과 세상에서 누구보다 사랑하는 두 아들에게 고맙게 생각합니다. 아울러 많은 독자들이 차세대 웹 기술을 이해하고 적용하는 데 이 책이 도움이 되었으면 좋겠습니다.

저자 **홍성용**

누구를 위한 책인가

웹 프로그래밍을 처음 배우는 학생을 대상으로 HTML5, CSS3, 자바스크립트, 제이쿼리 기술이 어떻게 연계되어 동작하는지 문법별로 학습하고, 다양한 예제로 실습해 볼 수 있도록 구성했습니다. 웹 프로그램이 어디서 어떻게 처리되어 서비스되는지, 그 과정에서 필요한 기술은 무엇인지 등 웹 환경 전체를 이해할 수 있습니다.

강의 보조 자료

한빛아카데미 홈페이지에서 '교수회원'으로 가입하신 분은 인증 후 교수용 강의 보조 자료를 제공받으실 수 있습니다. 한빛아카데미 홈페이지 상단의 〈교수전용공간〉 메뉴를 클릭해 주세요.
http://www.hanbit.co.kr/academy

퀴즈 사이트

각 장에서 배운 내용을 다음 사이트에서 퀴즈로 풀어볼 수 있습니다.
https://sites.google.com/view/webprogram

이 책의 구성요소

예제
본문에서 배운 각종 태그, 속성, 프로그래밍 문법을 실습해 봅니다.

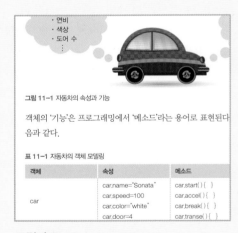

그림과 표
개념 간의 관계를 명확히 보여 주고, 핵심 개념을 일목요연하게 정리합니다.

실습 환경

이 책은 웹 클라이언트 개발에 관한 책으로 에디터와 웹 브라우저만 있어도 실습이 가능합니다. 단 웹 서버 구축을 해 보고 싶다면 2장을 참고하여 자바와 아파치 톰캣을 추가로 설치하시기 바랍니다.

구축 환경	명칭	참고 사이트
에디터	노트패드++	http://notepad-plus-plus.org
웹 브라우저	구글 크롬	https://www.google.com/intl/ko/chrome/browser/features.html
(옵션) 자바 플랫폼	자바 SE	http://www.java.com/ko
(옵션) 웹 서버	아파치 톰캣	http://tomcat.apache.org

예제 소스

실습에 필요한 자료는 다음 주소에서 내려받을 수 있습니다.

http://www.hanbit.co.kr/src/4330

연습문제 해답 안내

본 도서는 대학 강의용 교재로 개발되었으므로 연습문제 해답은 제공하지 않습니다.

▶ 요약

01 폼 태그

웹 양식은 웹 문서와 사용자 사이에서 원하는 정보를 주고받을
폼 태그(form tag)는 이러한 웹 양식을 만드는 데 사용하는 태그

02 GET 방식과 POST 방식

- **GET 방식** : 웹 서버와 클라이언트가 통신을 할 때 URL 뒤에 파
  방식이다.
- **POST 방식** : HTTP Request 헤더에 파라미터를 붙여서 데이터

03 입력 양식 태그

- **제출/초기화 양식** : 제출 양식은 입력 데이터를 처리하기 위한 버
  (reset) 버튼을 정의한다.

요약

각 장이 끝날 때마다 핵심 내용을 요약해서 정리합니다.
본문에서 익힌 세분화된 지식을 조립하여 전체적으로
완성할 수 있습니다.

▶ 연습문제

01 〈iframe〉에서 새로운 페이지가 보이도록 위치를 지정하는 속성은
① href   ② target
③ src   ④ name

02 폼이 여러 개 있을 때 경계선을 그려서 하나의 그룹으로 만들 때 시
① fieldset   ② grouping
③ textarea   ④ label

03 페이지의 영역을 나누는 방법 중 블록 형식에 대한 설명으로 틀린
① 페이지의 새로운 줄에서 시작하여 화면의 최대 너비를 갖는다.
② 이라이 레베이 청시빠이 아니기 다른 블록 청시오 프하하 스 이

연습문제

본문에서 익힌 내용을 문제 형식으로 정리합니다. 문제
를 풀면서 배운 내용을 다시 한 번 정리하고 응용력을
기를 수 있습니다.

Part 02 HTML5 이해와 활용

Part 03 CSS3 이해와 활용

Part 04 자바스크립트 이해와 활용

Chapter 01
웹 프로그래밍의 개요

학습목표

▶ 웹의 등장 배경을 알고 웹이 현재 어떻게 발전하고 있는지 설명할 수 있다.

▶ 웹의 다양한 활용 분야를 설명할 수 있다.

▶ 웹 표준의 필요성을 이해하고 HTML5의 특징을 설명할 수 있다.

▶ 웹 브라우저와 HTML 편집기의 종류를 알고 목적에 맞게 선택하여 사용할 수 있다.

01 웹의 개념

1 인터넷

과거에는 통신을 하려면 컴퓨터와 컴퓨터를 직접 연결해야 했다. 그러나 이러한 방법으로 하나의 도시 또는 나라 전체를 연결하는 것은 역부족이다. 이후 기술 발전이 이루어지면서 거리의 제약을 받지 않고 수많은 컴퓨터를 연결하는 인터넷이 등장하였다. 인터넷(Internet)은 우리가 사용하는 컴퓨터를 전 세계 규모로 연결한 것이다.

그림 1-1 인터넷 환경

인터넷은 1967년 미국 국방성의 지원으로 군사 정보를 공유하기 위하여 개발된 아르파넷(ARPANET)에서부터 발전하였다. 아르파넷은 처음에 군사적 목적으로 개발되었지만 1982년 컴퓨터 간의 데이터 전송을 위한 TCP/IP(Transmission Control Protocol/Internet Protocol) 프로토콜을 채택하면서 인터넷 환경의 기반을 갖추기 시작하였다.

이후 1986년 미국과학재단(NSF, National Science Foundation)에서 다섯 곳의 슈퍼컴퓨터를 연결한 학술연구용 네트워크인 NSFNET을 구축하였다. 하지만 NSFNET은 학술 연구

목적으로만 이용이 제한되어 다양하게 이용할 수 없었다. 이에 1991년 미국의 통신업자들이 CIX(Commercial Internet eXchange)라는 협회를 구성하여 상업적인 통신망을 구축하였다. 이를 계기로 여러 국가와 기업이 참여하여 연구하고 사용하기 시작하면서 현재의 인터넷 환경이 만들어졌다.

2 웹의 등장

인터넷 환경에서 웹 문서의 특정 정보를 사용할 수 있도록 해주는 서비스를 '월드 와이드 웹 (World Wide Web)' 또는 줄여서 '웹'이라 한다. 웹은 인터넷 표준 문서 시스템이다.

그림 1-2 월드 와이드 웹

웹은 1989년 스위스에 있는 유럽입자물리연구소의 팀 버너스리(Tim Berners-Lee)가 처음 제안하였다. 팀 버너스리는 문서, 이미지, 오디오 등의 다양한 데이터를 데이터베이스로 구축한 뒤 이를 시각적으로 표현하는 방법과, 구축된 데이터베이스에서 사용자가 필요한 문서를 찾고 관련된 다른 문서로 연결하는 검색 시스템을 제안하였다. 이는 웹 초기 하이퍼텍스트(hyper text) 방식의 시초가 되었다. 하이퍼텍스트는 필요한 정보를 서로 관련된 정보의 링크(link)를 통하여 검색하는 기본적인 구조를 말한다.

웹은 1991년에 일반인에게 공개되었다. 그리고 1993년 사용자의 편의를 위한 GUI(Graphic User Interface) 방식의 인터페이스를 제공하는 모자이크(Mosaic)라는 웹 브라우저가 보급되었다. 1994년에는 상업용 웹 브라우저인 넷스케이프 내비게이터(netscape navigator)가 개발되어 인터넷 보급에 큰 기여를 하였고, 이후 마이크로소프트의 인터넷 익스플로러(Internet Explorer)가 내비게이터를 앞지르게 되었다. 최근에는 구글(Google)의 크롬(chrome) 브라우저가 사용자층을 넓히며 인터넷 익스플로러와 더불어 웹 브라우저 시장을 점유하고 있다.

3 웹의 발전

웹 서비스의 목적은 많은 사람이 정보를 보다 쉽게 공유하고 접근할 수 있도록 하는 것이다. 웹의 특징은 다음과 같다.

- 전 세계의 컴퓨터를 연결한다.
- HTTP(Hyper Text Transfer Protocol) 프로토콜을 사용한다.
- HTML(Hyper Text Markup Language)로 작성된 문서를 연결한다.
- 텍스트, 그래픽, 오디오, 비디오, 프로그램 파일 등 멀티미디어 서비스를 제공한다.

웹은 기본적으로 클라이언트-서버 모델(client-server model)을 기반으로 동작한다. 즉 여러 사용자들이 다양한 웹 페이지를 만들어 웹 서버에 저장해놓으면, 인터넷에 연결되어 있는 수많은 클라이언트가 서비스를 요청하여 서버에 저장되어 있는 정보를 제공받는다.

과거에는 웹 서비스를 PC에서만 사용할 수 있었지만, 최근에는 스마트폰, 태블릿(tablet), 스마트TV, 스마트 워치(watch), 스마트 글래스(glass), 내비게이션 등 다양한 기기에서도 사용할 수 있게 되었다. 서버에서 제공되는 정보는 이러한 다양한 기기에 맞추어 제공되는데, 이러한 웹 환경을 반응형 웹(responsive web)이라고 하며, 반응형 웹을 위한 디자인 설계를 RWD(Responsive Web Design)라고 한다.

그림 1-3 반응형 웹 환경

02 웹의 활용 분야

1 정보 검색

정보 검색은 웹을 활용하는 가장 큰 이유 중 하나이다. 국내외 대표적인 정보 검색 플랫폼으로는 구글(Google), 야후(Yahoo), 다음(Daum), 네이버(Naver) 등이 있다. 구글은 키워드 중심 검색 서비스에 집중하여 검색 GUI가 상당히 심플하다. 야후, 다음, 네이버는 검색 기능과 함께 여러 가지 부가 서비스를 함께 제공하며 웹 트렌드에 따라서 GUI 환경을 계속 변경하고 있다.

구글

야후

다음

네이버

그림 1-4 정보 검색 플랫폼

2 온라인 쇼핑

온라인 쇼핑몰은 웹 역사상 가장 성공한 비즈니스 모델이다. 검색 사이트는 주로 광고 노출이나 검색 랭킹(lanking) 등으로 수익을 올리지만, 온라인 쇼핑몰은 상품 정보와 이용 후기를 공유하고 상품을 직접 구매할 수 있는 플랫폼을 제공하여 수익을 창출한다. 국내외 대표적인 온라인 쇼핑몰로는 아마존(amazon), 이베이(ebay), 알리바바(alibaba), 옥션(auction) 등이 있다. 이러한 온라인 쇼핑몰에서 발생한 고객의 구매 정보(고객 선호도, 월별 판매량 등)는 빅 데이터 분석 혹은 빅 데이터 마이닝 기술에 많이 활용된다.

아마존

이베이

알리바바

옥션

그림 1-5 온라인 쇼핑몰 사례

NOTE_ 빅 데이터

기존의 데이터베이스 관리 도구로 수집, 저장, 관리, 분석할 수 있는 역량을 넘어서는 대량의 정형 또는 비정형 데이터로부터 가치를 추출하고 결과를 분석하는 기술이다. 빅 데이터 기술은 다변화된 현대 사회를 더욱 정확하게 예측할 수 있도록 해주고, 현대 사회의 개개인에게 맞춤형 정보를 제공한다. 빅 데이터와 관련된 기술 자료는 한국정보화진흥원 홈페이지(http://www.nia.or.kr) 또는 빅 데이터 전략센터 홈페이지(http://kbig.kr)에서 참고할 수 있다.

3 가상공간 서비스

웹에서 가상공간은 말 그대로 현실 세계를 웹에 가상으로 구축해놓은 것이다. 가상공간에서는 교육, 체험 등 즐길거리가 많은데, 대표적인 활용 분야가 게임이다. 게임 분야는 시뮬레이션을 이용한 3차원 혹은 4차원 공간을 제공하는 가상공간 플랫폼을 많이 사용한다. 초창기 단순한 이벤트 처리 게임에서 출발해 지금은 지능적 소셜 전략 게임으로 확장 · 진화하고 있다.

최근에는 머리에 착용할 수 있는 헤드 마운트 디스플레이(HMD, Head-Mounted Displays)라는 가상공간 기술이 개발되어 3차원 혹은 4차원 영상을 좀 더 현실감 있게 즐길 수 있게 되었다. 대표적인 가상공간 플랫폼에는 세컨드 라이프(secondlife), 액티브 월드(activeworld), 오픈 시뮬레이터(opensimulator) 등이 있다.

세컨드 라이프

액티브 월드

오픈 시뮬레이터

그림 1-6 가상공간 플랫폼 사례

4 이러닝

이러닝은 정보통신기술을 활용하여 언제(anytime), 어디서(anywhere), 누구나(anyone) 수준별 맞춤형 학습을 할 수 있는 웹 서비스이다. 인간에게는 끝없는 학습 욕구가 있다. 예전에는 유명 강의를 듣기 위해 유학을 가고, 원하는 책을 찾아 도서관에 줄을 섰다. 하지만 지금은 외국 유명 대학교 강의도 인터넷으로 들을 수 있고, 직장 생활을 하면서 사이버 대학교에 다니며 공부할 수도 있다.

또한 텍스트나 이미지만 제공할 수 있는 종이책의 한계에서 벗어나 전자책(e-book)을 이용할 수 있게 되었고, 시뮬레이션 학습 등 웹을 이용한 이러닝 플랫폼이 꾸준히 늘어나 많은 사람들이 쉽고 재미있게 공부할 수 있게 되었다. 국내외의 많은 대학들이 이미 이러닝 플랫폼을 보유하고 있으며 다양한 계층에 교육 서비스를 제공하고 있다.

이러닝을 관리하고 서비스하는 대표적인 시스템에는 LMS(Leraning Management System)와 LCMS(Learning Content Management System)가 있다. 오픈 LMS로 가장 많이 알려져 있는 것으로는 무들(Moodle)과 프론터(Fronter)가 있다.

무들   프론터

그림 1-7 이러닝 플랫폼 사례

> **NOTE_ 이펍**
>
> 전자책 표준 이펍(EPUB, Electronic PUBlication)은 국제 디지털 출판 포럼(IDPF, International Digital Publishing Forum)에서 제정한 개방형 자유 전자책 표준이다. 이펍은 자동 공간 조정(reflowable)이 가능한 디자인이 적용되어 책의 내용을 디스플레이하는 기기의 형식 및 크기에 최적화된 상태로 볼 수 있다.

03 웹 표준과 HTML5

1 웹 표준의 필요성

웹 표준(web standard)은 왜 필요한 걸까? 과거에 표준이 없던 시절도 있었다. 물론 표준이 없어도 웹을 사용할 수 있다. 하지만 표준이 없으면 상당히 많은 불편함과 불이익을 감수해야 한다. 표준은 개발자 간의 일종의 약속과 같다. 누가 개발하든 정해진 규칙을 준수한다면 모두 호환되므로 편리하게 사용할 수 있다.

표준을 정하는 일은 보통 비영리 기관에서 담당하는 경우가 많다. 어떤 특정 회사에 종속되거나 그 회사의 기술만 사용하도록 강요하는 것을 사전에 방지하기 위해서이다. W3C(WWW Consortium)는 전 세계의 개인과 단체가 소속되어 웹에 관련된 다양한 기술과 안정적인 웹 브라우저 사용을 위한 표준안을 제정하고, 웹 개발자나 사용자 간의 정보 공유 및 신기술 개발 등에 많은 노력을 기울이고 있는 웹 표준 기관이다. 1994년 인터넷 발전에 큰 공헌을 한 팀 버너스 리를 중심으로 여러 관계자들이 모여서 웹에 관련된 표준안을 제정하고 이를 기술적으로 확산시키기 위해 결성되었다.

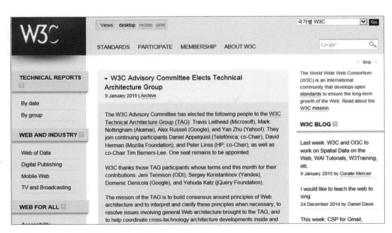

그림 1-8 W3C 홈페이지(http://www.w3.org)

초기의 웹 기술은 HTTP(HyperText Transfer Protocol), URL(Universal Resource Locator), HTML(HyperText Markup Language)의 세 가지 표준을 이용하는 간단한 구조였다. 하지만 현재는 다양한 환경에서의 서비스, 지능화된 서비스 등을 지원하는 복잡한 구조로 변화하고 있다. 특히 최근의 웹은 이동 단말 환경을 지원하기 위한 모바일 표준, 음성 환경을 지원하기 위한 보이스 표준, 분산 환경에서 다양한 서비스를 통합할 수 있도록 하는 웹 서비스 표준, 지능적인 서비스 처리를 제공하는 시맨틱 웹 표준, 그리고 프라이버시/보안 표준 부분까지 영역을 넓혀가고 있다.

2 웹 표준 기술 문서의 발전 단계

W3C에서 표준화 규격을 정의한 문서를 기술 문서라고 한다. 이 문서에 작성된 웹 기술이 표준화되기 위해서는 초안(WD), 후보 권고안(CR), 제안 권고안(PR), 권고안(REC)의 네 단계를 거쳐야 한다.

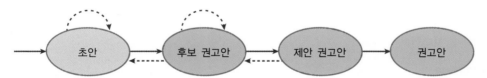

그림 1-9 웹 표준 기술 문서의 발전 단계

■ **초안(WD, Working Draft)**

  W3C에서 추구하는 바와 관련 있는 주제이지만, 아직 완전하지 않은 워킹 그룹의 아이디어를 담은 문서이다.

■ **후보 권고안(CR, Candidate Recommendation)**

  심사한 작업의 최종안이다. 1년 이내에 다음 단계인 제안 권고안이 될 수 있다. 즉 제안 권고안이 되기 위한 후보 문서이다.

■ **제안 권고안(PR, Proposed Recommendation)**

권고안 전 단계로, 4주 이내에 검토해서 최종적으로 권고안이 된다.

■ **권고안(REC, RECommendation)**

W3C에 참여하는 회원에게 동의를 얻은 표준안으로, 최종적으로 표준화한 규격을 정의한 문서이다.

3 마크업 언어

마크업 언어(markup language)란 웹에서 사용되는 문서가 어떻게 구조화되는가를 나타내는 언어이다. 마크업은 크게 세 가지 유형으로 나누어 볼 수 있다.

■ **구조적 마크업(Structural Markup)**

문서의 구성 방식을 표현한 것으로, HTML의 〈h1〉, 〈p〉, 〈div〉 등의 태그가 이 유형에 해당한다. 문서의 전체 혹은 부분적인 모양을 정의한다.

■ **유형적 마크업(Stylistic Markup)**

문서를 시각적으로 표현하는 방법에 관련된 것으로, HTML의 경우 텍스트 색상이나 폰트를 지정할 수 있는 〈font〉, 〈i〉, 〈b〉, 〈u〉 등의 태그가 이 유형에 해당한다. CSS를 적용하여 그래픽적인 유형을 표현하기도 한다.

■ **의미적 마크업(Semantic Markup)**

데이터 내용 자체에 관한 것으로, HTML의 경우 〈title〉, 〈code〉 등의 태그가 이 유형에 해당한다. 문서의 내용이 어떤 것인지 표현하는 역할을 한다.

현재 웹에서 사용되는 마크업 언어에는 SGML, HTML, XML, MathML, WebGL, SVG 등이 있다. 이중에서 HTML은 사용하기 편리하여 인터넷이 폭발적으로 발전하는 데 기여한 언어로 평가 받고 있다. HTML은 작성하기 간단해 손쉽게 웹 페이지를 만들 수 있다. 하지만 사용할 수 있는 태그가 제한적이어서 정교한 페이지를 표현하기에는 부족한 단점이 있다. 이를 보완하기 위하여 추가적으로 스타일을 표현하기 위한 CSS, 동적인 페이지 표현을 위한 자바스크립트(Javascript), 문서나 자료의 교환을 위한 XML 등의 다양한 언어를 포함하여 사용한다.

4 HTML5

[그림 1-10]은 HTML의 진화 과정을 나타낸 것이다. 태그를 사용하는 HTML은 웹의 응용 분야가 늘어나면서 추가로 필요한 기능을 구현하기가 어려워졌다. 그래서 플래시(Flash)나 실버라이트(Silverlight) 등의 플러그인을 이용하여 기능을 확장하였는데, 이로 인해 웹 사이트에 추가적인 플러그인을 설치해야 하는 불편함이 생겼다. HTML5는 이러한 불편함을 해소하기 위해 W3C와 WHATWG의 두 단체가 협동하여 제안한 새로운 HTML 규격이다. W3C에서는 2014년 10월 28일 HTML5 표준안을 확정 발표하였다.

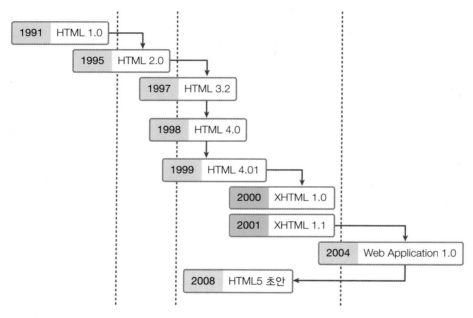

그림 1-10 HTML의 진화 과정

NOTE_ WHATWG

WHATWG(Web Hypertext Application Technology Working Group)는 HTML 및 관련 기술을 발전시키는 데 관심이 있는 사람과 기관들의 모임이다. WHATWG에는 멤버스(members)라는 초대 전용의 소규모 감시 위원회가 있는데 이 위원회는 규격 제정을 맡은 편집장을 탄핵할 권한을 가지고 있으며, 누구든지 WHATWG 메일링 리스트에 참가하여 기여자로 참여할 수 있다. 홈페이지 주소는 http://www.whatwg.org이다.

HTML5는 기본적으로 문서를 표현해주는 마크업의 성능을 더욱 강화시켰다. HTML5의 특징은 다음과 같다.

■ **구조적 설계 지원**

HTML5는 문서의 구조를 표현할 수 있는 구조적 마크업 요소를 이용해 콘텐츠의 본문과 본문 이외의 나머지 부분을 분류하였다. 이를 통해 문서의 구조에 보다 많은 의미를 부여하여 구조화된 문서를 설계하고 만들 수 있게 되었다.

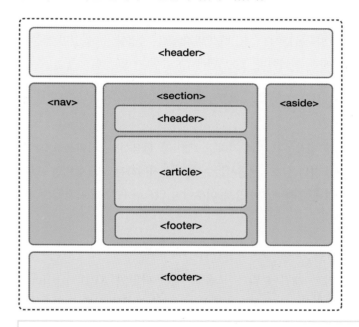

〈header〉: 머리글처럼 페이지의 상단에 표시하는 부분
〈footer〉: 꼬리말처럼 페이지의 하단에 표시하는 부분
〈article〉: 본문 내용을 표시하는 부분
〈section〉: 문장의 그룹처럼 세부 내용을 그룹화할 때 사용하는 부분
〈aside〉: 본문에 관련된 주석처럼 별도의 내용을 분리하여 보여줄 때 사용하는 부분
〈nav〉: 내비게이션을 표시하는 부분

그림 1-11 HTML5의 구조적 설계

■ **그래픽 및 멀티미디어 기능 강화**

HTML5에서 가장 주목받는 부분은 그래픽 및 멀티미디어 기능이 강화된 것이다. HTML5에서는 〈video〉, 〈audio〉, 〈canvas〉 태그 등을 활용하여 다양한 미디어들을 쉽게 사용할 수있다. 기존에 이러한 기능을 이용하려면 플래시나 실버라이트 등의 플러그인을 사용해야 했지만 HTML5에서는 추가적인 플러그인을 설치하지 않아도 동작한다.

■ **CSS3 지원**

HTML5는 웹 페이지의 시각적인 부분을 담당하는 스타일을 설정하는 데 CSS3 기술을 활용한다. CSS(Cascading Style Sheet)는 HTML 태그로 외형을 지정할 수 없었던 부분에 스타일을 적용하기 위하여 사용하는 언어이다. 1996년에 CSS1이 제정된 후 기능을 추가하며 CSS1, CSS2, CSS3로 발전하였다.

■ **자바스크립트 지원**

HTML5는 동적인 웹 페이지를 제작하기 위해 자바스크립트를 활용한다. 자바스크립트는 웹 페이지에 움직임을 주거나 사용자와 상호작용을 할 수 있도록 지원하는 스크립트형 프로그래밍 언어이다. 기본적인 언어 형태는 자바 기반으로 이루어져 있으나 HTML로 작성된 페이지에 추가적으로 사용할 수 있다.

■ **다양한 API 제공**

HTML5에는 웹 애플리케이션 개발에 많은 도움을 주는 다양한 API(Application Programming Interface)가 있다. 보다 정교하고 특수한 기능을 구현하기 위하여 추가된 API를 이용하여 자바스크립트로 구현하면 기능이 뛰어난 웹 애플리케이션을 개발할 수 있다. 다음은 HTML5에서 사용하는 대표적인 API이다.

- **드래그 앤 드롭 API** : 아이콘, 텍스트, 이미지, 파일 등의 요소를 드래깅할 때 동작을 제어한다.
- **오프라인 웹 애플리케이션 API** : 인터넷에 접속하지 못할 때 웹 애플리케이션을 사용하도록 해준다.
- **웹 스토리지 API** : 클라이언트 쪽 로컬 스토리지에 데이터를 저장한다.
- **인덱스드 데이터베이스 API** : 클라이언트에 데이터베이스를 저장한다.
- **파일 API** : 클라이언트 내의 로컬 파일을 읽고 쓴다.

- **웹 소켓 API** : 서버와 브라우저 사이에 양방향 통신 채널을 제공한다.
- **웹 메시징 API** : 애플리케이션 간에 메시지를 주고받을 수 있는 기능을 제공한다.
- **위치 정보 API** : 모바일 단말기에서 현재 위치를 파악할 수 있게 해준다.

■ **모바일 웹 지원**

HTML5는 PC의 웹 페이지뿐만 아니라 모바일 웹 페이지도 지원한다. 즉 HTML5로 작성한 프로그램은 PC나 모바일 어디에서나 동작한다. 아이폰(iPhone)과 안드로이드(Android) 등에서 동작하는 프로그램은 각각 구현하지 않고 기본적으로 동일한 자바스크립트로 작성한다.

04 웹 브라우저와 HTML 편집기

1 웹 브라우저

웹 브라우저는 HTML 문서를 읽고 웹 페이지에 다양한 정보를 표시하는 소프트웨어이다. 웹 페이지는 주소처럼 이용되는 URL(Uniform Resource Locator)을 통해 접근하고, HTTP 접속을 위해 [http://www.w3c.org] 프로토콜로 시작한다. 많은 브라우저가 FTP를 위한 [ftp://www.w3c.org], HTTPS(암호화된 HTTP)를 위한 [https://www.w3c.org]와 같은 다양한 URL 종류에 대응하는 프로토콜을 지원하고 있다.

웹 브라우저가 제공하는 기본적인 기능은 다음과 같다.

- 웹 페이지 탐색
- 접속하는 프로그램의 주소 관리
- 웹 페이지의 저장, 인쇄, 소스 파일 보기
- 웹 페이지 보안에 관련된 각종 필터 도구 제공

웹 브라우저 중 1994년에 최초로 상용화된 넷스케이프 내비게이터는 한때 전 세계 점유율 90%에 육박하며 많이 사용되었다. 그러나 1995년 인터넷 익스플로러가 등장한 이후로 시장에서 밀리면서 사라졌다. 이후 인터넷 익스플로러가 독점적으로 사용되다가 2000년대 중반 이후 여러 제품이 등장하여 현재는 치열한 경쟁이 벌어지고 있다.

어떤 웹 브라우저가 최선인가는 사용자의 취향과 작업 관점에 따라 다르다. 현재의 웹 브라우저 시장은 전쟁이라고 표현할 정도로 경쟁이 상당히 심하다. 그만큼 웹 시장이 성장하고 있다는 의미일 것이다.

한국 인터넷 진흥원 사이트(http://www.koreahtml5.kr)에 접속하면 국내외 웹 브라우저의 이용률을 살펴볼 수 있다. 다음은 2016년 7월~2016년 12월까지 전 세계에서 사용하고 있는 PC 브라우저의 이용률 통계 결과 분석표이다. 크롬 브라우저가 가장 많은 사용률을 보이고 있다.

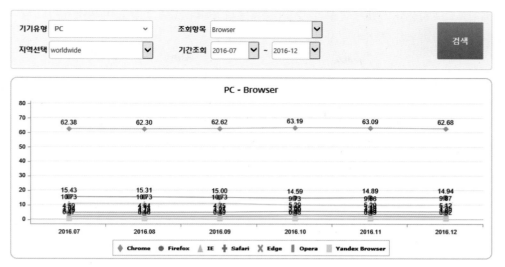

그림 1-12 웹 브라우저 이용률 통계

HTML5를 얼마나 지원하느냐의 여부도 브라우저 선택의 중요한 판단 기준이 된다. 내가 사용하는 웹 브라우저의 HTML5 지원율은 http://html5test.com에 접속하여 확인할 수 있다.

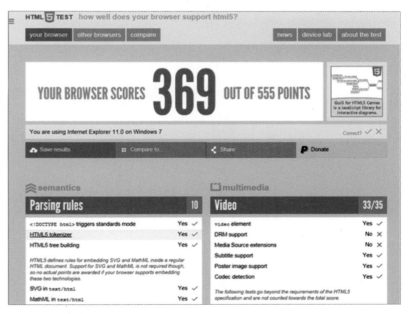

그림 1-13 HTML5 지원율 확인

전 세계적으로 사용하고 있는 웹 브라우저의 종류는 다양하다. 그중 가장 많이 알려져 있고 많이 사용하는 웹 브라우저 몇 가지를 살펴보자.

■ **구글 크롬(Google Chrome)**

전 세계 점유율 1위인 크롬은 구글이 2008년에 출시한 웹 브라우저이다. 인터페이스가 효율적이면서 간단하여 타 제품과 비교했을 때 실행 속도가 빠르고, 웹 표준을 준수하여 호환성이 우수하다. 또한 안전성과 보안성이 뛰어나며, 액티브-엑스 대신 접속할 수 있는 'IE탭' 부가 기능을 지원한다. https://www.google.com/intl/ko/chrome/browser/features.html에 접속하면 설치할 수 있다. 이 책의 3장부터 제시되는 모든 결과 화면은 크롬을 기준으로 한다.

그림 1-14 크롬 아이콘

■ **마이크로소프트 인터넷 익스플로러(Microsoft Internet Explorer)**

1995년 윈도우95 운영체제에 탑재되어 제공되면서 따로 브라우저를 설치하지 않아도 사용할 수 있어 사용자가 급증하였다. 하지만 다른 브라우저에 비해 속도가 느리고 액티브-엑스로 인한 보안 취약성이 있어 문제가 되었다. 최근에는 성능과 인터페이스를 개선하여 편리성을 강화하였다. 우리나라에서는 액티브-엑스 기술을 많이 사용하므로 절대적인 지지를 받고 있는 실정이다. http://windows.microsoft.com/ko-kr/internet-explorer/download-ie에 접속하면 설치할 수 있다.

그림 1-15 인터넷 익스플로러 아이콘

■ **모질라 파이어폭스(Mozilla Firefox)**

모든 개발 작업이 오픈소스 프로젝트로 이루어지는 파이어폭스는 비영리 단체인 모질라 재단에서 2004년 발표하였다. 액티브-엑스를 우회적으로 사용할 수 있는 'IE탭' 기능을 가장 먼저 도입하면서 사용자가 자신이 원하는 브라우저 방식으로 수정할 수 있는 기능을 제공하고 있다. 또한 웹 표준을 준수하여 다양한 운영체제에서 실행이 가능하며, 근래에는 속도와 보안 기능을 추가하여 다양한 부가 기능을 제공하는 브라우저로 자리 잡고 있다. http://www.mozilla.or.kr/ko에 접속하면 설치할 수 있다.

그림 1-16 파이어폭스 아이콘

■ 애플 사파리(Apple Safari)

2003년 애플이 개발한 웹 브라우저로 매킨토시용으로 시작하였다. 북마크 관리 체계와 빠른 속도, 탭 브라우징 인터페이스를 제외하고는 특별한 장점이 없으나 모바일로 넘어가면서 상황이 달라졌다. 아이폰의 성공에 이어 아이패드 등이 폭발적인 인기를 끌면서 성능 개선에 힘써 많은 인기를 누리는 브라우저 중 하나가 되었다. http://www.apple.com/kr/safari에 접속하면 설치할 수 있다.

그림 1-17 사파리 아이콘

■ 오페라(Opera)

1996년 출시된 오페라는 작은 용량과 빠른 속도가 장점으로 저사양 PC에서도 원활하게 동작한다. 최근 모바일 시장에서 가볍고 속도가 빠르다는 장점을 내세워 주목을 받고 있다. http://www.opera.com/ko에 접속하면 설치할 수 있다.

그림 1-18 오페라 아이콘

앞서 소개한 것 외에도 더 이상 사용되지 않아 단종된 웹 브라우저도 있으며, 회사 혹은 기관에서 고유한 웹 브라우저를 개발하여 별도로 사용하는 경우도 있다. 또한 특정 마크업 언어나 그래픽 프로그램을 위한 전용 웹 브라우저도 있다. 자신의 웹 사용 환경에 맞는 웹 브라우저를 선택해 사용하면 된다.

NOTE_ 전 세계적으로 사용하고 있는 웹 브라우저의 종류를 좀 더 자세히 알아보려면 http://en.wikipedia.org/wiki/List_of_web_browsers에서 확인한다.

2 HTML 편집기

HTML 문서는 작성하는 데 특별한 프로그램이 필요한 것은 아니다. 운영체제에서 지원하는 기본 프로그램인 메모장이나 워드패드에서도 편집이 가능하다. 다만 HTML 문서의 편집을 도와주는 기능이 있는 에디터를 사용하면 보다 쉽게 HTML 문서를 작성할 수 있다. 많이 사용하는 HTML 편집기의 종류를 살펴보자.

■ 메모장(Notepad)

윈도우 운영체제에서 사용할 수 있는 프로그램으로, 주로 간단한 HTML 문서를 작성할 때 사용한다. HTML 문서에 태그를 잘못 입력했을 경우 이를 교정할 수 있는 기능이 없기 때문에 오류가 발생하기 쉬운 단점이 있다.

그림 1-19 메모장 아이콘

■ 노트패드++(Notepad++)

무료로 배포되는 노트패드++는 탭 편집 기능이 있어 프로그램 내에서 여러 파일을 작성할 수 있다. 문법 강조(Syntax Highlight) 기능이 있어 태그를 각종 문법에 맞춰 알아보기 쉽고 오류를 수정하기가 용이하다. http://notepad-plus-plus.org에 접속하여 설치 파일을 다운로드할 수 있다.

그림 1-20 노트패드++ 아이콘

■ 울트라에디트(UltraEdit)

유명한 텍스트 편집 프로그램으로 45일 동안 무료로 사용할 수 있는 셰어웨어이다. 크기가 큰 파일을 적은 메모리 용량으로 처리할 수 있고 16진수 편집 능력, 열 편집 등의 많은 기능을 추가로 지원한다. http://www.ultraedit.com에 접속하여 설치 파일을 다운로드할 수 있다.

그림 1-21 울트라에디트 아이콘

■ 에디트플러스(EditPlus)

HTML 태그를 편집할 때 문법에 따라 다른 색으로 표시하는 기능이 있고 HTML 외에도 다양한 프로그램 언어를 지원한다. 특히 웹 브라우저를 실행하지 않고 내장 브라우저로 HTML 문서를 확인할 수 있다. http://www.editplus.com에 접속하여 설치한다.

그림 1-22 에디트플러스 아이콘

- **아크로에디트(AcroEdit)**

국내에서 개발한 프로그램으로 한글을 입출력하기가 쉽고 HTML 문법 템플릿을 제공하여 일부 태그의 경우 자동으로 입력이 가능하다. 다양한 에디트 프로그램에서 제공하는 대부분의 기능인 문법 강조, 탭 기능 등도 모두 사용할 수 있다. http://www.acrosoft.pe.kr/board 에 접속하여 설치한다.

그림 1-23 아크로에디트 아이콘

- **비주얼 스튜디오(Visual Studio)**

일반적으로 C, C++, C#, Java 등의 프로그램 언어는 통합 개발 도구가 있다. HTML 역시 프로그램 언어이기 때문에 HTML의 개발 환경을 편하게 이용할 수 있는 통합 개발 도구가 있는데, 비주얼 스튜디오는 그중 하나이다. http://www.visualstudio.com/ko-kr에 접속하여 Visual Studio 20×× Express for Web을 설치하면 된다.

그림 1-24 비주얼 스튜디오 아이콘

- **어도비 브라켓(Adobe Brackets)**

어도비에서 만든 다중 플랫폼(Linux, OS X, Windows) 지원 웹 개발 도구이다. 실시간 페이지 갱신 기능과 JSLint 분석을 수행하여 개발자가 배포 또는 디버깅 전에 매번 수동으로 작업해야 하는 고생을 줄여준다. http://download.brackets.io에 접속하여 설치한다.

그림 1-25 어도비 브라켓 아이콘

최근에는 웹 브라우저 자체에서 작성하고 편집할 수 있는 기능을 제공하는 웹 에디터도 있다. 여러 편집기 중 가장 좋은 것은 자신이 사용하기 편리한 편집기일 것이다. 이 책에서는 가장 일반적이면서 무료로 사용할 수 있는 노트패드++를 사용한다. 노트패드++를 컴퓨터에 설치하고 간단한 HTML 문서 만드는 방법을 살펴보자.

3 간단한 HTML 문서 만들기

1 http://notepad-plus-plus.org에 접속하여 화면 왼쪽의 [download]를 클릭한 후 화면이 바뀌면 [download] 아이콘을 클릭해 설치 파일을 다운로드한다.

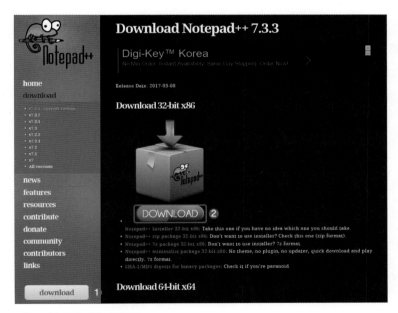

그림 1-26 설치 파일 다운로드

2 다운로드한 설치 파일을 실행하고 사용할 언어로 [한국어]를 선택한 후 〈OK〉를 클릭한다.

그림 1-27 사용 언어 선택

3 화면의 안내에 따라 설치를 진행한 후 최종적으로 〈마침〉을 클릭한다.

그림 1-28 설치 진행

4 노트패드++를 실행한다. 한글이 포함된 파일을 사용할 때 한글이 깨지는 현상을 방지하기 위하여 환경 설정을 해보자. [설정]-[환경 설정] 메뉴를 선택해 [기본 설정] 창이 열리면 [새 문서]를 선택하고 인코딩 부분에서 'UTF-8'을 선택한 후 〈닫기〉를 클릭한다.

그림 1-29 UTF-8 설정

5 [파일]-[새 문서] 메뉴를 선택해 빈 문서를 열고 다음과 같이 입력한다.

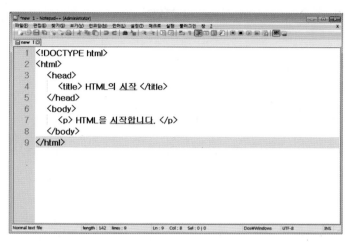

그림 1-30 HTML 문서 작성

6 [파일]-[다른 이름으로 저장] 메뉴를 선택하여 작성한 HTML 문서를 저장한다. 이때 파일 이름만 지정한 채 저장하면 기본값인 .txt 파일로 저장되므로 반드시 파일 형식을 'Hyper Text Markup Language file (*.html; *.htm; *.shtml; *.shtm; *.xhtml; *.hta)'로 선택한 후 저장한다.

그림 1-31 HTML 문서 저장

> **NOTE_** 새 파일을 생성한 후 [언어]-[H]-[HTML] 메뉴를 선택하면 파일 형식을 지정하지 않아도 자동으로 HTML 문서로 저장된다.

7 노트패드++에서는 [실행]–[Launch in …] 메뉴를 실행해 HTML 문서를 바로 웹 브라우저에서 확인할 수 있다. 사용할 수 있는 웹 브라우저로는 파이어폭스(Firefox), 인터넷 익스플로러(IE), 크롬(Chrome), 사파리(Safari) 등이 있다. [Launch in IE] 메뉴를 선택해 결과를 확인해보자.

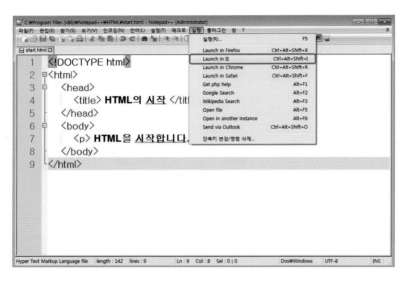

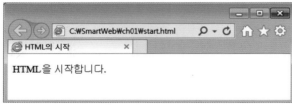

그림 1–32 HTML 문서 실행

▼ 요약

01 웹의 개념

인터넷 사용 시 문서에 접근하거나 특정 정보를 사용할 수 있도록 해주는 서비스를 말한다. 인터넷 표준 문서 시스템이라고 볼 수 있다.

02 웹의 특징

① 전 세계의 컴퓨터를 연결한다.

② HTTP(Hyper Text Transfer Protocol) 프로토콜을 사용한다.

③ HTML(Hyper Text Markup Language)로 작성된 문서들을 연결한다.

④ 텍스트, 그래픽, 오디오, 비디오, 프로그램 파일 등 멀티미디어 서비스를 제공한다.

03 W3C

전 세계의 개인과 단체가 소속되어 웹에 관련된 다양한 기술과 안정적인 웹 브라우저 사용을 위한 표준안을 제정하고, 웹 개발자나 사용자 간의 정보 공유 및 신기술 개발 등에 많은 노력을 기울이고 있는 웹 표준 기관이다.

04 웹 표준 기술 문서의 발전 단계

특정 웹 기술이 표준화되기 위해서는 초안(WD), 후보 권고안(CR), 제안 권고안(PR), 권고안(REC)의 4단계를 거쳐야 한다.

05 마크업 언어

웹에서 사용되는 문서가 어떻게 구조화되는가를 나타내는 언어이다. SGML, HTML, XML, MathML, WebGL, SVG 등이 있으며 HTML은 2014년 HTML5 표준안으로 새롭게 제안되었다.

06 HTML5의 특징

HTML5를 사용하면 웹 문서를 구조적으로 설계할 수 있다. 그래픽 및 멀티미디어 기능이 강화되어 손쉽게 멀티미디어 데이터를 웹 문서에 포함시킬 수 있으며, CSS3와 자바스크립트의 지원을 받고 다양한 API가 추가되어 매우 강력한 기능의 웹 애플리케이션을 만들 수 있다. 또한 PC의 웹 페이지와 모바일 페이지가 연동되는 웹 페이지를 만들 수 있다.

▶ 연습문제

01 웹에 대한 설명으로 바른 것은(답이 두 개)?

① 인터넷 표준 문서 시스템이다.

② 팀 버너스리가 개발하였다.

③ 데이터베이스가 필요하지 않다.

④ 넷스케이프 내비게이터는 1991년에 공개되었다.

02 다음 중 마크업 언어가 <u>아닌</u> 것은?

① HTML　　　　　② XML　　　　　③ SGML　　　　　④ HTTP

03 HTML5의 특징이 <u>아닌</u> 것은?

① 구조적으로 마크업 언어를 발전시켰다.

② 다양한 API가 추가되어 더욱 쉽게 애플리케이션을 만들 수 있게 되었다.

③ OS에 종속적으로 프로그램을 작성할 수 있다.

④ CSS와 자바스크립트를 지원한다.

04 웹 표준 기술 문서의 발전 단계로 바른 것은?

① 초안(WD) → 후보 권고안(CR) → 권고안(REC) → 제안 권고안(PR)

② 후보 권고안(CR) → 권고안(REC) → 제안 권고안(PR) → 초안(WD)

③ 초안(WD) → 후보 권고안(CR) → 제안 권고안(PR) → 권고안(REC)

④ 후보 권고안(CR) → 제안 권고안(PR) → 권고안(REC) → 초안(WD)

05 인터넷에 연결되어 있는 수많은 클라이언트가 서비스를 요청하면 웹 서버에 저장되어 있는 정보가 제공되는 방식을 무엇이라고 하는가?

06 웹 문서의 시각적인 부분을 좀 더 쉽고 **빠르게** 지정하는 언어로, HTML 문서에 스타일을 적용하는 데 사용하는 언어는 무엇인가?

Chapter 02
웹 프로그래밍 실습 환경 구축

학습목표

▸ 웹 서버의 기능과 종류를 설명할 수 있다.

▸ 자바와 아파치 톰캣 서버를 설치하여 실습 환경을 구축할 수 있다.

▸ 모바일 웹 브라우저의 종류를 알고 에뮬레이터의 필요성을 설명할 수 있다.

▸ 웹 서버의 운영 환경을 설정할 수 있다.

웹 서버의 개념

1 웹 환경의 이해

웹 환경은 [그림 2-1]과 같이 클라이언트, 인터넷, 웹 서버로 구성된다.

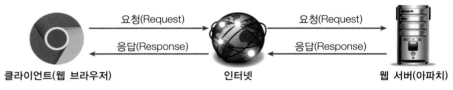

그림 2-1 웹 환경

웹 환경을 이해하기 위해 다음과 같은 상황을 가정해보자.

    ① 손님이 어떤 가게에 와서 상품을 주문한다.

    ② 주문은 유통 채널을 통해 공장에 접수되고, 공장에서는 상품을 제작하여 가게로 전달한다.

    ③ 가게에서는 손님에게 요청한 제품이 왔으니 가져가라고 연락한다.

    ④ 손님은 자신이 주문한 상품이 맞는지 확인하고 돈을 지불한다.

웹 환경에서 웹 서버는 손님의 요청을 받아서 상품을 제작하는 공장과 같고, 클라이언트는 손님과 같다. 손님은 언제 어떻게 무엇을 요청하면서 찾아올지 모른다. 또한 한 명씩 오는 것이 아니라 수십, 수백, 수천 명이 한꺼번에 올 수도 있다. 이러한 손님을 맞이하는 공간인 가게는 웹 환경에서 웹 브라우저와 같다.

손님의 요청을 공장에 전달할 때는 유통 채널을 이용한다. 웹 환경에도 유통 채널이 존재하는데, 바로 네트워크 기반의 인터넷이다. 인터넷은 전 세계의 모든 사이트를 연결한다. 따라서 주소(address)만 알고 있으면 문제 없이 클라이언트의 요구를 웹 서버에 잘 전달할 수 있다. 이때 사용하는 주소가 IP(Internet Protocol) 주소이다. 만약 IP 주소가 없다면 주문을 아무리 해도 상품을 받지 못할 것이다. 주문을 접수한 공장은 주문 내용을 확인하고 요청 사항을 잘 수행하여 완성된 상품을 가게로 보낸다. 아마도 공장은 주문을 받을 때 보내야 할 주소도 같이 받았을 것이다.

2 웹 서버의 기능

웹 서버는 클라이언트의 요청에 따라서 서버에 있는 파일을 제공한다. 즉 인터넷을 통해 HTML 문서 및 XML 문서 그리고 기타 웹 프로그램(JSP, ASP, PHP 등)을 실행한 결과를 클라이언트에게 제공한다. 웹 서버의 기능은 크게 두 가지로 나누어볼 수 있다.

- **리스너 기능** : 클라이언트로부터 접속이 있는지 항상 체크하고 대기한다.
- **답변 기능** : 요청한 사항을 처리한 후 결과를 클라이언트에 보낸다.

웹 서버는 위에서 소개한 두 가지 이외에도 접속자의 세션 관리 기능, 서버 보안 기능 등 많은 기능을 포함하고 있다. 데이터베이스에 연결하여 데이터를 검색해 전달하기도 하고, 서버 쪽에 여러 가지 다른 애플리케이션 소프트웨어와 연결하여 다양한 서비스를 제공하기도 한다. [그림 2-2]는 웹 서버 환경의 전체적인 구성을 나타낸 것이다.

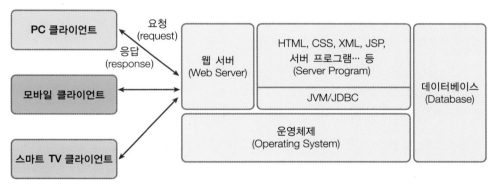

그림 2-2 웹 서버의 서비스 환경

■ 클라이언트 환경

최근 스마트 기기의 발전으로 PC 환경뿐만 아니라, 태블릿 PC, 스마트 폰, 스마트 TV 등 다양한 클라이언트 사용 환경이 조성되고 있다. 이렇게 사용 환경이 다양해지다 보니 접속 기기혹은 브라우저의 종류에 따라서 지능적으로 콘텐츠를 변형하여 제공하는 기술이 많이 발전하고 있다. 이러한 다양한 클라이언트 환경을 엔-스크린(N-Screen)이라고 하며, 클라이언트 환경에 맞추어 콘텐츠를 서비스하는 것을 반응형 웹(responsive web)이라고 한다.

■ 웹 서버 환경

❶ 웹 서버

클라이언트에서 접속을 처음 시도하는 곳이 웹 서버이다. 웹 서버는 기본적으로 언제 어떻게 무엇을 클라이언트로부터 요청 받을지 모르기 때문에 1년 365일 24시간 클라이언트 요청에 대기하고 있어야 한다. 웹 서버가 멈추면 웹 서버의 역할을 근본적으로 하지 못하는 것이기 때문에 무용지물이 된다. 반대로 생각하면, 웹 서버의 서비스를 더 이상 하지 않으려면 간단하게 웹 서버를 중지(STOP)시키면 된다. 대부분의 웹 서버는 서비스를 시작하기 위한 시작(START)과 서비스를 멈추기 위한 중지(STOP) 기능을 제공하고 있으며, 조건에 따라서 시작과 중지를 제어할 수 있도록 고급화된 웹 서버도 있다.

프로토콜은 네트워크에서 제공하는 일종의 데이터 전송 규약이다. 웹 서버는 HTTP(Hyper Text Transfer Protocol)를 통해 클라이언트와 대화한다. 프로토콜은 네트워크 사용 용도에 따라서 다양한데, 대표적으로 FTP(File Transfer Protocol)와 같이 파일 전송을 위한 규약이 있다.

일반적으로 HTTP를 통해 접속하는 클라이언트는 웹 서버의 80번 포트를 사용한다. 포트(port)는 웹 서버에서 일종의 문이라고 생각할 수 있다. 웹 서버에는 많은 문이 있는데, 번호로 문을 구분하여 어떤 문으로 접속할지 선택할 수 있다. 아파치 톰캣(Tomcat)의 경우 8080번 포트를 기본으로 사용한다. 접속 포트는 각 웹 서버의 환경 설정에서 변경할 수 있다. 포트 번호는 0~65,535번 중에서 사용할 수 있는데 0~1,023번은 미리 예약된 포트이기 때문에 일반 사용자는 선택할 수 없다. 따라서 사용할 수 있는 포트 번호는 1,024~65,535번이다.

포트를 사용할 때 한 가지 유의할 점은 포트 충돌(collision) 현상이 있을 수 있다는 점이다. 예를 들어 아파치 웹 서버를 설치하여 8080번 포트를 사용하고 있는데, 톰캣 웹 서버를 설치하여 같은 8080 포트를 사용한다면 충돌이 발생한다. 따라서 포트는 충돌 없이 잘 설정해야 한다. 미리 예약된 프로토콜과 포트 번호는 다음 표를 참고하기 바란다.

표 2-1 미리 예약된 프로토콜과 포트 번호

프로토콜	포트 번호
HTTP(Hypertext Transfer Protocol)	80
HTTPS(Hypertext Transfer Protocol(Secure))	443
FTP(File Transfer Protocol(Data))	20
FTP(File Transfer Protocol(Control))	21
Telnet(Telnet Protocol)	23
SMTP(Simple Mail Transfer Protocol)	25
POP3(Post Office Protocol-Version 3)	110
IMAP(Internet Message Access Protocol)	143
SSH(Secure Shell Remote Login Protocol)	22

❷ 서버 프로그램

클라이언트가 웹 서버에게 서비스를 요청할 때는 웹 문서 혹은 웹 프로그램을 작성하여 해당 웹 서버 폴더에 저장해야 한다. 웹 프로그램은 크게 서버 쪽에서 처리하는 서버 프로그램과 클라이언트 쪽에서 처리하는 클라이언트 프로그램으로 나누어볼 수 있다.

서버 프로그램에서 많이 사용하는 프로그램으로는 JSP(Java Server Page), ASP, PHP 등이 있으며, 이중에서 특히 자바를 기반으로 한 웹 서버 프로그램인 JSP가 많이 사용된다.

서버 프로그램은 클라이언트에 결과를 보내기 전에 모든 처리를 서버에서 완료하고 결과적으로 생성된 데이터만 클라이언트에 넘겨준다. 따라서 프로그램의 보안성이 보장되고, 클라이언트가 웹 페이지를 볼 수 있는 환경만 갖추면 된다. 하지만 접속자 수가 많거나 동시에 많은 프로세스가 발생하면 서버에 과부하가 생겨 웹 서버 접속이 느려지거나 처리 결과가 늦게 전달되는 문제가 발생한다. 따라서 서버가 물리적으로 상당히 고성능이어야 하므로 구축하는 데 많은 비용이 든다. 최근에는 서버의 성능을 고려하여 클라이언트에서 요구를 처리하는 웹 프로그램도 많이 있다. 대표적인 예가 자바스크립트이다.

❸ 데이터베이스

웹 프로그램과 데이터베이스를 연결하기 위해서는 데이터베이스에 접속하기 위한 응용 프로그램 API(Application Programming Interface)가 필요하다. 데이터베이스는 종류가 상당히 많다. 각 데이터베이스에 접속하기 위한 API 프로그램을 개발하는 것은 또 다른 문제이다.

가장 많이 사용되는 데이터베이스 접속 API에는 JDBC(Java Database Connectivity)와 ODBC(Open Database Connectivity)가 있다. JDBC는 자바 기반의 웹 프로그램이 쉽고 빠르게 데이터베이스에 접속하여 데이터를 조회하거나 저장할 수 있도록 해준다. ODBC는 데이터베이스 관리 시스템(DBMS) 종류에 관계없이 어떤 응용 프로그램에서나 모두 접근하여 사용할 수 있도록 하기 위하여 마이크로소프트에서 개발한 표준 방법이다. ODBC는 응용 프로그램과 DBMS 중간에 데이터베이스 처리 프로그램을 두어 이를 가능하게 한다.

3 웹 서버의 종류

일반적으로 많이 사용하는 웹 서버의 종류는 [표 2-2]와 같다.

표 2-2 웹 서버의 종류

이름	제작사	라이선스	참고 사이트
아파치 HTTP 서버	아파치 재단	오픈소스	http://httpd.apache.org
IIS 웹 서버	마이크로소프트	상용	http://www.microsoft.com (윈도우 서버 OS에 포함됨)
엔진 X	엔진 X, Inc	오픈소스	http://nginx.org
라이티	버클리 대학(BSD, Berkeley Software Distribution)	오픈소스	http://www.lighttpd.net
아파치 톰캣 서버	아파치 재단	오픈소스	http://tomcat.apache.org

■ **아파치 HTTP 서버**

가장 대중적인 웹 서버로, 무료이다 보니 많은 사람들에게 알려져 있다. 가장 큰 장점은 소스 코드까지 무료로 얻을 수 있다는 점이고 그 외에도 자바 서블릿 지원, 실시간 모니터링, 자체 부하 테스트 등 여러 가지 기능을 제공한다. 또한 대부분의 운영체제에서 사용 가능하여 모든 플랫폼에서 웹 서버를 구축할 수 있다.

■ **IIS 웹 서버**

Internet Information Services의 약자로, 마이크로소프트의 윈도우 서버에서 사용하는 웹 서버이다. 아파치 HTTP 서버에 이어 가장 많이 알려져 있으며, FTP, SMTP, NNTP 등도 지원한다.

■ **엔진 X**

엔진 X(nginx)는 서버의 성능이 높으면서 프로그램 자체는 가벼운 것으로 알려져 있다. 웹 서버 이외에도 리버스 프록시, 메일 프록시 기능을 제공하며, 크로스 플랫폼에서 동작하기 때문에 호환성이 좋다. 아파치 HTTP 서버의 구조가 '스레드 프로세스 기반'이라면 엔진 X의 구조는 '비동기 이벤트 기반'이다.

■ **라이티**

라이티(lighttpd)는 적은 자원으로 높은 성능을 내기 위하여 설계된 웹 서버로, 오픈소스이다. 유튜브(YouTube), 위키피디아(Wikipidia), 소스포지(Sourceforge)의 웹 서버로 유명하며, 리눅스와 임베디드 소프트웨어에서 많이 사용되고 있다. 최근 윈도우 버전까지 출시하여 크로스 플랫폼을 지원하면서 점점 사용자 수를 늘리고 있다.

■ **아파치 톰캣 서버**

웹 서버의 기본적인 기능을 제공하면서 특정 웹 애플리케이션을 처리할 수 있는 기능을 추가로 제공하는 웹 서버도 있는데, 대표적인 예가 아파치 톰캣 서버이다. 여기서 특정 웹 애플리케이션이란 웹 표준 프로그램 이외에 자바 서블릿(Servelet), ASP, JSP, PHP 등과 같은 웹 언어로 작성된 프로그램을 의미한다. 즉 아파치 톰캣 서버는 서버에서 자바 서블릿이나 JSP로 작성한 프로그램을 처리할 수 있다.

웹 서버 구축

웹 서버를 구축하는 방법은 무척 다양하며 어떤 운영체제 환경에서 어떤 프로그램을 개발하는가에 따라서 선택할 수 있다. 웹 서버를 크게 구분하면 웹 서버 자체의 기능만 제공하는 소프트웨어와, ASP, JSP, PHP 등의 웹 프로그램을 처리하는 웹 애플리케이션 서버(WAS) 기능을 포함한 소프트웨어가 있다. 이 책에서는 후자에 해당하는 아파치 톰캣 서버를 사용한다. 일부 JSP 프로그램의 동작 과정을 살펴보기 위해서이다.

표 2-3 이 책의 웹 서버 구축 환경

구축 환경	명칭	참고 사이트
운영체제	윈도우 7 또는 10	http://windows.microsoft.com
자바 플랫폼	Java Platform SE	http://www.java.com/ko
웹 서버	아파치 톰캣	http://tomcat.apache.org
웹 브라우저	구글 크롬	http://www.google.com/chrome

아파치 톰캣 서버를 설치하기 위해서는 먼저 자바 개발 키트(JDK, Java Development Kit)를 설치하여 자바 가상머신(JVM, Java Virtual Machine) 환경을 만들어야 한다. 만약 컴퓨터에 자바가 설치되어 있다면 다음에 소개하는 과정은 그냥 넘어가도 좋다.

> **NOTE_ 아파치 톰캣 서버**
>
> 웹 서버와 연동하여 실행할 수 있는 자바 환경을 제공하여 자바 서버 페이지(JSP)와 자바 서블릿 실행 환경을 제공한다. 물론 HTTP 서버도 내장하고 있어 웹 서버 기능도 충분히 한다. 단 자바 기반 언어만 처리하기 때문에 톰캣 자체에 내장되어 있는 HTTP 서버를 사용하더라도 PHP, ASP 프로그램으로 작성된 서버 페이지는 처리할 수 없다.

1 자바 설치하고 환경 설정하기

1 오라클 홈페이지(https://www.oracle.com/technetwork/java)에 접속하여 [Java SE]

메뉴를 클릭한다. 자바는 개발 환경에 따라서 크게 Java SE, Java EE, Java ME로 구분되는데, 여기서는 Java SE 최신 버전을 다운로드할 것이다. 다음과 같은 화면이 열리면 JDK [DOWNLOAD] 버튼을 클릭한다.

그림 2-3 자바 다운로드

❷ 'Accept License Agreement'를 선택하고 내 컴퓨터의 운영체제에 맞는 JDK 소프트웨어를 다운로드한다. 필자의 경우 윈도우 7 64bit 운영체제를 사용하고 있으므로 [Windows x64]를 선택하였다.

Java SE Development Kit 8u31

You must accept the Oracle Binary Code License Agreement for Java SE to download this software.

❶
● Accept License Agreement   ○ Decline License Agreement

Product / File Description	File Size	Download
Linux x86	135.24 MB	⬇ jdk-8u31-linux-i586.rpm
Linux x86	154.91 MB	⬇ jdk-8u31-linux-i586.tar.gz
Linux x64	135.62 MB	⬇ jdk-8u31-linux-x64.rpm
Linux x64	153.45 MB	⬇ jdk-8u31-linux-x64.tar.gz
Mac OS X x64	209.17 MB	⬇ jdk-8u31-macosx-x64.dmg
Solaris SPARC 64-bit (SVR4 package)	136.91 MB	⬇ jdk-8u31-solaris-sparcv9.tar.Z
Solaris SPARC 64-bit	97.11 MB	⬇ jdk-8u31-solaris-sparcv9.tar.gz
Solaris x64 (SVR4 package)	137.51 MB	⬇ jdk-8u31-solaris-x64.tar.Z
Solaris x64	94.82 MB	⬇ jdk-8u31-solaris-x64.tar.gz
Windows x86	157.96 MB	⬇ jdk-8u31-windows-i586.exe
Windows x64	170.36 MB	⬇ jdk-8u31-windows-x64.exe ❷

그림 2-4 설치 파일 선택

> **NOTE_** 윈도우 32bit 운영체제 사용자는 [Windows x86]을 다운로드하면 된다. 내 컴퓨터의 운영체제에 대한 정보는 [시작]-[제어판]-[시스템 및 보안]-[시스템]을 클릭하면 확인할 수 있다.

❸ 다운로드한 JDK 설치 파일을 실행한다. 설치 단계에 따라 〈Next〉를 클릭하여 설치를 진행하고 완료되면 〈Close〉를 클릭한다.

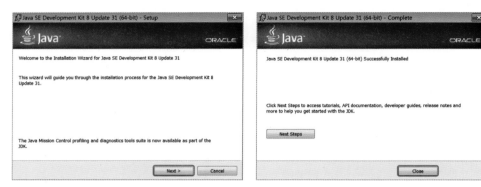

그림 2-5 자바 설치

❹ 윈도우 탐색기를 사용하여 설치 폴더를 열어 설치된 파일들을 확인한다.

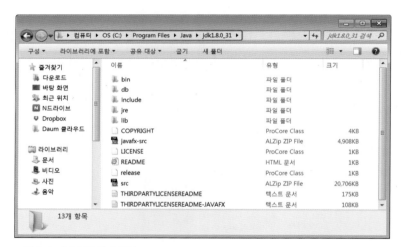

그림 2-6 자바 설치 폴더 확인

5 자바 설치가 모두 완료되면, 시스템에서 자바 명령이나 클래스 패스를 인식할 수 있도록 시스템 환경 변수를 등록해야 한다. 윈도우의 [시작]-[제어판]-[시스템 및 보안]-[시스템]-[고급 시스템 설정]을 클릭한다.

그림 2-7 시스템 환경 변수 등록 1

6 [시스템 속성] 창의 [고급] 탭에서 〈환경 변수〉를 클릭한다. [환경 변수] 창이 열리면 새 시스템 변수를 등록하기 위해 시스템 변수의 〈새로 만들기〉를 클릭한다.

그림 2-8 시스템 환경 변수 등록 2

NOTE_ 환경 변수에는 사용자 변수와 시스템 변수가 있다. 사용자 변수는 해당 사용자의 로그인 환경 설정을 제공하는 것이므로, 시스템 변수로 등록을 해야 모든 사용자에게 적용할 수 있다. 만약 기존에 시스템 변수가 있다면 해당 변수를 편집하여 수정해도 좋다.

7 [새 시스템 변수] 창에서 변수 이름과 변숫값을 작성하고 〈확인〉을 클릭한다. 변수 이름은 변숫값을 사용할 때 쓰이는 이름이므로 기억하기 쉽게 정한다. 변숫값은 다음과 같이 자바 JDK가 설치된 bin 디렉터리까지 인식할 수 있도록 입력한다. 오타가 생기지 않도록 정확하게 작성한다(**4** 단계에서 확인한 폴더 경로를 복사해서 붙여 넣어도 된다). 참고로 bin 디렉터리에는 자바에서 사용하는 명령어들이 있는 폴더가 있다.

- **변수 이름** : JAVA_HOME
- **변수 값** : C:₩Program Files₩Java₩jdk1.8.0_31₩bin

그림 2-9 시스템 환경 변수 등록 4

8 [환경 변수] 창과 [시스템 속성] 창에서 〈확인〉을 클릭해 등록 과정을 마친다. 자바가 잘 설치되었고 시스템 환경 변수가 잘 등록되었는지 확인해보자. 윈도우의 명령 프롬프트 창을 열어 'java -version'을 입력하고 Enter 키를 누른다.

그림 2-10 자바 설치 및 시스템 환경 변수 인식 확인

NOTE_ 명령 프롬프트 창 열기

윈도우의 [시작]-[모든 프로그램]-[보조 프로그램]-[명령 프롬프트]를 클릭하면 명령 프롬프트 창이 열린다. 윈도우의 검색 창에 'cmd'를 입력해도 된다.

2 아파치 톰캣 웹 서버 설치하고 환경 설정하기

1 아파치 톰캣 홈페이지(http://tomcat.apache.org)에 접속하여 왼쪽 메뉴의 다운로드 항목 중 가장 최신 버전의 톰캣(아래 그림에서는 Tomcat 8.0)을 선택하고, 내 윈도우 환경에 맞는 설치 버전을 다운로드한다.

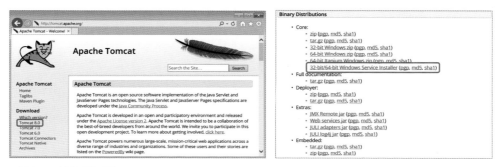

그림 2-11 설치 파일 다운로드

2 다운로드한 설치 파일을 실행하여 설치를 시작한다. 설치가 완료되면 〈Finish〉를 클릭한다.

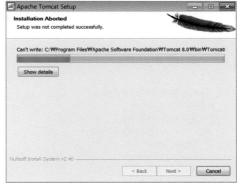

그림 2-12 톰캣 웹 서버 설치

❸ 설치가 잘 되었는지 확인하기 위해 설치된 폴더를 열어 확인한다. 작성한 웹 문서 혹은 웹 프로그램이 저장되는 기본 위치는 [webapps] 폴더이며, 웹 서버 관리를 위한 명령어는 [bin] 폴더에서 볼 수 있다.

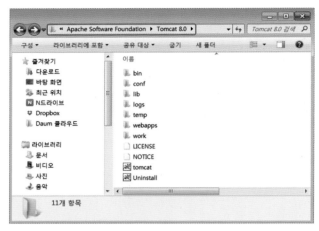

그림 2-13 톰캣 웹 서버 설치 폴더 확인

❹ 톰캣 웹 서버의 기본적인 실행과 환경 설정은 윈도우의 [시작]-[모든 프로그램]-[Apache Tomcat 8.0 Tomcat8]의 [Configure Tomcat]과 [Monitor Tomcat]을 통해 할 수 있다. [Monitor Tomcat]을 클릭해보자.

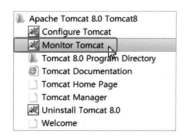

그림 2-14 톰캣 웹 서버 관리 메뉴

❺ Monitor Tomcat에서는 웹 서버의 서비스 상태를 확인할 수 있다. 시작 유형(Startup type) 은 기본적으로 자동(Automatic)으로 되어 있기 때문에 컴퓨터를 사용하기 시작하면 웹 서버 서비스가 자동으로 시작된다. 시작 유형이 '자동(Automatic)'인지 확인하고, 만약 서비스 상태(Service Status)가 중지됨(Stopped)이라면 〈Start〉를 클릭하여 시작됨(Started)으로 바꾼다.

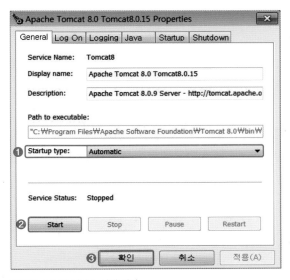

그림 2-15 웹 서비스 실행 설정

❻ 톰캣 서버가 시작되어 서비스가 잘 되고 있는지 확인하기 위해 웹 브라우저에서 'http://localhost:8080/'이라고 입력해보자. 다음과 같은 화면이 열리면 웹 서버의 서비스가 정상적으로 동작하는 것으로, [webapps]–[ROOT] 폴더에 저장된 index.jsp 페이지가 실행된 것이다.

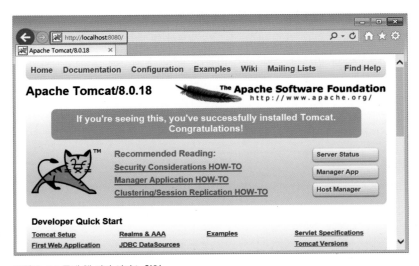

그림 2-16 톰캣 웹 서버 서비스 확인

7 톰캣이 설치된 경로도 시스템 변수로 등록하여 윈도우 시스템에서 인식하도록 해야 한다. 톰캣 웹 서버가 서비스를 시작할 때 필요한 라이브러리나 설정 파일들을 사용하기 때문에 설정 경로를 인식할 수 있도록 해야 한다. 시스템 변수의 등록 과정은 자바 JDK 시스템 변수 등록 과정과 같다.

- **변수 이름 :** CATALINA_HOME
- **변수 값 :** C:₩Program Files₩Apache Software Foundation₩Tomcat 8.0

그림 2-17 톰캣 웹 서버 경로 시스템 변수 등록

8 톰캣의 시스템 변수가 등록되었으면, 기존 시스템 변수인 Path 변수에 톰캣의 bin 디렉터리를 등록해야 한다. Path 변수는 기존 변수 이름을 찾아서 편집하면 된다. 만약 Path 변수가 없다면 새 시스템 변수로 만든 후 등록하기 바란다. 앞에서 시스템 변수의 경로인 'C:₩ Program Files₩Apache Software Foundation₩Tomcat 8.0'을 'CATALINA_HOME' 이라는 이름으로 등록하였으므로 변숫값에 '%CATALIMA_HOME%₩bin'을 입력하여 간결하게 작성할 수도 있다(그림 2-18 참고).

- **변수 이름 :** Path
- **변수 값 :** C:₩Program Files₩Apache Software Foundation₩Tomcat 8.0₩bin

그림 2-18 Path 변수 등록

9 HTML과 JSP 웹 프로그램이 잘 동작하는지 확인하기 위해 myhome.html과 myhome.jsp 파일을 작성한 후 톰캣이 설치된 [Tomcat 8.0]-[webapps]-[ROOT] 폴더에 저장하고, 웹 브라우저에서 각 페이지를 요청해보자. 한글을 사용하기 때문에 한글을 처리하기 위한 코드 부분을 꼭 작성하기 바란다.

```html
<!DOCTYPE html>
<html>
<head>
    <title>TOMCAT 웹 서비스 시작</title>
</head>
<body>
    <h2>차세대 웹 프로그래밍을 시작합니다.</h2>
    <h3>웹의 세계로 초대합니다.</h3>
</body>
</html>
```
myhome.html

TOMCAT 웹 서비스 시작 ✕

← → C ① localhost:8080/myhome.html

차세대 웹 프로그래밍을 시작합니다.

웹의 세계로 초대합니다.

```jsp
<%@ page contentType="text/html; charset=utf-8" page Encoding="utf-8"%>
<html>
<head>
    <title>TOMCAT 웹 서비스 구축</title>
</head>
<body>
    <h2>TOMCAT 웹 서버 서비스 시작하기</h2>
    <%
        String myname="홍민성";
        String today=(new java.util.Date()).toLocaleString();
    %>
    <strong><%= myname %></strong> 홈페이지에 오신 것을 환영합니다.<br>
    오늘은 : <%= today %> 입니다.
    </p>
</body>
</html>
```

myhome.jsp

03 모바일 웹 환경

1 모바일 웹 브라우저의 종류

모바일을 통한 웹 서핑이 일상화되면서 모바일 브라우저에 대한 관심도 커지고 있다. [그림 2-19]는 많이 사용되는 모바일 웹 브라우저의 종류를 나타낸 것이다.

스윙   크롬   파이어폭스   돌핀   퍼핀

그림 2-19 모바일 웹 브라우저의 종류

■ 스윙

그림 2-20 스윙 브라우저 환경

스윙(swing) 브라우저는 국내에서 개발된 만큼 국내 이용자들의 웹 사용 특성을 반영해 편리하고 빠르며 안전하다는 평가를 받고 있다. 일 대 다 파일 전송, 퀵 전송은 이용자들이 입을 모아 칭찬하는 대표적인 기능 중 하나인데, 파일을 업로드한 후 생성되는 여덟 자리 숫자나 QR 코드만 공유하면 사진, 동영상, 음악, 연락처, 파일 및 폴더까지 한번에 최대 1GB까지 손쉽게 공유할 수 있다.

■ **크롬**

크롬(chrome) 브라우저는 빠른 속도와 다양한 기능이 장점이다. 무엇보다 웹 페이지를 실시간으로 번역해주는 기능이 있어 해외 사이트를 이용할 때 편리하다. 또한 팝업 기능을 통해 특정 부분을 마치 돋보기로 보는 것처럼 확대해 볼 수 있어 모바일 특유의 작은 화면과 글씨체로 인한 불편을 덜어준다.

그림 2-21 크롬 브라우저 환경

■ **파이어폭스**

파이어폭스(firefox) 브라우저는 모질라 재단이 운영하는 오픈소스 기반의 브라우저로, 외부 개발자들에 의한 추가된 다양한 부가 기능(add-on)을 갖추고 있다는 점이 장점이다. 대표적인 부가 기능으로 PDF 저장 기능을 들 수 있는데, 원하는 웹 페이지를 PDF로 만들어 저장할 수 있는 기능이다. 또한 모바일 기기에 저장된 암호, 방문 내역, 북마크와 같은 개인 정보를 타인이 볼 수 없게 사생활 모드를 설정할 수 있다.

그림 2-22 파이어폭스 브라우저 환경

■ 돌핀

돌핀(dolphin) 브라우저는 모보탭(MoboTap Inc.)이 개발한 모바일 브라우저로, 안드로이드와 iOS 용이 있다. 제스처 기능을 활성화해 손가락으로 해당 명령을 내리면 바로 그에 대한 반응을 보이므로 터치 기반의 스마트폰에서 유용하게 활용할 수 있고, 플래시가 지원돼 플래시 동영상을 편리하게 볼 수 있다.

그림 2-23 돌핀 브라우저 환경

■ 퍼핀

퍼핀(puffin) 브라우저는 아이폰과 아이패드에서 지원하지 않는 어도비 플래시를 무제한으로 지원해 플래시 기반의 사이트가 동작한다는 점에서 꾸준히 인기를 얻고 있다. 또한 다른 웹 브라우저에 비해 빠른 응답 속도를 자랑한다.

그림 2-24 퍼핀 브라우저 환경

이외에도 알려지지 않은 모바일 브라우저는 상당히 많이 있다. 어떤 브라우저를 사용할 것인가는 사용자의 선택에 달려 있다. 물론 모든 브라우저를 사용할 필요는 없다. 내가 자주 사용하는 기능 혹은 필요한 기능을 갖추고 있는 브라우저를 선택하여 사용하면 된다.

2 에뮬레이터의 개념과 사용법

2000년대 후반 화면의 크기와 종류가 다양한 모바일 기기가 등장하면서 웹 콘텐츠를 개발하는 데 많은 어려움을 겪게 되었다. 이런 와중에 웹 표준이라고 하는 HTML5가 제정되었다. HTML5는 웹 프로그램을 어떻게 개발하든 모든 기기, 모든 브라우저에서 인식하고 처리할 수 있도록 만든 표준안이다. PC 환경과 모바일 환경에서 동시에 사용할 수 있는 웹 프로그램을 만들 수 있게 된 것이다.

HTML5의 등장으로 개발자들은 자신이 개발한 웹 프로그램이 다양한 기기에서 어떻게 표현되고 동작하는지 확인할 필요가 생겼다. 하지만 현실적으로 개발자가 모든 기기를 갖추고 프로그램을 개발할 수는 없다. 이와 같은 문제를 해결하기 위하여 시뮬레이터(simulator) 혹은 에뮬레이터(emulator)라는 가상의 기기 환경이 존재한다. 에뮬레이터를 이용하면 개발한 웹 프로그램이 다양한 모바일 기기 화면에서 어떻게 출력되는지 미리 시뮬레이션해볼 수 있다. 에뮬레이터를 사용하는 방법 몇 가지를 살펴보자.

> **NOTE_** 시뮬레이션과 에뮬레이션 용어를 같이 사용하는 경우가 많은데, 시뮬레이션은 소프트웨어적, 하드웨어적, 혹은 소프트웨어와 하드웨어를 동시에 사용하여 대상이 지니는 주요 특성만 재현해주는 방법을 뜻하는 용어로 사용되며, 에뮬레이션은 어떠한 하드웨어를 소프트웨어적으로 구현하여 대상 하드웨어를 사용하는 것과 동일하게 사용하는 것이 목적이라고 할 수 있다. 따라서 이 책에서는 에뮬레이션이라는 용어로 사용한다.

2.1 웹 기반 에뮬레이터

웹 기반 에뮬레이터는 별도의 프로그램을 설치하거나 플러그-인이 없이 URL 또는 웹 페이지 업로드(upload) 기능으로 웹 문서 처리 결과를 확인할 수 있다. 대표적인 웹 기반 에뮬레이터에는 다음(daum.net)에서 제공하는 트로이(troy) 멀티스크린 서비스가 있다. http://troy.labs.daum.net에 접속해보자.

트로이는 최신의 국내외 모바일 기기와 PC 화면에서 웹 문서 출력 결과를 시뮬레이션해볼 수 있다. 원하는 기기를 선택하면 다양한 멀티스크린 모드에서 해당 웹 문서가 어떻게 출력되는지 바로 확인할 수 있다. 앞에서 작성한 'http://localhost:8080/myhome.html' URL 페이지를 URL 입력란에 입력해보자. 다음은 갤럭시 노트 4와 아이폰 4에서 출력되는 화면의 모습이다.

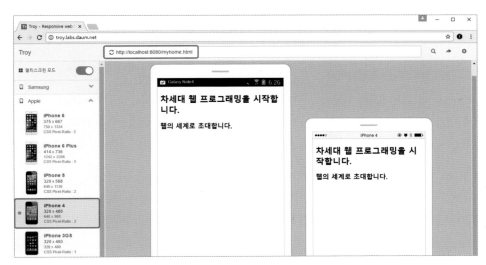

그림 2-25 트로이 에뮬레이터 URL 실행 1

같은 방법으로 이번에는 아이폰 6와 LG사의 G3 기기에서 http://localhost:8080/myhome.jsp 페이지를 실행해보자.

그림 2-26 트로이 에뮬레이터 URL 실행 2

웹 기반 에뮬레이터의 URL 입력란에는 도메인 네임 서비스(DNS) 혹은 IP를 사용하여 결과 화면을 볼 수도 있다.

> **NOTE_** 웹 기반 에뮬레이터는 http://www.mobilephoneemulator.com 혹은 http://mobiletest.me 등에서 추가로 실행해볼 수 있다.

2.2 웹 브라우저 플러그-인 에뮬레이터

PC 환경에서 크롬 브라우저를 사용한다면 두 가지 에뮬레이터를 플러그-인하여 모바일 기기에서 실행 화면을 볼 수 있다. 첫 번째는 리플(Ripple) 에뮬레이터이다. 리플 에뮬레이터는 구글에서 개발한 크로스 브라우징을 테스트하기 위한 프로그램으로, 크롬 브라우저에 무료로 설치하여 사용할 수 있다.

다음과 같이 크롬 브라우저에서 [맞춤 설정 및 제어]-[설정] 메뉴를 선택한 후 왼쪽 목록에서 [확장 프로그램]을 클릭해보자. 그리고 화면 하단에서 [더 많은 확장 프로그램 다운로드]를 클릭하여 'ripple emulator'를 입력해 검색한 후 Ripple Emulator (Beta)의 〈CHROME에 추가〉를 클릭하여 추가해보자.

그림 2-27 리플 에뮬레이터 설치 1

리플 에뮬레이터를 추가하면 URL 주소창 옆에 리플 에뮬레이터 아이콘이 생성된다.

그림 2-28 리플 에뮬레이터 설치 2

앞에서 작성한 myhome.html과 myhome.jsp 페이지를 리플 에뮬레이터로 확인해보자. 크롬 브라우저에서 URL을 'localhost:8080/myhome.html'이라고 입력한 후 리플 에뮬레이터 아이콘을 클릭하여 [Enable]을 선택한다. 화면이 바뀌면 Devices 목록에서 출력하고자 하는 기기를 선택한다(필자는 아이폰 5를 선택했다). 화면의 방향을 가로, 세로로 전환해보고 태블릿 기기의 출력 화면도 살펴보자.

그림 2-29 리플 에뮬레이터 실행

크롬 웹 브라우저에서 플러그-인하여 사용할 수 있는 또 다른 에뮬레이터에는 레스펀시브 테스터(Responsive Tester) 혹은 레스펀시브 웹 디자인 테스터(Responsive Web Design Tester)가 있다. 리플 에뮬레이터와 마찬가지로 크롬의 확장 프로그램에서 검색하여 설치하고 사용할 수 있으므로 자세한 사용법은 생략한다.

크롬 브라우저는 개발자 도구를 사용하여 에뮬레이션을 할 수 있는 기능을 자체적으로 지원한다. 크롬 브라우저의 [맞춤 설정 및 제어]−[도구 더 보기]−[개발자 도구] 메뉴를 선택하면 소스코드와 스타일 시트, 에뮬레이션 기능 등을 볼 수 있다.

그림 2-30 크롬 개발자 도구 에뮬레이터 실행

웹 서버 운영

웹 서버를 사용하면 접속 포트, 리소스(자료)의 위치, 접속 권한 등 다양한 사항들을 관리할 수 있다. 아파치 톰캣 서버에서 제공하는 관리자(manager) 기능 중 서버 운영에 꼭 필요한 중요한 사항 몇 가지를 살펴보자.

1 웹 서버 서비스 시작과 중지

웹 서버 프로그램은 보통 백그라운드 프로세스(backgroud process)로 동작한다. 백그라운드 프로세스란 일반적인 프로그램의 프로세스처럼 직접적으로 모니터에 보여지거나 사용자가 사용할 수 있는 것이 아니고 컴퓨터 내부에서 자체적으로 처리되는 프로세스이다. 즉 웹 서버가 동작한다고 해서 모니터에 무엇인가 나타나서 처리되는 과정이 보이지는 않는다. 이후 웹 서버를 다루는 과정에서 참고하기 바란다.

웹 서버 관리에서 가장 기본이 되는 것은 서비스의 시작과 중지이다. 톰캣 서버에서 서비스를 시작하고 중지하는 명령어는 톰캣이 설치된 [bin] 폴더에 있다. 시작을 위한 파일은 startup.bat이며, 중지를 위한 파일은 shutdown.bat이다. 톰캣 서버를 시작하고 중지하는 방법에는 다음의 세 가지가 있다. 각 방법을 직접 수행하며 톰캣 서버의 서비스를 시작하거나 중지해보자.

1.1 모니터 톰캣을 사용하는 방법

모니터 톰캣(monitor tomcat)은 윈도우 창에서 서비스 상태를 제어할 수 있도록 해준다. 컴퓨터를 재부팅하거나 전원을 껐다가 켰을 때 웹 서버의 시작 유형을 설정할 수 있다. 웹 서버의 시작 유형에는 세 가지가 있다.

- **Automatic** : 컴퓨터가 가동하여 운영체제가 동작하면 자동으로 웹 서버 서비스를 시작한다. 기본으로 설정돼 있는 타입으로, 가장 많이 사용된다.
- **Manual** : 웹 서비스의 시작과 중지를 수동으로 설정한다. 관리자가 직접 서비스의 시작이나 중지

를 설정하는 것이다. 특정 기간이나 시간에 따라서 서비스해야 할 경우에 사용한다.

- **Disabled** : 웹 서버의 서비스를 하지 않을 경우, 웹 서버의 시작 상태를 OFF시키는 것과 같다. Disabled 타입이 선택된 상태에서는 관리자가 직접 웹 서버를 시작하기 전까지는 웹 서버를 사용할 수 없다.

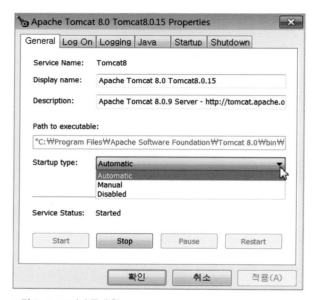

그림 2-31 모니터 톰캣 창

1.2 명령 프롬프트에서 명령어를 사용하는 방법

톰캣 서버 서비스의 시작과 종료를 명령 프롬프트 창에서 명령어로 제어하는 방법이다. 윈도우에서 [명령 프롬프트] 창을 열고 'tomcat8 start' 또는 'tomcat8 stop' 명령을 입력하면 된다.

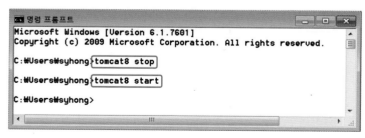

그림 2-32 톰캣 서버 서비스의 시작과 종료 명령

1.3 관리 도구 서비스를 사용하는 방법

윈도우 관리 도구에서 톰캣 서버의 서비스를 제어하는 방법이다. 윈도우의 [시작]-[제어판]-[시스템 및 보안]-[관리 도구]-[서비스]를 선택하여 [서비스] 창을 연 후 아파치 톰캣 이름을 찾아서 선택하고 서비스를 중지하거나 다시 시작할 수 있다.

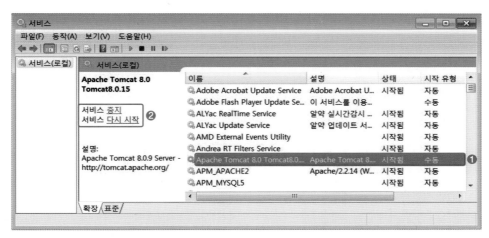

그림 2-33 윈도우 서비스 관리 도구

2 웹 서버 포트 변경

톰캣은 웹 서버 포트로 8080 포트를 사용한다. 포트 번호로 사용 가능한 범위 0~65,535 중 0~1,023은 네트워크의 기본 포트로 예약돼 있어 변경하거나 설정하여 사용하는 것이 불가능하다. 따라서 사용자가 사용할 수 있는 포트는 1,024~65,535 사이에 있는 임의의 포트인데, 인터넷 HTTP에 기본으로 예약된 포트가 바로 80번 포트이다. 대부분의 웹 서버는 80번 포트를 기본으로 사용하며, 필요하다면 사용자 포트 범위 내에서 변경할 수 있다.

그럼 톰캣 웹 서버에서도 80번 포트를 사용할 수 있을까? 당연히 사용할 수 있다. 단 같은 번호를 사용하는 다른 웹 서버가 존재하지 않아야 가능하다. 80번 포트를 사용하면 어떤 점이 좋을까? 우선 80번 포트는 별도의 포트 번호를 URL에 포함하지 않아도 된다. HTTP 프로토콜의 기본 포트가 80번이기 때문에 별도로 포트 번호를 붙이지 않아도 자동으로 80번 포트를 찾아간다. 물론 80번 포트 번호를 붙여도 같은 결과를 볼 수 있다. 다음 두 가지 URL은 결국 같은 방식으로 웹 사이트에 접속하는 것이다.

- http://123.123.123.123
- http://123.123.123.123:80

하나의 컴퓨터에는 일반적으로 많은 포트 번호가 사용된다. 물론 모든 포트 번호를 알 필요는 없지만, 자신의 컴퓨터에서 어떤 포트 번호들을 사용하고 있는지는 간단하게 확인할 수 있다. 명령 프롬프트를 관리자 모드로 실행하여 다음과 같이 'netstat −na' 또는 'netstat −nao' 명령어를 입력해보자. 프로토콜, 로컬 주소, 상태 등의 정보를 볼 수 있다. 이중 로컬 주소의 마지막에 보이는 번호가 포트 번호이다.

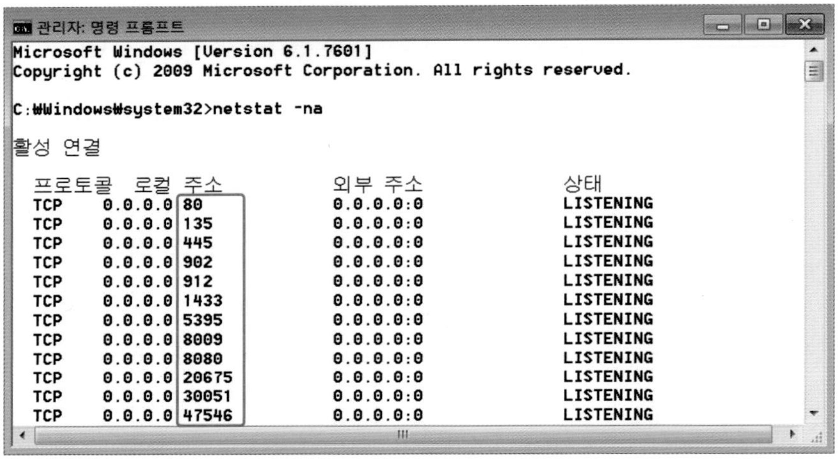

```
관리자: 명령 프롬프트
Microsoft Windows [Version 6.1.7601]
Copyright (c) 2009 Microsoft Corporation. All rights reserved.

C:\Windows\system32>netstat -na

활성 연결

  프로토콜    로컬 주소              외부 주소              상태
  TCP        0.0.0.0:80            0.0.0.0:0             LISTENING
  TCP        0.0.0.0:135           0.0.0.0:0             LISTENING
  TCP        0.0.0.0:445           0.0.0.0:0             LISTENING
  TCP        0.0.0.0:902           0.0.0.0:0             LISTENING
  TCP        0.0.0.0:912           0.0.0.0:0             LISTENING
  TCP        0.0.0.0:1433          0.0.0.0:0             LISTENING
  TCP        0.0.0.0:5395          0.0.0.0:0             LISTENING
  TCP        0.0.0.0:8009          0.0.0.0:0             LISTENING
  TCP        0.0.0.0:8080          0.0.0.0:0             LISTENING
  TCP        0.0.0.0:20675         0.0.0.0:0             LISTENING
  TCP        0.0.0.0:30051         0.0.0.0:0             LISTENING
  TCP        0.0.0.0:47546         0.0.0.0:0             LISTENING
```

그림 2-34 내 컴퓨터에 사용되는 포트 번호 확인

위 그림을 보면 '상태'가 'LISTENING'이라고 표시되어 있는데, 이는 해당 포트를 사용하여 외부로부터 접속 시도가 있는지 계속 감시하고 있는 상태라는 의미이다. 말 그대로 누군가가 나에게 어떤 신호를 보내고 있는지를 듣고 있는 것이다.

그럼 이제 톰캣 서버의 포트 번호를 변경해보자. 톰캣을 설치할 때 확인할 기본 사용 포트는 8080 번이었는데, 이 포트 번호를 HTTP 기본 포트인 80번으로 변경하기로 한다. 톰캣 서버의 환경 정보를 관리하는 파일은 server.xml으로, [Tomcat 8.0]−[conf] 폴더에 저장되어 있다.

이 파일의 내용을 복사하여 메모장에서 새 문서로 붙여 넣은 후 〈Connector〉 요소의 속성 부분을 다음과 같이 수정한다. 그리고 바탕화면에 server.xml 이름의 파일로 저장한 후 [Tomcat 8.0]−[conf] 폴더로 옮겨 기존의 파일을 덮어쓴다. 새 파일을 만들어 덮어쓰는 이유는 C 드라이브 내에서 server.xml 파일을 직접 수정하는 작업이 불가능하기 때문이다.

```
...생략
  <Connector port="8080" protocol="HTTP/1.1"
             connectionTimeout="20000"
             redirectPort="8443"/>
...생략
```

```
...생략
  <Connector port="80" protocol="HTTP/1.1"
             connectionTimeout="20000"
               ="8443"/>
...생략
```

변경

톰캣 서버의 서비스를 다시 시작한다. 모든 환경 설정의 데이터가 변경되면 웹 서비스를 다시 시작하여 적용하는 것이 좋다.

> **NOTE_** 톰캣 포트 번호를 변경하고 서비스를 다시 시작했는데도 톰캣 홈페이지 접속이 안 되는 경우가 있다. 이유는 80번 포트를 사용하는 다른 프로세스 서비스가 존재하기 때문이다. 다른 IIS 웹 서버를 사용하는 경우, World Wide Web Publishing Service 또는 SQL Server Reporting Services(DB)와 같은 서비스가 존재할 경우 등에는 웹 브라우저에서 http://localhost 접속 시 [HTTP Error 404. The requested resource is not found.]와 같은 메시지를 출력한다. 80번 포트 사용 프로세스를 모두 중지한 후 톰캣의 서비스를 시작해야 한다. 80번 포트 사용 여부는 'netstat -nao' 명령으로 확인할 수 있다.

웹 브라우저 URL 주소 창에 8080을 제외한 'localhost'만 입력한 후 결과를 살펴보자. 톰캣 서버의 서비스가 80번 포트를 사용하여 서비스되고 있는 것을 확인할 수 있다.

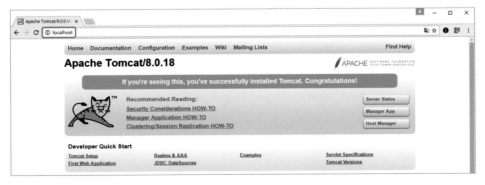

그림 2-35 웹 서버 80번 포트 사용

3 웹 서버 홈 디렉터리와 가상 디렉터리 설정

가상 디렉터리란 임의로 지정한 URL의 경로를 홈 디렉터리로 사용할 수 있도록 해주는 개념이다. 톰캣 서버를 설치하면 홈 디렉터리가 기본적으로 톰캣 서버가 설치된 [Tomcat 8.0]-[webapps]-[ROOT] 폴더로 지정되며, 이 폴더에 웹 문서가 저장된다. 그런데 이러한 위치는 상당히 복잡하다. 예를 들어 톰캣 서버의 홈 디렉터리가 있는 곳에 찾아가려면 'C:\Program Files\Apache Software Foundation\Tomcat 8.0\webapps\ROOT\index.jsp'와 같이 복잡한 디렉터리 경로를 모두 기술해야 한다.

가상 디렉터리란 이렇게 물리적 위치를 사용하지 않고 가상의 폴더 이름으로 홈 디렉터리를 설정하는 방법이다. 톰캣 서버에서 가상 디렉터리를 생성하고 관리하는 방법은 두 가지이다. 첫 번째는 기존 [webapps] 홈 디렉터리에 새로운 폴더를 생성한 후 URL에 폴더 이름을 입력하여 경로를 인식하도록 설정하는 것이다. 두 번째는 웹 서버 관리 파일인 server.xml에 홈 디렉터리 혹은 가상 디렉터리 설정 내용을 추가하거나 변경하는 것이다. 각각 실습을 통해 알아보자.

3.1 새로운 폴더를 생성하여 가상 디렉터리를 관리하는 방법

톰캣 서버의 [webapps] 폴더에 새로운 폴더 [myweb]을 생성하고 index.html 문서를 만들어 저장해보자.

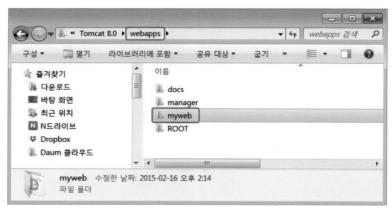

그림 2-36 가상 디렉터리 폴더 생성

```html
                                                                              index.html
<!DOCTYPE html>
<html>
<head>
    <title>TOMCAT 가상 디렉터리 생성</title>
</head>
<body>
    <h2>이곳은 가상 디렉터리 myweb 폴더입니다.</h2>
    <h3>기본 페이지인 index.html 파일을 서비스합니다.</h3>
</body>
</html>
```

웹 브라우저에서 가상 디렉터리인 http://localhost/myweb 경로로 접속되는지 실행해보자.

여러 웹 문서 중 자동으로 인식하는 기본 문서는 index.html, index.htm, index.jsp의 세 가
지이며 [Tomcat 8.0]–[conf] 폴더의 web.xml 파일에서 관리한다. 만약 세 파일이 동시에 존
재한다면 상위 첫 번째 파일부터 우선순위를 매겨 기본 문서로 참고한다. 따라서 세 파일이 모두
있으면 index.html 파일이 기본 문서로 출력되며, index.html과 index.htm 파일이 없다면
index.jsp 파일을 기본 문서로 인식한다.

```xml
                                                                              web.xml
<!-- == Default Welcome File List == -->
... 생략
    <welcome-file-list>
        <welcome-file>index.html</welcome-file>
        <welcome-file>index.htm</welcome-file>
        <welcome-file>index.jsp</welcome-file>
    </welcome-file-list>
... 생략
```

새로운 가상 디렉터리 myweb에서 myweb.html을 기본 문서로 인식하도록 web.xml 파일을 수정하고 웹 브라우저에서 가상 디렉터리 경로인 'http://localhost/myweb'에 접속해보자. myweb.html 파일명을 URL에 작성하지 않았는데도 기본 문서로 인식하여 출력한 결과를 볼 수 있다.

```
... 생략
    <welcome-file-list>
        <welcome-file>myweb.html</welcome-file>
        <welcome-file>index.html</welcome-file>
        <welcome-file>index.htm</welcome-file>
        <welcome-file>index.jsp</welcome-file>
    </welcome-file-list>
... 생략
```

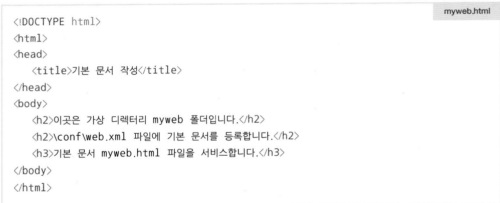

```
<!DOCTYPE html>
<html>
<head>
    <title>기본 문서 작성</title>
</head>
<body>
    <h2>이곳은 가상 디렉터리 myweb 폴더입니다.</h2>
    <h2>\conf\web.xml 파일에 기본 문서를 등록합니다.</h2>
    <h3>기본 문서 myweb.html 파일을 서비스합니다.</h3>
</body>
</html>
```

NOTE_ 톰캣 서버가 기본 문서를 제대로 인식하지 않거나 가상 디렉터리가 제대로 적용되지 않을 경우 톰캣 서버의 서비스를 중지하고 재시작한다.

3.2 톰캣 서버 환경에서 파일을 변경하여 가상 디렉터리를 관리하는 방법

웹 문서 파일들을 톰캣 서버가 설치된 [webapps] 이외의 다른 디렉터리에 생성할 수 있다. 예를 들어 C 드라이브 아래 [webprog]라는 폴더를 생성하고, URL에서 이 디렉터리를 홈 디렉터리로 인식하거나 가상 디렉터리로 인식하도록 하려면 [Tomcat 8.0]-[conf] 폴더에 저장된 server.xml 파일을 수정하면 된다. server.xml 파일의 〈Server〉 요소 부분에 다음과 같이 추가하고 저장한다.

```
server.xml
<Server port="8005" shutdown="SHUTDOWN">
  ... 생략
    <Host name="localhost"  appBase="webapps"
    unpackWARs="true" autoDeploy="true">
    <!-- 가상 디렉터리 추가  작성 부분 -->
        <Context path="/webprog" docBase="C:/webprog" reloadable="true"/>

  ... 생략
    </Host>
</Server>
```

새로 생성한 [webprog] 폴더에 index.html 문서를 만들어 저장한다. 가상 디렉터리 서비스를 위해 톰캣 서버의 서비스를 중지하였다가 다시 시작한 후 웹 브라우저를 실행해보자.

```
index.html
<!DOCTYPE html>
<html>
<head>
    <title>기본 문서 작성</title>
</head>
<body>
    <h2>이곳은 가상 디렉터리 webprog 폴더입니다.</h2>
    <h2>\conf\server.xml 파일에 가상 디렉터리를 등록합니다.</h2>
    <xmp>
        <Context path="/webprog" docBase="C:/webprog" reloadable="true"/>
    </xmp>
    <h3>C:\webprog를 절대 경로로 인식하여 기본 문서인 index.html 파일을 서비스합니다.</h3>
</body>
</html>
```

path 속성은 URL에서 인식하는 상대 경로를 나타내며, docBase 속성은 실제 웹 문서가 존재하고 있는 절대 경로(혹은 물리적 경로)를 나타낸다. 따라서 물리적 경로가 C 드라이브 아래 [webprog] 폴더라고 하더라도 상대 경로명을 path="/myhome"이라고 수정한다면 웹 브라우저에서의 URL은 http://localhost/myhome이라고 사용할 수 있다.

```
... 생략

    <Context  path="/myhome"  docBase="C:/webprog" reloadable="true"/>

... 생략
```

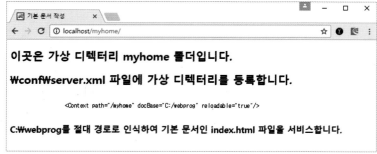

만약 C 드라이브 아래 [webbook]이라는 폴더를 홈 디렉터리로 사용하고자 한다면, server.
xml 파일에 〈Context〉 요소 부분을 추가로 작성하고, path 속성을 다음과 같이 path=""로 설
정한다.

```
                                                              server.xml
<Server port="8005" shutdown="SHUTDOWN">
    ... 생략
     <Host name="localhost"  appBase="webapps"
     unpackWARs="true" autoDeploy="true">
     <!-- 가상 디렉터리 추가 작성 부분 -->
        <Context path="/myhome docBase="C:/webprog" reloadable="true"/>
     <!-- 홈 디렉터리 추가 작성 부분 -->
        <Context path="" docBase="C:/webbook" reloadable="true"/>
    ... 생략
     </Host>
</Server>
```

```
                                                              index.html
<!DOCTYPE html>
<html>
<head>
    <title>홈 디렉터리 작성</title>
</head>
<body>
    <h2>이곳은 홈 디렉터리 webbook 폴더입니다.</h2>
    <h2>\conf\server.xml 파일에 가상 디렉터리를 등록합니다.</h2>
    <xmp>
        <Context path="" docBase="C:/webbook" reloadable="true"/>
    </xmp>
    <h3>c:\webbook를 절대 경로로 인식하므로 기본 문서인 index.html 파일을 서비스합니다.</h3>
</body>
</html>
```

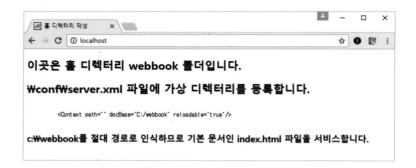

이곳은 홈 디렉터리 webbook 폴더입니다.

₩conf₩server.xml 파일에 가상 디렉터리를 등록합니다.

<Context path="" docBase="C:/webbook" reloadable="true"/>

c:₩webbook를 절대 경로로 인식하므로 기본 문서인 index.html 파일을 서비스합니다.

홈 디렉터리가 설정되면, 홈 디렉터리에 새로운 폴더를 생성하여 가상 디렉터리처럼 사용할 수 있다. [C]–[webbook]–[ch02]라는 폴더를 새로 생성하고, index.html 문서를 작성하여 저장해보자. 그리고 웹 브라우저에서 'localhost/ch02'와 같이 입력하고 실행하여 출력 결과를 확인해보자.

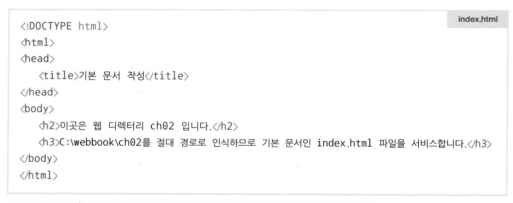

```html
index.html

<!DOCTYPE html>
<html>
<head>
    <title>기본 문서 작성</title>
</head>
<body>
    <h2>이곳은 웹 디렉터리 ch02 입니다.</h2>
    <h3>C:\webbook\ch02를 절대 경로로 인식하므로 기본 문서인 index.html 파일을 서비스합니다.</h3>
</body>
</html>
```

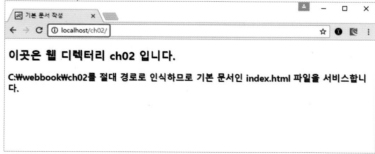

이곳은 웹 디렉터리 ch02 입니다.

C:₩webbook₩ch02를 절대 경로로 인식하므로 기본 문서인 index.html 파일을 서비스합니다.

▶ 요약

01 웹 환경

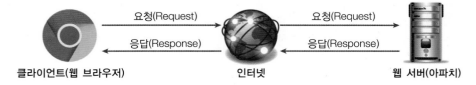

02 웹 서버의 서비스 환경

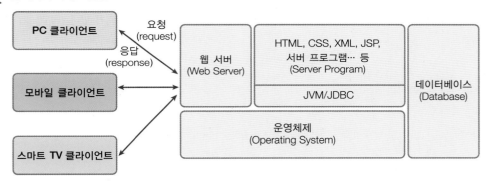

03 웹 서버의 기능

클라이언트의 요청에 따라서 서버에 있는 파일을 제공한다. 즉 인터넷을 통해 HTML 문서 및 XML 문서 그리고 기타 웹 프로그램(JSP, ASP, PHP 등)을 실행한 결과를 클라이언트에 제공한다. 웹 서버의 기능은 크게 두 가지로 나누어볼 수 있다.

- 리스너 기능 : 클라이언트로부터 접속이 있는지 항상 체크하고 대기한다.
- 답변 기능 : 요청한 사항을 처리한 후 결과를 클라이언트에 보낸다.

04 아파치 톰캣 서버

웹 서버의 기본적인 기능을 제공하면서 웹 서버와 연동하여 실행할 수 있는 자바 환경을 제공하여 자바 서버 페이지(JSP)와 자바 서블릿 실행 환경을 제공한다.

05 모바일 웹 브라우저의 종류

| 스윙 | 크롬 | 파이어폭스 | 돌핀 | 퍼핀 |

06 에뮬레이터

개발한 웹 프로그램이 다양한 모바일 기기 화면에서 어떻게 출력되는지 미리 시뮬레이션해볼 수 있는 소프트웨어이다. 웹에 URL을 입력하여 시뮬레이션할 수 있는 웹 기반 에뮬레이터와 웹 브라우저에서 플러그-인하여 사용할 수 있는 웹 브라우저 플러그-인 에뮬레이터가 있다.

연습문제

01 웹 서버에서 웹 문서를 서비스하기 위한 네트워크 표준 프로토콜은?

① SMTP

② HTTP

③ FTP

④ DHCP

02 웹 서버에서 웹 문서를 전송하기 위하여 사용하는 기본 포트 번호는?

① 23번

② 25번

③ 80번

④ 88번

03 웹 서버에서 처리하기 위해 사용하는 서버 쪽 웹 프로그램이 <u>아닌</u> 것은?

① ASP

② PHP

③ JSP

④ TCP

04 다음 중 웹 브라우저가 <u>아닌</u> 것은?

① 텔넷

② 크롬

③ 인터넷 익스플로러

④ 파이어폭스

05 톰캣 서버에 기본 문서를 추가하기 위해 환경 설정을 하는 파일은?

① page.xml

② web.xml

③ server.xml

④ tomcat.xml

06 PC, 모바일, 태블릿, 스마트 TV 등과 같이 다양한 클라이언트 접속 기기 환경을 무엇이라고 하는가?

07 접속한 클라이언트 기기 종류나 환경에 따라서 콘텐츠를 자동으로 변환하여 서비스하는 웹 환경을 무엇이라고 하는가?

08 톰캣 서버가 기본으로 사용하는 웹 서버 포트 번호는 몇 번인가?

09 톰캣 서버를 설치하고, 자신의 웹 브라우저에서 http://localhost:9090 포트 번호로 접속하여 홈 디렉터리가 인식되도록 웹 서버 환경을 구축하시오. 그리고 어떻게 구축했는지 방법을 간단하게 설명하시오.

10 9번 문제의 9090 포트 번호를 사용한 홈 디렉터리에 자신의 영문 이름으로 웹 문서를 작성한 후 파일로 저장하고, 기본 문서로 인식하도록 톰캣 서버의 환경 설정을 하시오(예를 들어 이름이 홍길동이면 honggildong.html로 저장하고, 자신의 소개 글이 간단하게 출력되도록 HTML 문서를 작성한다).

- **웹 페이지 포함 URL 형식** : http://localhost:9090/honggildong.html
- **기본 문서 인식 URL 형식** : http://localhost:9090

HTML5 이해와 활용

Chapter 03
HTML5 문서 구조와 작성 규칙

학습목표
- ▶ HTML5 문서의 기본 구조를 알고 설명할 수 있다.
- ▶ HTML5 문서의 작성 규칙을 알고 설명할 수 있다.
- ▶ 미리 정의된 태그와 사용자 정의 태그의 차이를 알고 사용할 수 있다.
- ▶ 속성의 개념을 이해하고 사용할 수 있다.
- ▶ HTML5의 구조적 태그 종류를 알고 사용할 수 있다.

HTML5 문서의 구조

HTML5 문서의 구조는 다음 그림과 같다. 〈!DOCTYPE html〉과 〈html〉, 〈head〉, 〈title〉, 〈body〉의 네 가지 기본 태그로 이루어져 있다. 태그는 시작 태그와 종료 태그 한 쌍으로 이루어지는데 시작 태그는 '〈태그이름〉', 종료 태그는 '〈/태그이름〉'으로 작성한다.

태그 안에 다른 태그를 포함시킬 수도 있는데, 이렇게 정의한 것을 태그의 중첩이라 하며 안쪽에 선언된 태그는 밖에 감싸진 태그의 속성을 적용 받는다. 태그의 속성에 대해서는 4절(109~114쪽)에서 자세히 살펴볼 것이다.

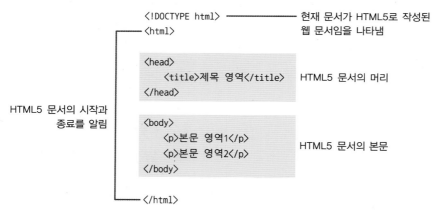

그림 3-1 HTML5 문서의 기본 구조

■ **〈!DOCTYPE html〉**

HTML5 문서를 선언하는 구문으로, 이 문서가 HTML5로 작성된 웹 문서임을 웹 브라우저에 알려주는 역할을 한다. 이 구문은 생략할 수 있지만 하위 호환성을 위해 작성할 것을 권장한다.

■ 〈html〉 ~ 〈/html〉

HTML5 문서의 시작과 종료를 알린다. 〈html〉 태그는 문서의 최상위(root) 요소이기도 하며, 언어(lang) 속성을 사용하여 주된 언어 값을 설정할 수 있다.

■ 〈head〉 ~ 〈/head〉

웹 페이지의 정보를 정의하는 곳으로, 제목을 표시하는 〈title〉 태그와 자바스크립트, 스타일 시트(CSS) 등을 정의한다. 〈head〉 태그 내에는 다음과 같은 태그를 작성할 수 있다.

· 〈title〉 ~ 〈/title〉 : 〈title〉 태그에 작성한 내용이 웹 브라우저의 제목 표시줄에 나타난다. 제목은 64문자 이내로 작성할 것을 권장한다.

```
<title> Page Title </title>
```

· 〈meta〉 : 문서를 만든 이, 검색 시 키워드, 웹 페이지 정보, 리프레시 등을 작성한다.

```
<meta charset="UTF-8">
<meta name="author" content="Hong SeongYong">
<meta name="keywords" content="HTML, CSS, XML, XHTML, JavaScript">
<meta name="description" content="Free Web tutorials on HTML and CSS">
<meta http-equiv="refresh" content="10, http://cafe.naver.com/go2web">
```

· 〈base〉 : 문서 내 모든 링크의 기준이 되는 URL을 지정한다.

```
<base href="http://www.w3.org/" target="_blank">
```

· 〈style〉 : CSS3와 같은 문서 장식 프로그램이 위치하는 공간이다.

```
<style>
    body { background-color: yellow; }
    p { color: blue; }
</style>
```

· 〈link〉 : 외부 문서 혹은 사이트 자원을 연결한다.

```
<link rel="stylesheet" href="mystyle.css">
```

- 〈script〉: 자바스크립트 등의 다양한 프로그램이 위치하는 공간이다.

```
<script>
    function myFunction {
        document.getElementById("demo").innerHTML="Hello JavaScript!";
    }
</script>
```

■ 〈body〉 ~ 〈/body〉

HTML5 문서의 본문을 작성하는 공간이다.

> **NOTE_** HTML 문서를 작성할 때 〈html〉, 〈head〉, 〈body〉 등의 태그는 생략해도 된다. 그러나 W3C에서는 가능하면 이러한 태그를 모두 사용하여 웹 문서를 작성할 것을 권장한다.

직접 HTML5 문서를 작성한 후 웹 브라우저에서 실행해보자. [예제 3-1]은 기본 태그로만 작성한 HTML5 문서이고 [예제 3-2]는 〈head〉 태그 내에 메타정보를 정의한 HTML5 문서이다.

예제 3-1　기본 태그로 웹 문서 작성하기	ch03/01_intro.html

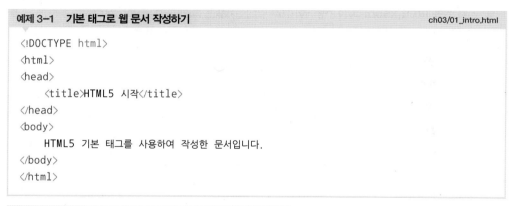

```
<!DOCTYPE html>
<html>
<head>
    <title>HTML5 시작</title>
</head>
<body>
    HTML5 기본 태그를 사용하여 작성한 문서입니다.
</body>
</html>
```

```html
<!DOCTYPE html>
<html>
<head>
    <title>HTML5 메타정보</title>
    <meta charset="UTF-8">
    <meta name="author" content="Hong Seong Yong">
    <meta name="keywords" content="HTML5, CSS3, JavaScript, JQuery">
    <meta name="description" content="Web Programming">
    <meta http-equiv="refresh" content="10, http://cafe.naver.com/go2web">
    <base href="http://www.w3.org/" target="_blank">
</head>
<body>
    <p>헤드 태그 내 메타정보에는 웹 문서를 만든 이, 검색 시 키워드, 문서에 대한 설명, 문서 내 기본
    디렉터리 등이 포함됩니다.</p>
    <p>이 문서는 10초 후 저자 카페로 이동합니다.</p>
    <a href="">여기를 클릭하면 기본 디렉터리로 설정된 www.w3.org 사이트로 이동합니다.</a>
</body>
</html>
```

NOTE_ ⟨p⟩는 문단 구분 시 사용하는 태그이다.

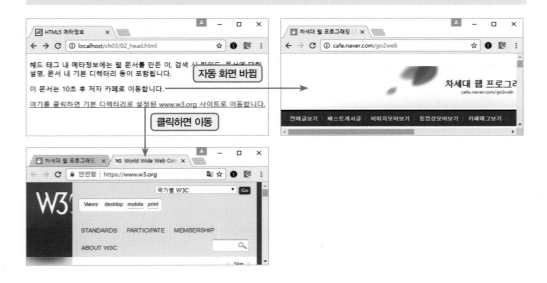

02 HTML5 문서의 작성 규칙

웹 브라우저가 인식할 수 있는 HTML5 문서는 작성 규칙에 따라 잘 작성된 문서(well-formed document)이다. HTML5 문서의 작성 규칙을 살펴보자.

■ **태그 이름은 대소문자를 구분하지 않는다.**

태그 이름은 대소문자를 구분하지 않는다. 예를 들어 ⟨body⟩와 ⟨BODY⟩는 같은 의미이다. 소문자와 대문자를 사용해 각각 작성한 다음 예제를 실행해보면 결과가 같은 것을 볼 수 있다. 그러나 W3C에서는 소문자를 사용하여 웹 문서를 작성할 것을 권고하고 있다.

예제 3-3　대소문자 구분 여부 확인하기　　　　　　　　　　　　ch03/03_01_lowcase.html

```
<!DOCTYPE html>
<html>
<body>
    HTML5 문서는 소문자로 작성할 것을 권장합니다.
</body>
</html>
```

ch03/03_02_upcase.html

```
<!DOCTYPE html>
<HTML>
<BODY>
    HTML5 문서는 소문자로 작성할 것을 권장합니다.
</BODY>
</HTML>
```

```
localhost/ch03/03_01_lc   ×                              ▣  —  ☐  ×
←  →  C   ① localhost/ch03/03_01_lowcase.html        ☆  ❶  ◙  ⋮
HTML5 문서는 소문자로 작성할 것을 권장합니다.
```

■ **본문 내 연속된 공백이나 줄 바꿈은 하나의 공백으로 처리한다.**

〈body〉 태그 내 연속된 공백과 줄바꿈은 하나의 공백으로 처리한다. HTML5 문서는 일반 워드프로세서나 메모장에서 스페이스 키로 공백을 입력하는 것과 달리 특수문자 ' '를 사용하여 공백을 표시한다. 또한 문단 구분을 할 때는 〈p〉 태그를, 줄 바꿈을 할 때는 〈br〉 태그를 이용한다.

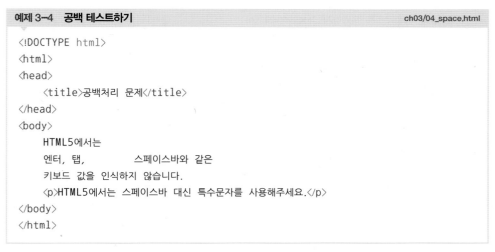

■ **태그의 포함 관계를 표현하기 위해 들여쓰기를 한다.**

태그의 중첩이 발생하면 바깥 태그와 안쪽 태그의 포함 관계를 구분하기 위해 들여쓰기를 한다. 그래야 문서의 구조를 파악하기 좋다. 다음 두 예제는 들여쓰기를 한 문서와 하지 않은 문서이다. 물론 웹 브라우저에서 실행해보면 결과는 같다. 하지만 문서의 가독성을 높이기 위해서는 들여쓰기와 줄 바꿈을 하는 것이 좋다.

ch03/05_01_visible.html

```
<!DOCTYPE html>
<html>
<head>
    <title>잘 정리된 문서</title>
</head>
<body>
    <p>문서의 구조를 명확하게 작성해주세요.</p>
    <p>들여쓰기를 해야 소스코드의 가독성이 높아집니다.</p>
    <p>줄 바꿈도 해주세요.</p>
</body>
</html>
```

ch03/05_02_invisible.html

```
<!DOCTYPE html>
<html>
<head><title>정리가 안 된 문서</title>
</head>
<body>
<p>문서의 구조를 명확하게 작성해주세요.</p>
<p>들여쓰기를 해야 소스코드의 가독성이 높아집니다.</p><p>줄 바꿈도 해주세요.</p>
</body>
</html>
```

정리가 안 된 문서 ×

← → C ① localhost/ch03/05_02_invisible.html ☆ ❶ ◻ ⋮

문서의 구조를 명확하게 작성해주세요.

들여쓰기를 해야 소스코드의 가독성이 높아집니다.

줄 바꿈도 해주세요.

■ **태그의 쌍을 겹치지 않고 완벽히 내포시킨다.**

태그를 작성할 때는 시작 태그와 종료 태그의 쌍이 겹치지 않도록(misnested tags) 작성한다. 다음 예제는 코드가 비교적 간단하여 문제 없이 실행되지만 코드 규모가 크고 복잡할 경우 중첩(overlap) 태그에 선언된 태그를 종료하지 않고 다른 태그를 시작하면 문제가 될 수 있다.

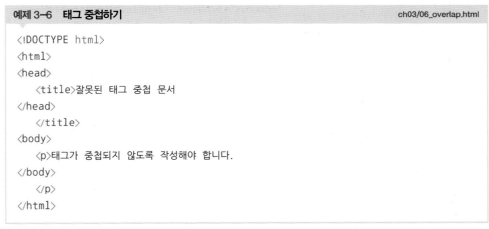

예제 3-6 태그 중첩하기 ch03/06_overlap.html

```
<!DOCTYPE html>
<html>
<head>
    <title>잘못된 태그 중첩 문서
</head>
    </title>
<body>
    <p>태그가 중첩되지 않도록 작성해야 합니다.
</body>
    </p>
</html>
```

■ **종료 태그를 반드시 사용한다.**

기존 HTML 문서에서는 종료 태그를 사용하지 않아도 출력 결과에 이상이 없었다. 그러나 HTML5 웹 표준에서는 시작 태그와 종료 태그를 반드시 사용할 것을 권장하고 있다. 만약 태그 사이에 정보가 없다면 다음과 같이 종료 태그를 생략한 단축 형식으로 사용할 수 있다.

• **일반적인 표기 형식 :** ⟨p⟩~⟨/p⟩
• **단축 표기 형식 :** ⟨p/⟩

```
<!DOCTYPE html>
<html>
<head>
    <title>종료 태그 작성</title>
</head>
<body>
    HTML5에서는 종료 태그를 사용하도록 권장합니다.
    <p></p>
    태그 사이가 공백이라면 단축형 태그를 사용할 수 있습니다.
    <p/>
    p 태그는 한 줄을 띌 때 사용합니다.
</body>
</html>
```

NOTE_ 다음 행을 나타내는 〈br〉 태그는 종료 태그를 사용하지 않는다. 참고로 〈br〉 태그는 'break'에서 나온 용어이다.

■ **주석은 '〈!--'로 시작해서 '--〉로 끝낸다.**

주석(comment)이란 소스코드를 설명하기 위해 작성하는 내용으로 출력 결과에 나타나지는 않는 구문이다. HTML5 문서의 주석은 '〈!--'로 시작해서 '--〉'로 끝낸다. 주석은 소스코드의 불필요한 부분을 일시적으로 사용하지 않도록 하기 위해 활용하기도 한다. 한 가지 주의할 점은 태그 안에는 주석 태그를 사용할 수 없다.

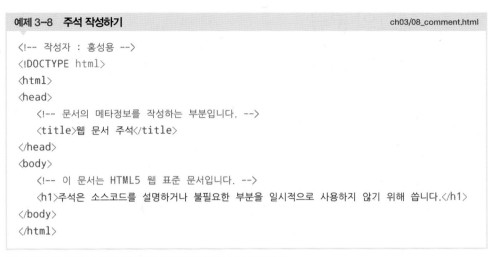

예제 3-8 주석 작성하기   ch03/08_comment.html

```html
<!-- 작성자 : 홍성용 -->
<!DOCTYPE html>
<html>
<head>
    <!-- 문서의 메타정보를 작성하는 부분입니다. -->
    <title>웹 문서 주석</title>
</head>
<body>
    <!-- 이 문서는 HTML5 웹 표준 문서입니다. -->
    <h1>주석은 소스코드를 설명하거나 불필요한 부분을 일시적으로 사용하지 않기 위해 씁니다.</h1>
</body>
</html>
```

위 소스코드에서 〈h1〉 태그는 문서의 단계별 제목을 정의할 때 사용한다. 크기는 〈h1〉부터 〈h6〉까지 6단계로 나타낼 수 있는데 숫자가 작을수록 글자가 크고 숫자가 클수록 글자가 작다.

03 태그의 분류

HTML5에서 사용하는 태그는 크게 두 가지로 나눌 수 있다. 첫째는 HTML5에 미리 정의되어 있는 태그이다. 이러한 태그는 사용자가 변경할 수 없으며 사용 용도에 맞게 사용해야 한다. 미리 정의된 태그는 다시 기존 HTML 요소를 포함하여 의미성(meaning)을 부여한 구조 기술 태그와 멀티미디어 태그로 나눌 수 있다.

둘째는 사용자가 직접 정의하여 사용하는 태그이다. HTML5는 기존 HTML과는 다르게 XML 기술을 포함하기 때문에 사용자가 원하는 태그를 추가하여 사용할 수 있다. 따라서 사용자가 태그를 직접 설계하고 HTML 문서에 포함하여 작성할 수 있다. 사용자 정의 태그를 만들 때는 데이터 혹은 정보를 나타내기 위한 의미적 요소를 만드는 것이 일반적이지만, 의미가 없는 비의미적 요소를 만들 수도 있다.

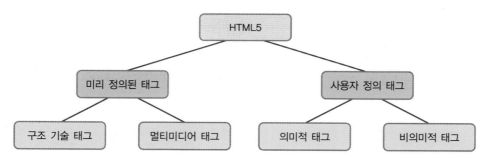

그림 3-2 HTML5 태그의 분류

미리 정의된 태그를 사용하여 HTML5 문서를 작성해보자.

```html
<!DOCTYPE html>
<html>
<head>
    <title>미리 정의된 태그</title>
</head>
<body>
    <h1>문서의 제목</h1>
    <hr>문서의 구분선</hr>
    <p>단락 구분</p>
    <strong>중요한 문장</strong>
    <br>줄 바꿈
</body>
</html>
```

이번에는 사용자 정의 태그를 사용하여 HTML5 문서를 작성해보자. 미리 정의된 태그는 시작 태그와 종료 태그의 쌍으로 이루어져 있으며 태그 사이에 내용(content)을 작성한다. 사용자 정의 태그도 미리 정의된 태그와 마찬가지로 시작 태그와 종료 태그로 이루어지며 그 사이에 내용(content)을 작성한다.

```
<시작 태그>내용</종료 태그>
```

- **시작 태그** : 태그의 시작을 나타낸다. 이름은 영문 대문자 A~Z, 영문 소문자 a~z, 숫자 0~9 범위의 문자만 사용할 수 있다.
- **내용** : 실제 출력 내용을 뜻한다.
- **종료 태그** : 태그의 끝을 나타낸다.

태그의 이름을 정할 때는 내용(content)을 나타내는 데 가장 적합한 의미의 단어를 사용한다.

```
<university>한국대학교</university>
```

NOTE_ 태그의 이름을 한글로 정하는 것은 권장하지 않는다. 웹 문서의 호환성이 떨어지고 태그 의미를 인식하는 데 문제가 발생할 수 있기 때문이다.

사용자 정의 태그를 정의하고 작성할 때는 태그 간의 관계도 고려해야 한다. 다음 그림을 보자. 일반적인 회사의 경우 (a)와 같이 최상위에 회사가 있고 그 아래 부서가 존재하며 부서 내에 여러 팀이 있다. 그러나 (b)와 같이 부서, 회사, 팀 순으로 포함 관계가 구성된다면 일반적인 의미로 해석하기 어려울 것이다. 이와 같이 사용자 정의 태그를 작성할 때는 요소의 포함 관계에 주의해야 한다.

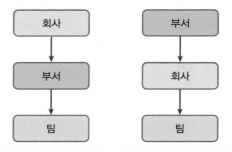

(a) 정상적인 포함 관계   (b) 비정상적인 포함 관계

그림 3-3 태그의 포함 관계

그러나 모든 태그가 포함 관계로만 구성되는 것은 아니다. 회사와 학교의 관계를 생각해보면 동등한 관계로 생각할 수 있다. 이런 경우 구태여 포함 관계로 작성할 필요는 없다.

그림 3-4 태그의 동등 관계

사용자 정의 태그를 포함하여 HTML5 문서를 작성해보자. 먼저 의미적 포함 관계인 경우부터 살펴보자.

```
<!DOCTYPE html>
<html>
<head>
    <title>사용자 정의 태그</title>
</head>
<body>
    <company>한빛아카데미
        <department>영업부</department>
        <department>편집부
            <team>그래픽팀</team>
        </department>
    </company>
</body>
</html>
```

태그가 의미적으로 동등 관계인 경우는 다음과 같다.

ch03/10_02_usertag2.html

```
<!DOCTYPE html>
<html>
<head>
    <title>사용자 정의 태그</title>
</head>
<body>
    <company>한빛아카데미
        <department>영업부</department>
        <department>편집부
            <team>그래픽팀</team>
        </department>
    </company>
    <p/>
    <university>한국대학교
        <major>컴퓨터과학</major>
```

```
        <major>경영정보학</major>
    </university>
</body>
</html>
```

작성한 문서를 웹 브라우저에서 실행하면 텍스트만 볼 수 있다. 웹 브라우저는 사용자가 정의한 태그의 의미나 표현의 방법을 미리 정의하고 있지 않기 때문에 단순히 텍스트만 출력한다. 그렇다면 왜 사용자 정의 태그를 사용할까? 그것은 태그에 디자인을 적용하는 스타일 시트(CSS)나 특정 태그를 검색하는 제이쿼리(JQuery) 기술 등에서는 사용자 정의 태그가 상당히 중요한 역할을 하기 때문이다.

04 태그의 속성

태그의 속성(attribute)은 태그의 종속적인 정보를 표현하기 위해 사용한다. 따라서 속성은 태그 없이 단독으로 사용할 수 없다. 속성은 다음과 같이 '속성="값"' 형태로 작성하는데, 하나의 태그에 같은 속성을 한 번 이상 쓸 수 없다. 속성에 값이 없는 경우 속성 이름만 작성할 수 있다.

```
<시작 태그 속성="값">내용</종료 태그>
```

- **속성** : 속성은 영문 대문자 A~Z, 영문 소문자 a~z, 그리고 숫자 0~9 범위의 문자를 사용하여 정의한다.
- **값** : 속성에 적용되는 값을 나타낸다. 큰따옴표(" ")를 사용하는 것이 일반적이지만 작은따옴표(' ')를 사용하거나 따옴표를 사용하지 않을 수도 있다.

다음은 속성을 사용한 다양한 예이다.

```
<university location="서울">한국대학교</university>
<university location>한국대학교</university>
<university location=''>한국대학교</university>
<university location='서울' country='한국'>한국대학교</university>
```

HTML5에서 속성은 특정 태그에만 사용할 수 있도록 미리 정의된 속성이 있고, 글로벌 속성(global attributes)과 같이 모든 태그에 공통적으로 사용 가능한 속성이 있다. 또한 코어 속성(core attributes), 이벤트 처리 속성(event-handler attributes), XML 속성(xml attributes)과 같이 속성의 용도에 따라서 미리 정의된 속성들의 집합으로 구성되어 있다. 그리고 사용자 태그에 사용자가 속성명을 정의하여 사용할 수도 있다.

표 3-1 글로벌 속성의 종류

속성	설명
accesskey="단축키"	공백으로 구분하여 여러 개의 단축키를 지정할 수 있다. 단축키를 작성한 순서대로 순위가 매겨지기 때문에 제일 처음 작성한 단축키가 적용된다.
class="클래스명"	공백으로 구분하여 여러 개의 클래스명을 지정할 수 있다. 클래스 속성은 동일한 문서 안에 있는 여러 개의 태그에 동일한 이름으로 지정할 수 있다. 스타일 시트를 적용할 경우에는 셀렉터로도 이용 가능하다.
contrteditable="편집할 수 있는지 없는지"	편집할 수 있는 경우에는 true로 지정하고 빈 문자(" ")이거나 편집할 수 없는 경우에는 false로 지정한다.
contextmenu="meun 요소의 id 속성값"	메뉴 요소의 id 속성값을 지정한다.
dir="텍스트 표시 방향"	왼쪽에서 오른쪽인 경우에는 ltr, 오른쪽에서 왼쪽인 경우에는 rtl로 지정한다.
draggable="드래그할 수 있는지 없는지"	드래그할 수 있는 경우에는 true, 드래그할 수 없는 경우에는 false로 지정한다.
dropzone="드롭한 아이템 처리 방법"	값을 copy로 지정하면 드래그한 데이터가 이 장소에 복사되고, move로 지정하면 드래그한 데이터가 이동한다. 또한 link라고 지정하면 오리지널 데이터와 드롭된 곳 사이에 어떤 연결이 만들어진다.
hidden="hidden"	이 속성이 지정된 요소는 브라우저에 표시되지 않는다. ⟨p hidden⟩ 또는 ⟨p hidden="hidden"⟩과 같이 지정할 수 있다.
id="이름"	문서 내에서 해당 태그를 유일하게 식별하는 역할을 한다. 동일한 문서 내에서 동일한 이름을 중복하여 사용할 수 없다.
lang="언어 코드"	한국어는 ko, 영어는 en, 미국 영어는 en-US, 프랑스어는 fr, 일본어는 ja 등 언어의 속성값을 지정한다.
spellcheck="철자 체크를 할 것인지 말 것인지"	철자 체크를 할 것인지 말 것인지 지정한다.
style="CSS 선언"	세미콜론으로 구분하면 여러 개의 CSS 선언을 지정할 수 있다.
tabindex="이동 순서"	실제로 Tab 키를 이용하는지 아닌지는 환경에 따라 다르다. 값에는 정수를 지정하며, 값이 작은 것에서 큰 것으로 이동된다. 값이 0으로 지정된 요소와 tabindex 속성이 지정되어 있지 않은 요소는 1 이상의 값이 지정되어 있는 요소 다음으로 포커스가 이동된다. 또한 마이너스 값을 지정한 경우, 포커스는 가능하지만 Tab 키에 의한 이동 대상은 되지 않는다.

미리 정의된 속성을 사용하여 HTML5 문서를 작성해보자. 이미지를 출력하는 ⟨img⟩ 태그에 사용할 수 있는 속성과 하이퍼링크를 거는 ⟨a⟩ 태그에 사용할 수 있는 속성을 살펴볼 것이다. 두 태그에는 글로벌 속성으로 title 속성이 지정되어 있는데 이 속성은 마우스 포인터가 이미지 혹은 텍스트 위에 위치하면 메시지를 보여주는 역할을 한다.

예제 3-11 미리 정의된 속성 사용하기   ch03/11_attr.html

```html
<!DOCTYPE html>
<html>
<head>
    <title>속성 사용</title>
</head>
<body>
    <h1>미리 정의된 속성을 사용한 사례</h1>
    <img src="welcome.jpg" border="1" width="200" height="130" alt="Welcome"
    title="환영합니다!">
    <a href="http://cafe.naver.com/go2web" target="_blank" title="클릭하세요!">저자 카
    페 방문</a>
</body>
</html>
```

미리 정의된 속성이나 글로벌 속성의 경우 속성의 이름과 값의 형태가 이미 정해져 있기 때문에 태그에 따라서 해당 속성을 적절하게 사용하면 된다. 그러나 사용자 정의 태그에 속성을 추가할 때는 다음과 같은 점을 고려해야 한다.

■ **속성이 태그에 의미적으로 종속하는가?**

태그에 추가하는 속성은 태그와 의미적으로 연관성이 있거나 부가적인 정보를 제공해야 한다. 관계가 전혀 없거나 독립적인 역할을 한다면 속성보다는 별도의 태그로 작성하는 것이 바람직하다.

- **적당한 예** : 〈학교 국가="대한민국"〉한국대학교〈/학교〉
- **부적당한 예** : 〈학교 회사="한빛아카데미"〉한국대학교〈/학교〉

■ 속성으로 정의하는 것이 적당한가?

속성은 태그 없이 단독으로 사용할 수 없기 때문에 태그와 관계가 있어야 한다. 관계성 여부에 따라서 태그로 정의하는 것이 좋은지 속성으로 정의하는 것이 좋은지 판단해야 한다.

- **적당한 예** : 〈학생 학번="S20151015"〉홍민성〈/학생〉
- **부적당한 예** : 〈학번 학생="홍민성"〉S20151015〈/학번〉

■ 속성의 값이 단일 값으로 이루어져 있는가?

속성값은 대부분 한 가지 값으로 표현하는 것이 일반적이다. 속성값이 여러 가지 데이터로 이루어진 경우 속성으로 정의하는 것은 바람직하지 않다.

- **적당한 예** : 〈학교 총장="홍현성"〉한국대학교〈/학교〉
- **부적당한 예** : 〈학교 학과="컴퓨터공학 건축공학 전기공학"〉한국대학교〈/학교〉

■ 태그가 여러 번 사용되어 속성의 값을 변화시키는가?

태그에 표현하는 데이터 값의 단위가 여러 개일 경우 속성보다는 태그로 정의하고 각 태그에 단위를 속성으로 작성하는 것이 좋다.

- **적당한 예** : 〈학생〉홍민성
  〈키 단위="cm"〉170〈/키〉
  〈키 단위="inch"〉66.9〈/키〉
  〈/학생〉
- **부적당한 예** : 〈학생 키="170cm"〉홍민성〈/학생〉

■ 속성값이 계속 변경되는가?

속성값이 계속 변경되는 경우라면 속성보다는 태그로 정의하는 것이 좋다. 태그의 경우 반복적인 데이터 값의 표현이 가능하지만, 속성은 같은 이름을 중복하여 사용할 수 없다.

- **적당한 예** : 〈학생〉홍민성
  〈학년 년도="2015"〉1〈/학년〉
  〈학년 년도="2016"〉2〈/학년〉
  〈학년 년도="2017"〉3〈/학년〉
  〈학년 년도="2018"〉4〈/학년〉
  〈/학생〉

- **부적당한 예** : 〈학생 학년="1" 년도="2015" 학년="2" 년도="2016"〉홍민성〈/학생〉

■ **속성값이 출력되어 정보로 표현되어야 하는가?**

속성은 대부분 태그에 데이터 값을 출력하기 위한 메타 데이터로서 역할을 하며 속성값은 웹 브라우저에 직접적으로 출력되지 않는다. 그러므로 직접 출력되어야 하는 경우에는 태그로 정의해야 한다.

- **적당한 예** : 〈연락처 통신사="SKT"〉010-1234-5678〈/연락처〉
- **부적당한 예** : 〈연락처 번호="010-1234-5678"〉SKT〈/연락처〉

사용자 정의 속성을 이용하여 HTML5 문서를 작성해보자. 예제에 사용한 사용자 정의 태그와 사용자 정의 속성의 이름은 영문 단어의 뜻 그대로 사용하였다.

예제 3-12 사용자 정의 속성 사용하기　　　　　　　　　　　　　　　　　　　ch03/12_userattr.html

```html
<!DOCTYPE html>
<html>
<head>
   <title>사용자 정의 요소</title>
</head>
<body>
   <company location="서울">한빛아카데미<br>
      <department title="영업부 멤버 보기">
         <a href="#mem1">영업부</a>
      </department><br>
      <department title="편집부 멤버 보기">
         <a href="#mem2">편집부</a>
      </department>
   </company>
   <p></p> <p></p>
   <p></p> <p></p>
   <p></p> <p></p>
   <staff id="mem1">영업부 멤버 이름
      <hr/>
      <member position="과장">박지혜</member>
      <member>홍민성</member>
      <member hidden="hidden">최미래</member>
   </staff>
   <hr/>
```

```
        <p></p> <p></p>
        <p></p> <p></p>
        <p></p> <p></p>
        <staff id="mem2">편집부 멤버 이름
            <hr/>
            <member position="부장">김서울</member>
            <member hidden="hidden">나하늘</member>
            <member>홍현성</member>
        </staff>
        <hr/>
    </body>
</html>
```

웹 브라우저 창에서 '영업부'와 '편집부' 링크를 각각 클릭해보자. 사용자 정의 속성인 location과 position의 경우 아무런 역할을 하지 않으며, 웹 브라우저에도 나타나지 않는 것을 볼 수 있다. 그러나 글로벌 속성으로 사용한 id, title, hidden 등은 속성의 역할이 이미 정해져 있기 때문에 웹 브라우저에서 각 속성의 역할대로 구현된다.

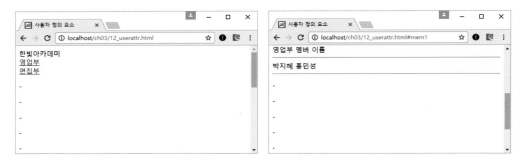

이와 같이 사용자 정의 속성은 웹 브라우저에서 인식하지 못하기 때문에 소스코드를 보기 전까지 사용자 정의 속성이 쓰였는지 안 쓰였는지 알 수 없다. 그러나 스타일 시트(CSS) 디자인을 적용하거나 제이쿼리(JQuery) 기술로 검색 기능을 구현하는 경우에는 속성의 역할을 정의하여 사용한다. 따라서 사용자 정의 속성은 조금 더 복잡한 기능을 구현하는 데 상당히 중요한 역할을 한다고 볼 수 있다.

05 웹 문서의 레이아웃

레이아웃(layout)이란 화면을 분할하거나 배열하여 구성하는 것을 말한다. 기존의 HTML 문서에서는 화면을 분할하기 위해 프레임 태그(⟨frame⟩)나 테이블 태그(⟨table⟩)를 많이 사용하였다. 그러나 웹 브라우저나 스마트 기기에 따라 다른 모양으로 출력되는 경우가 있어 불편했다. 이러한 문제점을 해결하기 위해서 HTML5 웹 표준에서는 각 영역을 구분하는 구조적 태그 요소를 정의하여 사용하도록 권장하고 있다. 물론 화면의 레이아웃을 어떻게 설계하고 작성하느냐에 따라서 테이블 태그를 비롯한 다른 태그 요소들을 추가로 사용할 수 있다.

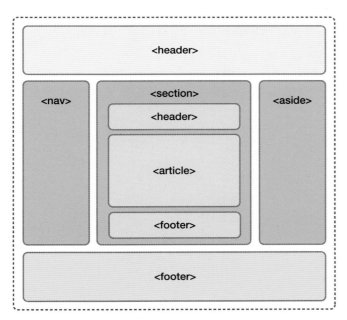

그림 3-5 구조적 태그 요소

- ⟨header⟩ : HTML5 문서의 머리말 영역으로, 중요한 정보를 표시한다. 예를 들면 사이트의 제목, 로고 등을 배치한다.

- ⟨nav⟩ : 내비게이션(navigation) 영역으로, 웹 사이트 내에 분류된 다른 영역으로 이동할 때 사용한다.

- ⟨section⟩ : 문서의 영역을 구성할 때 사용한다. ⟨section⟩ 태그 내에 ⟨header⟩, ⟨article⟩ 태그 등을 포함할 수 있다.

- ⟨article⟩ : 독립된 주요 콘텐츠 영역을 정의한다. 하나의 ⟨section⟩ 태그 내에 여러 개의 ⟨article⟩ 태그를 구성할 수 있다.

- ⟨aside⟩ : 주요 콘텐츠 이외에 남은 콘텐츠를 표시한다. 예를 들면 사이드 바(sidebar) 등이 있다.

- ⟨footer⟩ : 사이트의 자세한 정보를 표시한다. 예를 들면 저작권 정보, 관리자 정보, 회사 정보 등을 배치한다.

구조적 태그에서 살펴본 것과 같이 HTML5 문서는 기존 HTML 문서와 달리 문서 구조에 의미를 담고 있다. 이를 시맨틱(semantics) 문서 구조라고 한다. 구조 태그를 사용하여 HTML5 문서를 작성하고 웹 브라우저를 통해 출력 결과를 살펴보자.

예제 3-13 구조 태그를 사용하여 웹 문서 작성하기1　　　　　　　　　ch03/13_layout1.html

```
<!-- HTML5 문서의 기본 레이아웃  -->
<!DOCTYPE html>
<html>
<head>
    <title>HTML5 기본 구조 태그1</title>
</head>
<body>
    <!-- 헤더 부분 -->
    <header>
        <center>
            <h1>문서의 주제목</h1>
        </center>
        <nav>메뉴1</nav>
        <nav>메뉴2</nav>
    </header>
    <hr/>
    <!-- 본문 부분 -->
```

```html
    <section>
        <article>
            <header>
                <h2>부제목1</h2>
            </header>
            <p>이곳은 부 세션 영역입니다.</p>
        </article>
        <article>
            <header>
                <h2>부제목2</h2>
            </header>
            <p>이곳은 부 세션 영역입니다.</p>
        </article>
        <article>
            <hgroup>
                <h2>대그룹</h2>
                <h3>중그룹</h3>
                <h4>소그룹</h4>
            </hgroup>
        </article>
    </section>
    <!-- 부가 정보 부분 -->
    <aside>
        <h2>부가적 제목</h2>
        <p>이곳은 부가적 정보를 제공하는 공간입니다.</p>
    </aside>
    <hr/>
    <!-- 사이트 정보 부분 -->
    <footer>
        <small>사이트 정보 표시</small>
    </footer>
</body>
</html>
```

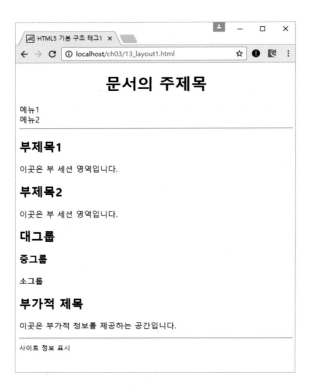

위 소스코드에서 〈hr〉 요소는 구분선(horizontal line)을 그을 때 사용한다. 문서에서 내용과 내용을 구분하기 위해서 선을 긋는 역할을 한다. 〈hr〉 요소에 사용할 수 있는 속성은 다음과 같다.

표 3-2 〈hr〉 요소에 사용할 수 있는 속성

속성	값	설명
align	left, center, right	수평선의 정렬을 지정한다.
noshade	noshade	수평선의 입체감을 제거한다.
size	pixels	수평선의 두께를 지정한다.
width	pixels, %	수평선의 상대적 넓이를 지정한다.

ch03/13_layout2.html

```
<!DOCTYPE html>
<html>
<head>
    <title>HTML5 기본 구조 태그2</title>
```

```
</head>
<body>
    <!-- 헤더 부분 -->
    <header>
        <center>
            <h1>문서의 주제목</h1>
        </center>
        <hr align="center" width=50%></hr>
    </header>
    <!-- 본문 부분 -->
    <section>
        <article>
            <h2>문서 내용1</h2>
            <h3>문서 내용2</h3>
            <h4>문서 내용3</h4>
            <h5>문서 내용4</h5>
            <h6>문서 내용5</h6>
        </article>
    </section>
    <hr size="10" align="left" width=90% noshade="noshade"></hr>
    <!-- 사이트 정보 부분 -->
    <footer>
        <small>사이트 정보 표시</small>
    </footer>
</body>
</html>
```

01 HTML5 문서의 구조

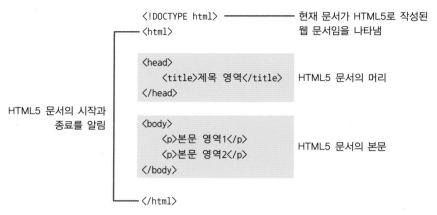

```
<!DOCTYPE html>  ──────── 현재 문서가 HTML5로 작성된
<html>                     웹 문서임을 나타냄

    <head>
        <title>제목 영역</title>    HTML5 문서의 머리
    </head>

    <body>
        <p>본문 영역1</p>
        <p>본문 영역2</p>           HTML5 문서의 본문
    </body>

</html>
```

HTML5 문서의 시작과 종료를 알림

02 HTML5 문서의 작성 규칙

❶ 태그 이름은 대소문자를 구분하지 않는다.

❷ 본문 내 연속된 공백이나 줄 바꿈은 하나의 공백으로 처리한다.

❸ 태그의 포함 관계를 표현하기 위해 들여쓰기를 한다.

❹ 태그의 쌍을 겹치지 않고 완벽히 내포시킨다.

❺ 종료 태그를 반드시 사용한다.

❻ 주석은 '<!--'으로 시작해서 '-->'로 끝낸다.

03 태그의 분류

HTML5에서 사용하는 태그는 미리 정의되어 있는 태그와 사용자가 직접 정의하여 사용할 수 있는 태그가 있다.

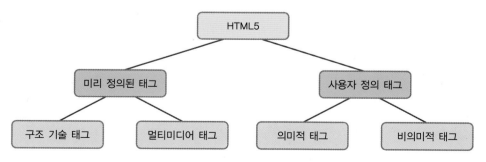

04 태그의 속성

HTML5에서 속성은 특정 태그에만 사용할 수 있도록 미리 정의된 속성이 있고, 글로벌 속성(global attributes)과 같이 모든 태그에 공통적으로 사용 가능한 속성이 있다. 또한 코어 속성(core attributes), 이벤트 처리 속성(event-handler attributes), XML 속성(xml attributes)과 같이 속성의 용도에 따라서 미리 정의된 속성들의 집합으로 구성되어 있다. 그리고 사용자 태그에 사용자가 속성명을 정의하여 사용할 수도 있다.

05 웹 문서의 레이아웃

레이아웃(layout)이란 화면을 분할하거나 배열하여 구성하는 것을 말한다. 기존의 HTML 문서에서는 화면을 분할하기 위해 프레임 태그(⟨frame⟩)나 테이블 태그(⟨table⟩)를 많이 사용했으나 웹 브라우저나 기기에 따라 다른 모양으로 출력되는 경우가 있어 불편했다. 이러한 문제점을 해결하기 위해서 HTML5 웹 표준에서는 각 영역을 구분하는 구조적 태그 요소를 정의하여 사용하도록 권장하고 있다.

▌ 연습문제

01 HTML5 문서 구조의 기본 태그가 <u>아닌</u> 것은?

① ⟨html⟩   ② ⟨head⟩

③ ⟨body⟩   ④ ⟨br⟩

02 다음 중 HTML 문서의 정보를 기술하기 위해 사용하는 태그는?

① ⟨data⟩   ② ⟨information⟩

③ ⟨meta⟩   ④ ⟨document⟩

03 태그의 내용이 보이지 않도록 하는 속성은?

① del   ② hide

③ hidden   ④ close

04 웹 문서의 레이아웃(layout)을 결정하기 위해 사용하는 구조적 태그가 <u>아닌</u> 것은?

① ⟨header⟩   ② ⟨position⟩

③ ⟨section⟩   ④ ⟨footer⟩

05 웹 문서의 구조적 태그 중에서 '독립된 주요 콘텐츠 영역을 정의'하기 위해 사용하는 태그는?

① ⟨section⟩   ② ⟨nav⟩

③ ⟨content⟩   ④ ⟨article⟩

06 ⟨hr⟩ 태그에 사용할 수 있는 속성이 <u>아닌</u> 것은?

① align   ② size

③ href   ④ width

07 수강신청 과목과 해당 과목의 정보를 표현하기 위한 사용자 정의 태그와 속성을 작성하시오.

08 7번에서 작성한 웹 문서 하단에 작성자의 정보를 표시하시오.

Chapter 04
기본 태그와 멀티미디어 태그

학습목표

▶ HTML5에서 특수문자 대신 사용하는 특수이름 값과 아스키코드 값을 설명할 수 있다.

▶ 웹 문서에 텍스트, 하이퍼링크, 목록, 표를 삽입할 수 있다.

▶ 웹 문서에 이미지, 오디오, 비디오, 기타 객체를 삽입할 수 있다.

HTML5 문서에서 특수문자 처리 방법

HTML5 문서는 일반적인 워드 문서와 다르게 특수문자나 키보드 입력값을 그대로 출력할 수 없다. 특히 〈, 〉, & 같은 문자는 예약어로 사용하고 있어 문자가 아닌 태그로 인식하기 때문에 키보드로 직접 입력할 경우 웹 브라우저는 오류로 인식한다.

특수문자나 키보드 입력값을 웹 브라우저에 출력하려면 특수이름 혹은 아스키코드 값을 사용하여 소스코드를 작성해야 한다. 다음 표는 특수문자와 키보드 입력값에 해당하는 특수이름과 아스키코드 값을 나타낸 것이다.

표 4-1 특수문자/키보드 입력값에 매칭되는 특수이름과 아스키코드 값

특수문자/키보드	특수이름	아스키코드
〈	&lt;	&#60;
〉	&gt;	&#62;
&	&amp;	&#38;
©	&copy;	&#169;
®	&reg;	&#174;
#	&num;	&#35;
스페이스바(spacebar)		

NOTE_ 특수문자와 키보드 입력값에 해당하는 특수이름과 아스키코드 값에 대해 더 많은 정보를 얻고 싶다면 http://dev.w3.org/html5/html-author/charref 사이트를 참고한다.

```html
<body>
    <header>
        <center>
            <h1>&lt; HTML 특수문자 &gt;</h1>
        </center>
    </header>
    <section>
        <article>
            &num; 풀스택 개발자를 위한 웹 프로그래밍 &num;
            <p>X</p>
            HTML5 &#38; CSS3 &#38; JavaScript &#38; JQuery
        </article>
    </section>
    <hr size="10" align="left" width=90% noshade="noshade">X</hr>
    <footer>
        <small>
               &copy; 한빛아카데미   
               &reg; 2017
        </small>
    </footer>
</body>
```

< HTML 특수문자 >

풀스택 개발자를 위한 웹 프로그래밍

HTML5 & CSS3 & JavaScript & JQuery

─────────────────────────────

© 한빛아카데미   ® 2017

그런데 특수이름과 아스키코드는 일일이 기억하기 어렵다. 이럴 경우 사용자가 입력한 그대로
화면에 표시하는 〈pre〉 태그를 사용할 수 있다. 〈pre〉 태그는 'preformatted text'에서 온 말로
공백, 특수문자, 줄 바꿈 등도 사용자가 입력한 그대로 화면에 표시한다.

```
<body>
    <header>
        <center>
            <h2>&lt; pre &gt; 태그</h2>
        </center>
    </header>
    <section>
        <article>
            <pre>
            ### 풀스택 개발자를 위한 웹 프로그래밍 ###

            HTML5 & CSS3 & JavaScript & JQuery


                < 가격 : 35,000원 >
            </pre>
        </article>
    </section>
    <hr size="10" align="left" width=90% noshade="noshade"></hr>
    <footer>
        <small>&copy; 한빛아카데미 &reg; 2017</small>
    </footer>
</body>
```

< pre > 태그

풀스택 개발자를 위한 웹 프로그래밍

HTML5 & CSS3 & JavaScript & JQuery

< 가격 : 35,000원 >

© 한빛아카데미 ® 2017

02 기본 태그

HTML은 정보를 표현하기 위한 수단으로 고안되어 발전해왔으며, 텍스트뿐만 아니라 이미지, 오디오, 비디오 등의 멀티미디어 정보를 표현할 수 있도록 지원하고 있다. 이 절에서는 텍스트, 하이퍼링크, 목록, 표 등의 정보를 표현하는 태그에 대해 살펴보고, 다음 절에서는 이미지, 오디오, 비디오, 기타 객체 등의 정보를 표현하는 태그에 대해 살펴본다.

1 텍스트

HTML5 문서에서 가장 많이 사용하는 자료 유형은 당연히 텍스트이다. 다음 표는 자주 사용하는 텍스트 관련 태그를 정리한 것이다.

표 4-2 텍스트 관련 태그

태그	설명	태그	설명
⟨b⟩	볼드체로 표시	⟨ins⟩	아래 밑줄을 표시
⟨em⟩	강조하여 표시	⟨del⟩	가운데를 선으로 표시
⟨i⟩	이탤릭체로 표시	⟨mark⟩	하이라이트(Highlight) 표시
⟨small⟩	작게 표시	⟨code⟩	컴퓨터 코드 표시
⟨strong⟩	중요한 내용을 표시	⟨samp⟩	컴퓨터 프로그램 샘플 출력 표시
⟨sub⟩	아래첨자로 표시	⟨kbd⟩	키보드 입력 표시
⟨sup⟩	윗첨자로 표시	⟨var⟩	변수 표시

HTML5에서는 텍스트 관련 태그에 의미(text level semantics)를 부여하여 각 태그만 보고도 의미를 해석할 수 있도록 하고 있다. 위 표에서 ⟨b⟩ 태그와 ⟨strong⟩ 태그는 텍스트를 두껍게 표시하는 공통점이 있지만 약간의 의미적 차이가 있다. ⟨b⟩ 태그는 텍스트가 중요하지는 않지만 단순히 진하게 표시할 때 사용하고 ⟨strong⟩ 태그는 중요한 텍스트를 표시할 때 사용한다.

⟨b⟩ 태그는 의미를 가진다기보다 꾸미는 성격이 강해서 HTML4, XHTML1에서 폐기되었는

데 예전부터 쓰이고 있던 태그라 HTML5에서는 다시 사용하도록 했다. 따라서 〈b〉 태그에는 표시하는 텍스트가 내용적으로 중요하다는 의미는 전혀 없다. 텍스트의 내용이 중요할 때는 〈strong〉 태그를, 텍스트를 강조할 때는 〈em〉 태그를 사용한다.

> **NOTE**_ 텍스트 태그의 의미성에 관한 자세한 사항은 http://www.w3.org/TR/html5/text-level-semantics.html를 참고한다.

예제 4-3 텍스트 태그 사용하기 `ch04/03_texttag.html`

```
<body>
    <header>
        <center>
            <h2>&lt; 텍스트 관련 태그 &gt;</h2>
        </center>
    </header>
    <section>
        <article>
            <p><b>텍스트 볼드 처리</b></p>
            <p><strong>텍스트 중요 표시</strong></p>
            <p><i>텍스트를 이탤릭체로</i></p>
            <p><em>텍스트 강조 표시</em></p>
            <p><ins>텍스트 밑줄 처리</ins></p>
            <p><del>텍스트 가운데 선 처리</del></p>
            <p>텍스트<sub>아래첨자</sub>텍스트<sup>윗첨자</sup></p>
            <p><mark>텍스트에 하이라이트 표시</mark></p>
        </article>
    </section>
</body>
```

< 텍스트 관련 태그 >

텍스트 볼드 처리

텍스트 중요 표시

텍스트를 이탤릭체로

텍스트 강조 표시

<u>텍스트 밑줄 처리</u>

~~텍스트 가운데 선 처리~~

텍스트_{아래첨자}텍스트^{윗첨자}

<mark>텍스트에 하이라이트 표시</mark>

---

2 하이퍼링크

HTML5 문서에서 텍스트 못지않게 많이 사용하는 요소 중 하나가 하이퍼링크(hyperlink)이다. 하이퍼링크란 다른 사이트 혹은 같은 문서 내 다른 위치로 이동하는 것을 말하는데 'anchor'의 약자인 ⟨a⟩ 태그를 사용하여 정의한다. ⟨a⟩ 태그는 기본적으로 href 속성을 가지며 이 속성값에 URL을 입력해 원하는 곳으로 이동한다.

```
<a href="URL">
```

URL에 표기할 수 있는 값으로 다음의 다섯 가지 유형이 있다.

표 4-3 URL 표기 유형과 표기 예

표기 유형	표기 예
절대경로 URL 표기	href="http://www.w3.org/index.html"
상대경로 URL 표기	href="hello.html" ※ ⟨base⟩ 태그에 기본 URL 지정
페이지 내 요소 위치 표기	href="#top"
프로토콜 URL 표기	https://, ftp://, mailto:, file: 등
스크립트 표기	href="javascript:alert('Hello');"

하이퍼링크를 통해 이동할 수 있는 곳에는 웹 사이트, 문서 내 특정 위치, 메일 서버나 FTP 서버 등이 있다. 하나씩 살펴보자.

2.1 웹 사이트 간 이동

하이퍼링크가 가장 많이 사용되는 경우는 다른 웹 사이트로 이동할 때이다. 하이퍼링크를 이용하면 인터넷으로 연결된 전 세계 모든 사이트에 접속할 수 있으며, 해당 사이트에서 제공하는 문서, 이미지, 오디오, 비디오 등과 같은 자료를 공유할 수 있다.

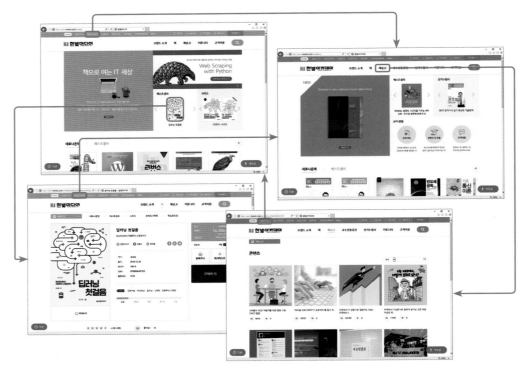

그림 4-1 웹 사이트 간 이동

〈a〉 태그의 href 속성이 연결하고자 하는 웹 사이트의 URL을 지정하는 역할을 한다면, target 속성은 링크를 클릭했을 때 웹 사이트가 열릴 곳을 지정하는 역할을 한다. 다음은 target 속성에 사용할 수 있는 속성값을 정리한 것이다.

표 4-4 target 속성값의 종류

속성값	설명
_blank	새로운 웹 브라우저 창에 연다.
_self	현재 웹 브라우저 창에 연다(기본).
_parent	부모 웹 브라우저 창에 연다.
_top	웹 브라우저 전체 영역에 연다.

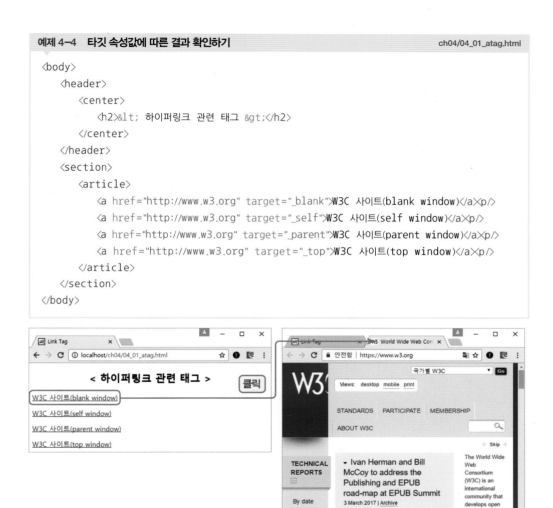

예제 4-4　타깃 속성값에 따른 결과 확인하기　　　　　　　　　　　　　ch04/04_01_atag.html

```
<body>
    <header>
        <center>
            <h2>&lt; 하이퍼링크 관련 태그 &gt;</h2>
        </center>
    </header>
    <section>
        <article>
            <a href="http://www.w3.org" target="_blank">W3C 사이트(blank window)</a><p/>
            <a href="http://www.w3.org" target="_self">W3C 사이트(self window)</a><p/>
            <a href="http://www.w3.org" target="_parent">W3C 사이트(parent window)</a><p/>
            <a href="http://www.w3.org" target="_top">W3C 사이트(top window)</a><p/>
        </article>
    </section>
</body>
```

href 속성값으로 상대경로 URL을 사용하려면 〈head〉 태그 내 〈base〉 태그에 문서 내 모든 링크에 대한 기본 디렉터리를 지정하면 된다. 다음 실습을 통해 알아보자.

```
                                                              ch04/04_02_basetag.html
<head>
    <title>base Tag</title>
    <base href="http://www.w3.org/"/>
</head>
<body>
    <header>
        <center>
            <h2>&lt; 베이스 태그 사용 &gt;</h2>
        </center>
    </header>
    <section>
        <article>
            <a href="standards/" target="_blank">W3C STANDARDS</a>
            <p/>
            <a href="Consortium/mission.html" target="_blank">W3C MISSION</a>
            <p/>
            <a href="Consortium/facts.html" target="_blank">FACTS ABOUT W3C</a>
            <p/>
            <a href="Consortium/presskit.html" target="_blank">PRESS AND ANALYSTS</a>
            <p/>
        </article>
    </section>
</body>
```

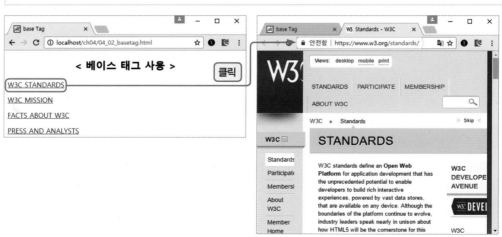

2.2 문서 내 특정 위치로 이동

웹 문서의 내용이 길 때 같은 문서 내에서 원하는 위치로 바로 갈 수 있도록 해주는 기능을 책갈피라고 한다. 책갈피는 〈a〉 요소의 name 속성 혹은 id(identifier) 속성을 이용해 문서 내 이동할 곳의 위치를 지정하고, 〈a〉 요소의 href 속성값으로 '#name' 혹은 '#id' 값을 입력해 해당 위치로 링크를 건다. 두 속성은 약간의 차이점이 있다. id 속성값을 쓸 때는 기본적으로 중복된 값이 없도록 주의해야 한다. 하지만 name 속성은 중복이 허용되기 때문에 그룹으로 속성을 지정할 수 있다.

```
이동 링크 지정 : <a href="#idname">idname 위치로 이동합니다.</a>

이동할 곳의 위치 지정 : <p id="idname">이곳은 idname 위치입니다.</p>
이동할 곳의 위치 지정 : <a name="idname">이곳은 idname 위치입니다.</a>
```

책갈피 기능에 관해 실습을 통해 살펴보자. 참고로 다음 예제에서 href 속성값으로 사용된 'top'은 웹 문서의 가장 첫 부분을 지칭하는 기본값이다.

예제 4-5　책갈피 기능 사용하기　　　　　　　　　　　　　　ch04/05_inpage.html

```
<body>
    <header>
        <center>
            <h2>&lt; 책갈피 기능 &gt;</h2>
        </center>
    </header>
    <section>
        <article>
            <a href="#user">[이름]</a>  
            <a href="#addr">[주소]</a>  
            <a href="#tel">[전화번호]</a>  
            <a href="#foot">[참고]</a>  
            <p/>
        </article>
    </section>

    <p>정보 영역</p>    …생략    <p>정보 영역</p>

    <p><a name="user">홍민성</a></p>
```

```
    <a href="#top">[TOP]</a>

    <p>정보 영역</p>    ...생략    <p>정보 영역</p>

    <p><a id="addr">서울 강남구 신사동 291번지</a></p>
    <a href="#top">[TOP]</a>

    <p>정보 영역</p>    ...생략    <p>정보 영역</p>

    <p id="tel">02-2323-0909</p>
    <a href="#top">[TOP]</a>

    <p>정보 영역</p>    ...생략    <p>정보 영역</p>

</body>
```

웹 브라우저 창을 줄여 이름, 주소, 전화번호, 참고를 각각 클릭해보자. 한 문서 내에서 원하는
곳으로 이동하는 것을 볼 수 있다.

2.3 이메일 링크

〈a〉 태그의 href 속성값에 이메일 주소를 작성하면 로컬 컴퓨터의 이메일 프로그램을 연결할 수
있다. 작성 형식은 다음과 같다.

```
<a href="mailto:이메일 주소">내용</a>
```

href 속성값에는 이메일 주소 외에도 참조, 숨은 참조, 메일 제목과 본문을 표시할 수 있다. 이때
는 구분자를 사용하는데 구분자를 제일 처음 쓸 때는 첫 번째 구분자인 '?'를 사용하고 그 다음부
터는 연속 구분자인 '&'를 사용한다.

표 4-5 href 속성에 사용할 수 있는 속성값

속성값	설명
mailto:gosyhong@gmail.com	받는 사람의 이메일 주소
cc=gosyhong@gmail.com	참조할 사람의 이메일 주소
bcc=gosyhong@gmail.com	숨은 참조할 사람의 이메일 주소
subject=subject text	이메일 제목 (제목에 공백이 들어갈 경우 '%20' 문자 사용)
body=body text	이메일 본문
?	첫 번째 구분자
&	연속 구분자

받는 사람의 이메일 주소만 표시하면 다음과 같다.

```
<a href="mailto:gosyhong@gmail.com">
```

받는 사람의 이메일 주소와 메일 제목을 표시하면 다음과 같다. 구분자가 하나만 필요하므로 첫 번째 구분자만 사용하면 된다. 제목의 공백은 '%20'으로 표시한다.

```
<a href="mailto:gosyhong@gmail.com?subject=질문%20있어요">
```

받는 사람의 이메일 주소와 참조할 사람의 이메일 주소 그리고 숨은 참조할 사람의 이메일 주소를 표시하면 다음과 같다. 첫 번째 구분자인 '?'를 사용한 이후에는 연속 구분자인 '&'를 쓰면 된다.

```
<a href="mailto:gosyhong@gmail.com?cc=haejini.chung@gmail.com&bcc=gooheekoo@
gmail.com">
```

받는 사람의 이메일 주소, 참조할 사람의 이메일 주소, 숨은 참조할 사람의 이메일 주소, 이메일 제목, 이메일 본문을 표시하면 다음과 같다.

```
<a href="mailto:gosyhong@gmail.com?cc=haejini.chung@gmail.com&bcc=gooheekoo@
gmail.com&subject=질문%20있어요&body=웹%20프로그래밍">
```

앞의 링크를 클릭하면 다음과 같은 화면이 나타난다.

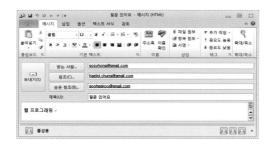

```html
<body>
    <header>
        <center><h2>&lt; 이메일 보내기 &gt;</h2></center>
    </header>
    <a href="mailto:gosyhong@gmail.com">받는 사람</a><br>
    <a href="mailto:gosyhong@gmail.com?subject=질문 있어요">받는 사람, 제목</a><br>
    <a href="mailto:gosyhong@gmail.com?cc=haejini.chung@gmail.com&bcc=gooheekoo@
gmail.com">받는 사람, 참조, 숨은 참조</a><br>
    <a href="mailto:gosyhong@gmail.com?cc=haejini.chung@gmail.com&bcc=gooheekoo@
gmail.com&subject=질문 있어요&body=웹 프로그래밍">받는 사람, 참조, 숨은 참조, 제목, 본문</
a><br>
    <a href="mailto:gosyhong@gmail.com?body=Line1-text%0D%0ALine2-text">받는 사람,
본문 문단</a>
</body>
```

3 목록

HTML5에서는 목록형 문단의 글머리를 표현할 수 있는 방법으로 무순서 목록(unordered lists), 순서 목록(ordered lists), 정의형 목록(definition lists)을 제공한다.

- **무순서 목록** : 순서가 없는 목록으로 〈ul〉 태그를 사용하며 각 항목은 〈li〉 태그로 입력한다. ul은 'unordered lists'의 약자이고 li는 'list item'의 약자이다. 목록의 각 항목 앞에는 불릿(bullet)이 붙는데, 불릿의 기본 모양은 검은색 작은 동그라미이다.

- **순서 목록** : 순서가 있는 목록으로 〈ol〉 태그를 사용하며 각 항목은 〈li〉 태그로 입력한다. ol은 'ordered lists'의 약자이다. 목록의 각 항목에는 기본값으로 type="1"이 적용되어 숫자 1부터 매겨진다.

- **정의형 목록** : 각 항목을 정의하기 위한 목록으로 〈dl〉 태그를 사용한다. 정의한 각 항목은 〈dt〉 태그를, 각 항목에 대한 설명은 〈dd〉 태그를 사용하여 나타낸다. dl은 'definition lists'의 약자이고, dt는 'definition term'의 약자이며, dd는 'definition description'의 약자이다.

표 4-6 목록 태그의 종류

구분	무순서 목록	순서 목록	정의형 목록
결과	• Apples • Bananas • Lemons • Oranges	1. Apples 2. Bananas 3. Lemons 4. Oranges	Coffee – hot drink Milk – cold drink
코드	〈ul〉 　〈li〉Apples〈/li〉 　〈li〉Bananas〈/li〉 　〈li〉Lemons〈/li〉 　〈li〉Oranges〈/li〉 〈/ul〉	〈ol〉 　〈li〉Apples〈/li〉 　〈li〉Bananas〈/li〉 　〈li〉Lemons〈/li〉 　〈li〉Oranges〈/li〉 〈/ol〉	〈dl〉 　〈dt〉Coffee〈/dt〉 　〈dd〉– hot drink〈/dd〉 　〈dt〉Milk〈/dt〉 　〈dd〉– cold drink〈/dd〉 〈/dl〉

무순서 목록에 쓰이는 블릿 기호와 순서 목록에 쓰이는 순서 기호는 style 속성과 type 속성을 이용하여 정의한다.

표 4-7 무순서 목록과 순서 목록에 쓰이는 속성

무순서 목록		순서 목록	
속성	블릿 기호	속성	순서 기호
style="list-style-type:disc"	●	type="1"	1, 2, 3 …
style="list-style-type:circle"	○	type="A"	A, B, C …
style="list-style-type:square"	■	type="a"	a, b, c …
style="list-style-type:none"	기호 없음	type="I"	Ⅰ, Ⅱ, Ⅲ …
		type="i"	ⅰ, ⅱ, ⅲ …

```
<body>
    <!-- 무순서 목록 -->
    <section>
        <article>
            <h2>무순서 목록</h2>
            <ul>
                <li>Coffee</li>
                <li>Tea
                    <ul>
                        <li>Black tea</li>
                        <li>Green tea</li>
                    </ul>
                </li>
                <li>Milk</li>
            </ul>
        </article>
    </section>
    <!-- 순서 목록 -->
    <section>
        <article>
            <h2>순서 목록</h2>
            <ol>
                <li>Apples</li>
                <li>Bananas</li>
                <li>Lemons</li>
                <li>Oranges</li>
            </ol>
        </article>
    </section>
    <!-- 정의형 목록 -->
    <section>
        <article>
            <h2>정의형 목록</h2>
            <dl>
                <dt>첫 번째 아이템</dt>
                    <dd>- HTML5</dd>
                <dt>두 번째 아이템</dt>
                    <dd>- CSS3</dd>
```

무순서 목록

- Coffee
- Tea
    - Black tea
    - Green tea
- Milk

순서 목록

1. Apples
2. Bananas
3. Lemons
4. Oranges

정의형 목록

첫 번째 아이템
　　- HTML5
두 번째 아이템
　　- CSS3
세 번째 아이템
　　- JavaScript

```
        <dt>세 번째 아이템</dt>
            <dd>- JavaScript</dd>
        </dl>
    </article>
  </section>
</body>
```

4 표

HTML5 문서에 표를 만들 때는 〈table〉 태그를 사용한다. 표는 행과 열로 이루어지며 각각의 칸인 셀(cell)로 구성되는데, 표를 만들 때는 행을 먼저 만들고 원하는 만큼 열을 나눈다. 즉 행 (table rows)을 만드는 〈tr〉 태그를 사용한 후 열(table data)을 만드는 〈td〉 태그를 셀 개수만 큼 사용하면 된다. 그리고 표의 머리(table headings)를 정의할 때는 〈th〉 태그를 사용한다. 〈th〉 태그는 셀 제목 글자를 강조하는 역할을 한다.

> **NOTE_** 〈td〉 태그는 사용할 때마다 셀이 하나씩 늘어난다. 〈td〉 태그는 반드시 〈tr〉 태그 내에서만 사용해야 한다.

다음과 같은 표를 HTML5 문서로 작성해보자.

이름	점수
홍민성	90
최민수	80
심은경	70

예제 4-8 표 만들기   ch04/08_01_table1.html

```
<body>
   <section>
      <article>
         <table border="1" style="width:50%">
            <tr>
               <th>이름</th>
               <th>점수</th>
            </tr>
```

```
                        <tr>
                            <td>홍민성</td>
                            <td>90</td>
                        </tr>
                        <tr>
                            <td>최민수</td>
                            <td>80</td>
                        </tr>
                        <tr>
                            <td>심은경</td>
                            <td>70</td>
                        </tr>
                    </table>
                </article>
            </section>
        </body>
```

이름	점수
홍민성	90
최민수	80
심은경	70

〈table〉 태그의 border 속성값을 0으로 하거나 사용하지 않으면 경계선 없이 표시할 수 있다.
위 예제에서 border 속성값을 지정하지 않았을 때의 결과는 다음과 같다.

```
...생략                                              ch04/08_02_table2.html
            <table border="0" style="width:50%">
...생략
```

표에 제목을 삽입할 때는 〈caption〉 태그를 사용한다. 그리고 셀을 병합하여 표의 레이아웃을
변경할 때는 rowspan, colspan 속성을 사용한다. 이 두 속성은 반드시 〈th〉 태그와 〈td〉 태그
안에서만 사용해야 한다.

• **rowspan** : 셀을 세로로 병합한다. 속성값으로 병합하고 싶은 행의 수만큼 지정하면 된다.
• **colspan** : 셀을 가로로 병합한다. 속성값으로 병합하고 싶은 열의 수만큼 지정하면 된다.

```html
<body>
    <section>
        <article>
            <table border="1" style="width:50%">
                <caption>행 통합 테이블</caption>
                <tr>
                    <th>1행</th>
                    <td>1행 2열</td>
                </tr>
                <tr>
                    <th rowspan="2">2행</th>
                    <td>2행 2열</td>
                </tr>
                <tr>
                    <td>3행 2열</td>
                </tr>
            </table>
        </article>
    </section>
    <p></p>
    <section>
        <article>
            <table border="1" style="width:50%">
                <caption>열 통합 테이블</caption>
                <tr>
                    <th>1열</th>
                    <th colspan="2">2열</th>
                </tr>
                <tr>
                    <td>2행 1열</td>
                    <td>2행 2열</td>
                    <td>2행 3열</td>
                </tr>
            </table>
        </article>
    </section>
</body>
```

행 통합 테이블

1행	1행 2열
2행	2행 2열
	3행 2열

열 통합 테이블

1열	2열	
2행 1열	2행 2열	2행 3열

rowspan 속성과 colspan 속성을 이용하여 다음과 같은 모양의 표를 만들어보자.

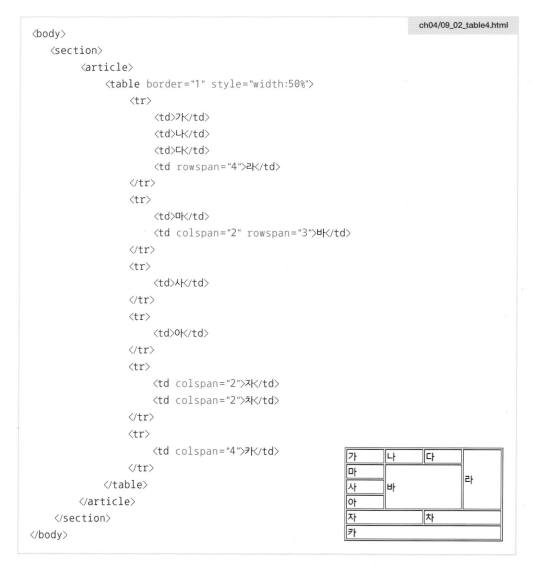

```
<body>
    <section>
        <article>
            <table border="1" style="width:50%">
                <tr>
                    <td>가</td>
                    <td>나</td>
                    <td>다</td>
                    <td rowspan="4">라</td>
                </tr>
                <tr>
                    <td>마</td>
                    <td colspan="2" rowspan="3">바</td>
                </tr>
                <tr>
                    <td>사</td>
                </tr>
                <tr>
                    <td>아</td>
                </tr>
                <tr>
                    <td colspan="2">자</td>
                    <td colspan="2">차</td>
                </tr>
                <tr>
                    <td colspan="4">카</td>
                </tr>
            </table>
        </article>
    </section>
</body>
```

ch04/09_02_table4.html

HTML5에서는 표와 관련된 시맨틱 태그로 〈thead〉, 〈tbody〉, 〈tfoot〉 태그를 제공한다. 이 태그들은 표의 머리말, 본문, 꼬리말 부분을 분류하는 역할을 한다. ·

- **〈thead〉** : 표 머리말(head) 부분의 그룹 태그
- **〈tbody〉** : 표 본문(body) 부분의 그룹 태그
- **〈tfoot〉** : 표 꼬리말(Footer) 부분의 그룹 태그

예제 4-10 시맨틱 태그를 이용하여 표 만들기 ch04/10_semantic.html

```html
<body>
  <section>
    <article>
      <table border="1" summary="시맨틱 테이블 관련 요소 목록">
        <caption>Semantic Table Tag</caption>
        <thead>
          <tr>
            <th>태그 명칭</th>
            <th>설명</th>
            <th>사용 여부</th>
          </tr>
        </thead>
        <tfoot>
          <tr>
            <td colspan="3">참고 사이트 : http://www.w3.org/ </td>
          </tr>
        </tfoot>
        <tbody>
          <tr>
            <td>thead</td>
            <td>표 머리말(head) 부분의 그룹 태그</td>
            <td>가능</td>
          </tr>
          <tr>
            <td>tfoot</td>
            <td>표 꼬리말(footer) 부분의 그룹 태그</td>
            <td>가능</td>
          </tr>
          <tr>
            <td>tbody</td>
```

```
                        <td>표 본문(body) 부분의 그룹 태그</td>
                        <td>가능</td>
                    </tr>
                </tbody>
            </table>
        </article>
    </section>
</body>
```

Semantic Table Tag

태그 명칭	설명	사용 여부
thead	표 머리말(head) 부분의 그룹 태그	가능
tfoot	표 꼬리말(footer) 부분의 그룹 태그	가능
tbody	표 본문(body) 부분의 그룹 태그	가능
참고 사이트 : http://www.w3.org/		

03 멀티미디어 태그

최근 스마트 기기의 대중화로 이미지, 오디오, 비디오 등의 멀티미디어를 더욱 쉽고 빠르게 만들 수 있게 되었다. 그러나 기존의 HTML에서는 이미지를 제외한 오디오와 비디오 데이터를 웹 문서에 포함시키기 쉽지 않았다. 그 이유는 웹 브라우저에서 오디오와 비디오를 재생할 때 각 파일 형식(type)에 맞게 플레이어(player)를 따로 설치해야 했기 때문이다.

HTML5는 이러한 문제를 근본적으로 해결하기 위해 멀티미디어 데이터를 웹 문서에 포함하여 사용할 수 있는 임베디드 콘텐츠 태그(embedded content tag)를 정의하였다.

표 4-8 임베디드 콘텐츠 태그

태그	설명
〈img〉	이미지 파일 삽입
〈canvas〉	그래픽 그리기
〈audio〉	오디오 파일 삽입
〈video〉	동영상 파일 삽입
〈track〉	미디어 요소 트랙 삽입
〈source〉	미디어 소스 삽입
〈embed〉	개체 삽입

본격적으로 임베디드 콘텐츠 태그를 살펴보기 전에 한 가지 유의할 점이 있다. 멀티미디어 파일을 웹 문서에 삽입할 때는 반드시 웹 문서와 같은 폴더에 있어야 한다는 점이다. 만약 같은 폴더에 있지 않다면 파일이 저장된 경로, 즉 절대 경로를 모두 입력해야 한다.

1 이미지

HTML5에서 사용하는 대표적인 이미지 파일 종류로는 GIF, JPG(JPEG), PNG 등이 있다. 이

들 이미지 파일은 각각 장단점이 있기 때문에 용도에 맞게 사용해야 한다. 다음은 각 이미지 파일의 특징을 정리한 것이다.

표 4-9 이미지 파일의 특징

파일 형식	설명	확장자
GIF	• 256개의 색상만 지원하여 다른 파일에 비해 용량이 작다. 따라서 아이콘이나 단색 계열의 배경을 만드는 데 적합하다. • 손실이 발생하지 않는 무손실 압축 방식을 사용한다. • 투명 이미지와 움직이는 애니메이션 이미지를 만들 수 있으며, 간단한 배너 광고나 불릿 제작이 가능하다.	.gif
JPG	• 작은 용량으로 사진과 같이 섬세한 색상과 명암을 표현하기 때문에 웹에서 가장 많이 사용되는 형식이다. • 1,600만 개의 색상을 사용하며 압축률이 높다. 손실 압축 방식이라 압축 과정에서 약간의 손실이 발생한다. • GIF와 같은 투명 이미지나 움직이는 이미지는 만들 수 없다.	.jpg
PNG	• 무손실 압축 방식을 사용하기 때문에 높은 품질의 이미지를 처리할 수 있고 GIF와 같은 투명 이미지도 사용할 수 있어 최근 사용 빈도가 높아지고 있다. • 이미지가 복잡할 경우 파일의 크기가 커지는 단점이 있다.	.png

웹 문서에 이미지를 삽입할 때는 〈img〉 태그를 사용한다. img는 'image'의 약자이다. 〈img〉 태그는 종료 태그 없이 사용할 수 있고 다음과 같이 여러 속성을 사용할 수 있다.

```
<img src="pic.jpg" alt="image text" width="100" height="150">
<img src="pic.jpg" alt="image text" style="width: 100px; height: 150px">
<img src="pic.jpg" alt="image text" title="이미지 설명" style="float: right">
```

• **src** : 이미지 파일이 저장된 경로를 지정한다.
  – 이미지가 웹 문서와 같은 폴더에 있는 경우 : 〈img src="pic.jpg"〉
  – 이미지가 웹 문서와 다른 폴더에 있는 경우 : 〈img src="/image/pic.jpg"〉
  – 이미지가 웹 문서와 다른 서버에 있는 경우 : 〈img src="http://www.w3.org/image/pic.jpg"〉
• **alt** : 이미지를 웹 브라우저에서 표시하지 못했을 경우 표시되는 대체 텍스트를 지정한다.
• **width/height** : 이미지의 가로 길이와 세로 길이를 픽셀(pixel) 단위로 지정한다. % 단위를 사용하면 웹 브라우저의 크기에 따라 이미지 크기가 조절되도록 지정할 수 있다.
• **style** : 이미지의 스타일(크기, 위치 등)을 픽셀(pixel) 단위로 지정한다.

- **border** : 이미지 경계선의 두께를 픽셀(pixel) 단위로 지정한다.

style 속성을 사용하면 이미지의 크기와 위치를 조정할 수 있는데, 크기는 width와 height, 위치는 float 값을 이용하여 조정한다. float는 CSS에서 정렬을 하기 위해서 사용하는 속성이다. 속성값으로 left, right, none과 같은 값을 사용할 수 있으며, 묶음 태그(⟨div⟩, ⟨p⟩, ⟨ol⟩, ⟨ul⟩, ⟨table⟩, ⟨img⟩ 등)에만 적용할 수 있다. HTML5 문서에 이미지를 삽입해보자.

```
예제 4-11 이미지 삽입하기                                                    ch04/11_image1.html
<body>
    <h3>이미지 기본 표현</h3>
    <img src="html5.jpg" alt="이미지가 표시되지 않습니다.">
    <h3>이미지에 설명 추가 & 오른쪽 정렬</h3>
    <img src="html5.jpg" title="HTML5 로고 이미지" style="float: right">
    <h3>이미지의 크기를 픽셀 단위로 조정</h3>
    <img src="html5.jpg" style="width: 50px; height: 60px">
    <h3>이미지의 크기를 % 단위로 조정</h3>
    <img src="html5.jpg" width=50% height=40%>
</body>
```

웹 브라우저의 너비와 높이를 조정해가며 결과 화면을 보자. 위치와 크기가 웹 브라우저의 면적에 따라 자동으로 바뀌는 것을 볼 수 있다.

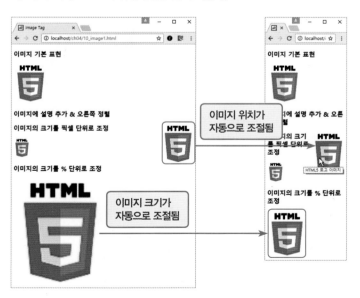

하이퍼링크는 텍스트뿐만 아니라 이미지에도 걸 수 있다. 다음 예제를 통해 살펴보자.

예제 4-12 **이미지에 링크 걸기**　　　　　　　　　　　　　　　　　　　　ch04/12_image2.html

```
<body>
    <h3>이미지를 클릭하세요.</h3>
    <a href="http://www.w3.org" target="_blank"><img src="html5.jpg" alt="HTML5 Logo"
    title="W3C 홈페이지로 이동" border="2" style="width: 100px; height: 110px"></a>
    <a href="http://cafe.naver.com/go2web" target="_blank"><img src="go2web.jpg"
    alt="go2web site" title="저자 홈페이지로 이동" border="2" style="width: 100px;
    height: 110px"></a>
    <a href="http://en.wikipedia.org/wiki/Isaac_Newton" target="_blank"><img
    src="newton.gif" alt="newton site" title="뉴턴 홈페이지로 이동" border="2"
    style="width: 170px; height: 110px"></a>
</body>
```

이미지 제목은 〈figure〉 태그와 〈figcaption〉 태그를 사용하여 붙인다. 사용 방법은 다음과 같다. 이 태그들은 이미지뿐만 아니라 도표, 그래프, 동영상 등에도 사용할 수 있다.

```
<figure>
    <img src="url" alt="some_text">
    <figcaption>이미지 제목</figcaption>
</figure>
```

```html
<body>
    <h3>이미지에 제목 추가하기</h3>
    <figure>
        <img src="html5.jpg" alt="HTML5 Logo" title="W3C 홈페이지">
        <figcaption>[그림1] HTML5</figcaption>
    </figure>
    <figure>
        <figcaption>[그림2] Google</figcaption>
        <img src="google.jpg" alt="google site" title="구글 크롬">
    </figure>
</body>
```

이미지에 제목 추가하기

[그림1] HTML5

[그림2] Google

2 오디오

HTML5에서 사용하는 대표적인 오디오 파일의 종류에는 MP3, OGG, WAV 등이 있다. 다음은 각 오디오 파일의 특징을 정리한 것이다.

표 4-10 오디오 파일의 종류

파일 형식	설명	확장자
MP3	'MPEG-1 Layer 3'를 줄여서 부르는 말로 1988년 독일의 브라운호퍼 연구소에서 처음 개발하였다. 오디오 CD와 맞먹는 높은 음질을 제공하지만 데이터 크기는 1/10에 불과해 현재 가장 많이 사용되고 있다.	.mp3
OGG	MP3의 대안으로 새롭게 부상하고 있는 오디오 파일 형식으로 Ogg Vorbis라는 이름에서 온 말이다. 디지털 오디오 포맷의 특허권에 반대하여 보다 좋은 음질을 가진 음악 파일을 표방한다. 오픈소스를 지향하고 있어 수정과 배포가 자유롭다.	.ogg .oga
WAV	개인용 PC에서 오디오를 재생하기 위한 IBM과 Microsoft의 표준 오디오 파일 형식이다.	.wav

<audio>는 웹 페이지에 오디오 파일을 삽입하는 태그로 controls 속성을 추가하면 재생이나 정지 등의 조작을 할 수 있는 제어기를 표시할 수 있다. 다음 코드 중 첫 번째는 오디오 파일이 웹 문서와 같은 폴더에 저장된 경우이고, 두 번째는 오디오 파일이 웹 페이지에 있는 경우이다. 재생 제어기는 둘 다 표시하였다.

```html
<audio src="audio_file.mp3" controls="true"></audio>
<audio src="http://www.w3.org/sound/audio_file.mp3" controls="true"></audio>
```

웹 문서가 열림과 동시에 배경음이 무한 재생되도록 하려면 loop와 autoplay 속성을 이용한다.

```
<audio src="audio_file.mp3" controls loop autoplay></audio>
```

⟨audio⟩ 태그의 속성은 다음과 같다.

- **src** : 재생할 오디오 파일이 저장된 경로를 표시한다.
- **controls** : 재생 제어기를 표시한다.
- **loop** : 반복 재생한다.
- **autoplay** : 웹 문서가 열림과 동시에 자동으로 재생한다.
- **muted** : 음소거 상태로 시작한다.
- **preload** : 오디오 파일 사용 여부와 상관없이 미리 다운로드한다. 웹 문서가 열림과 동시에 다운로드하기 때문에 필요할 때 오디오 파일을 빠르게 재생할 수 있다.

⟨source⟩ 태그는 여러 형식의 오디오 파일을 동시에 제공할 때 사용한다. 웹 브라우저는 위부터 순서대로 ⟨source⟩ 태그를 확인하면서 실행 가능한 파일을 찾아 재생한다. 이는 모든 웹 브라우저에서 모든 형식의 오디오 파일이 실행되는 것은 아니므로 여러 형식의 오디오 파일을 제공하고 그 중에서 재생에 적절한 파일을 사용하도록 하기 위한 것이다. 만약 재생에 적합한 파일이 없다면 마지막 문장을 출력하여 해당 브라우저에서는 오디오 파일을 재생할 수 없다는 메시지를 나타내도록 한다. type 속성에는 오디오 파일의 형식을 표시한다.

```
<audio controls>
    <source src="audio_file.mp3" type="audio/mpeg">
    <source src="audio_file.ogg" type="audio/ogg">
    <source src="audio_file.wav" type="audio/wav">
    오디오 파일을 재생할 수 없습니다.
</audio>
```

HTML5는 웹 표준 언어이긴 하지만 브라우저마다 지원하는 오디오 코덱이 다르기 때문에 웹 표준을 준수하여도 오디오 파일이 재생되지 않는 경우가 있다. 다음 표는 브라우저별 재생 가능한 오디오 파일을 나타낸 것이다.

표 4-11 웹 브라우저별 재생 가능한 오디오 파일

웹 브라우저	MP3	OGG	WAV
인터넷 익스플로러	가능	불가능	불가능
크롬	가능	가능	가능
파이어폭스	가능	가능	가능
사파리	가능	불가능	가능
오페라	가능	가능	가능

NOTE_ 다음 사이트에서 무료로 사용할 수 있는 mp3 파일을 다운로드할 수 있다.

http://www.noiseaddicts.com/free-samples-mp3

예제 4-14 오디오 삽입하기
ch04/14_audio.html

```
<body>
    <h3>오디오 자동 재생</h3>
    <audio src="eagle.mp3" controls loop autoplay></audio>
    <h3>오디오 수동 재생</h3>
    <audio src="bear.mp3" controls></audio>
    <h3>오디오 다중 재생</h3>
    <audio controls>
        <source src="chicken.mp3" type="audio/mpeg">
        <source src="chicken.ogg" type="audio/ogg">
        <source src="chicken.wav" type="audio/wav">
        오디오 파일을 재생할 수 없습니다.
    </audio>
</body>
```

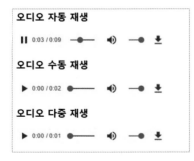

오디오 자동 재생

‖ 0:03 / 0:09 ◀) ⬇

오디오 수동 재생

▶ 0:00 / 0:02 ◀) ⬇

오디오 다중 재생

▶ 0:00 / 0:01 ◀) ⬇

3 비디오

비디오 파일을 웹 페이지에 삽입할 때는 〈video〉 태그를 사용하며 controls 속성을 이용하여
동영상 제어기를 표시한다.

```
<video src="video_file.ogv" controls="true"X/video>
<video src="http://media.w3.org/movie/vedio_file.ogv" controls="true"X/video>
<video src="video_file.mp3" controls loop autoplayX/video>
```

그리고 〈audio〉 태그와 마찬가지로 〈source〉 태그로 여러 가지의 비디오 파일을 동시에 제공
할 수 있다. 웹 브라우저는 〈source〉 태그를 위에서부터 확인하면서 브라우저에서 실행 가능한
비디오 파일을 선택하여 재생한다. 이는 웹 브라우저가 모든 형식의 비디오 파일을 실행할 수 없
기 때문에 여러 종류의 비디오 파일을 제공하는 것이며, 재생에 적절한 파일을 사용하도록 하기
위한 것이다. 만약 재생에 적합한 파일이 없다면 마지막 문장을 출력하여 해당 브라우저에서는
비디오 파일을 재생할 수 없다는 메시지를 나타내도록 한다.

```
<video controls>
    <source src="video_file.mp4" type="video/mp4"/>
    <source src="video_file.ogv" type="video/ogg"/>
    <source src="video_file.webm" type="video/webm"/>
    비디오 파일을 재생할 수 없습니다.
</video>
```

〈video〉 태그의 속성은 다음과 같다.

- **src** : 재생할 비디오 파일이 저장된 경로를 표시한다.

- **controls** : 재생 제어기를 표시한다.

- **width, height** : 비디오의 가로/세로 크기를 설정한다.

- **loop** : 반복 재생한다.

- **autoplay** : 웹 문서가 열림과 동시에 자동 재생한다.

- **muted** : 음소거 상태로 시작한다.

- **preload** : 비디오 파일을 사용 여부와 상관없이 미리 다운로드한다. 웹 문서가 열림과 동시에 다
  운로드되기 때문에 필요할 때 비디오 파일을 빠르게 재생할 수 있다.

- **poster** : 비디오 파일이 재생되기 전이나 다운로드되지 않고 있는 경우 표시될 이미지의 URL을 표시한다.

HTML5는 웹 표준 언어이기 하지만 브라우저마다 지원하는 비디오 코덱이 다르기 때문에 웹 표준을 준수하여도 비디오 파일이 재생되지 않는 경우가 있다. 다음 표는 브라우저별 재생 가능한 비디오 파일을 나타낸 것이다.

표 4-12 웹 브라우저별 재생 가능한 비디오 파일

웹 브라우저	MP4	Ogg	WebM
인터넷 익스플로러	가능	불가능	불가능
크롬	가능	가능	가능
파이어폭스	가능	가능	가능
사파리	가능	불가능	불가능
오페라	가능(오페라25부터)	가능	가능

> **NOTE_** WebM(웹엠)은 로열티 비용이 없는 개방형 고화질 영상 압축 형식의 영상 포맷이다. 2010년 소개되어 구글의 후원을 받아 개발되고 있으며 HTML5의 〈vedio〉 태그에서도 사용할 수 있다. 자세한 내용은 http://www.webmproject.org를 참고한다.

〈video〉 태그의 다양한 사용법을 다음 예제를 통해 살펴보자.

예제 4-15 비디오 삽입하기   ch04/15_video.html

```
<body>
    <h3>비디오 자동 재생</h3>
    <video src="bear.mp4" controls loop autoplay width="300" height="250">
    </video>
    <h3>비디오 수동 재생</h3>
    <video src="bear.mp4" controls width="300" height="250"></video>
    <h3>비디오 다중 재생-비디오 파일이 현재 폴더에 있는 경우</h3>
    <video controls autoplay width="300" height="250">
        <source src="small.mp4" type="video/mpeg">
        <source src="small.ogv" type="video/ogg">
        <source src="small.webm" type="video/webm">
        비디오 파일을 재생할 수 없습니다.
```

```
    </video>
    <h3>비디오 다중 재생-비디오 파일이 웹 사이트에 있는 경우</h3>
    <video controls autoplay width="300" height="250" poster="wait.jpg">
        <source src="http://media.w3.org/2010/05/sintel/trailer.mp4" type='video/
        mp4; codecs="avc1, mp4a"'>
        <source src="http://media.w3.org/2010/05/sintel/trailer.ogv" type='video/
        ogg; codecs="theora, vorbis"'>
        비디오 파일을 재생할 수 없습니다.
    </video>
</body>
```

비디오 자동 재생

비디오 수동 재생

비디오 다중 재생-비디오 파일이 현재 폴더에 있는 경우

비디오 다중 재생-비디오 파일이 웹 사이트에 있는 경우

NOTE_ 오디오나 비디오 파일은 형식이 다양하기 때문에 형식 변환이 필요한 경우가 있다. 이때는 파일 형식 변환을 도와주는 프로그램을 사용하는데, 무료로 사용할 수 있는 미디어 파일 변환 소프트웨어로 포맷 팩토리(http://www.pcfreetime.com) 등이 있다.

4 개체 삽입

이미지, 오디오, 비디오 이외에 웹 문서에 많이 삽입하는 개체로 PDF 파일과 플래시(flash) 파일 등이 있다. 개체 삽입 태그는 이러한 개체를 삽입하기 위한 태그로, 이미지, 오디오, 비디오 태그로 지원하지 않는 파일을 웹 문서에 포함하기 위해 사용한다.

개체 삽입 태그의 종류에는 〈object〉 태그와 〈embed〉 태그가 있다. 두 태그 중 〈embed〉 태그는 모든 웹 브라우저에서 지원하고 있기 때문에 가능하면 〈embed〉 태그를 사용할 것을 권장한다. 또한 〈embed〉 태그는 기본적으로 모든 개체를 포함할 수 있기 때문에 이미지, 오디오, 비디오 파일을 삽입하는 데 편리하다. 〈embed〉 태그는 종료 태그가 없다.

〈embed〉 태그의 사용 방법은 다음과 같다.

```
<embed src="object.swf">
<embed src="/web/myvideo.mov" width="340" height="140" type="video/quicktime">
```

〈object〉 태그의 사용 방법은 다음과 같다.

```
<object data="image.bmp"></object>
<object data="object.avi" width="340" height="140"></object>
```

〈object〉 태그와 〈embed〉 태그를 사용하여 개체를 삽입하였는데 웹 브라우저에 해당 개체를 표시할 수 있는 플러그인(plug-in)이 설치되어 있지 않다면 다음과 같은 메시지가 나타난다.

그림 4-2 개체 표시 오류 메시지

〈embed〉 태그와 〈object〉 태그를 사용하여 이미지, 플래시 파일, pdf 파일을 삽입해보자.

예제 4-16 개체 삽입하기   ch04/16_embed.html

```html
<body>
    <h1>embed 태그 사용</h1>
    <h3>이미지 파일 삽입</h3>
    <embed src="html.bmp" width="150" height="170">
    <h3>플래시 파일 삽입</h3>
    <embed src="object.swf">
    <h3>웹 문서 삽입</h3>
    <embed src="http://www.hanbit.co.kr" width="500" height="170">

    <h1>object 태그 사용</h1>
    <h3>이미지 파일 삽입</h3>
    <object data="html.bmp"></object>
    <h3>플래시 파일 삽입</h3>
    <object type="application/x-shockwave-flash" data="object.swf" width="250"
    height="200"></object>
    <h3>PDF 파일 삽입</h3>
    <object type="application/pdf" data="pdflogo.pdf"></object>
</body>
```

▶ 요약

01 특수문자 처리 방법

웹 브라우저에 특수문자나 키보드 입력값을 출력하려면 다음 표와 같이 특수이름 혹은 아스키코드 값을 사용하여 소스코드를 작성해야 한다.

특수문자/키보드	특수이름	아스키코드
〈	&lt;	&#60;
〉	&gt;	&#62;
&	&amp;	&#38;
©	&copy;	&#169;
®	&reg;	&#174;
#	&num;	&#35;
스페이스바(spacebar)		

02 기본 태그

웹 문서에 텍스트, 하이퍼링크, 목록, 표 등과 같은 정보를 표현하는 데 사용하는 태그는 다음과 같다.

- **텍스트** : 〈b〉, 〈em〉, 〈i〉, 〈small〉, 〈strong〉, 〈sub〉, 〈sup〉, 〈ins〉, 〈del〉, 〈mark〉, 〈code〉, 〈samp〉, 〈kbd〉, 〈var〉
- **하이퍼링크** : 〈a〉
- **목록** : 〈ul〉, 〈ol〉, 〈li〉, 〈dl〉, 〈dt〉, 〈dd〉
- **표** : 〈table〉, 〈tr〉, 〈td〉, 〈th〉, 〈caption〉

03 멀티미디어 태그

HTML5는 멀티미디어 데이터를 웹 문서에 포함하여 사용할 수 있는 임베디드 콘텐츠 태그 (embedded content tag)를 정의하였다. 태그의 종류는 다음과 같다.

- **이미지 파일 삽입** : 〈img〉
- **오디오 파일 삽입** : 〈audio〉
- **미디어 요소 트랙 삽입** : 〈track〉
- **개체 삽입** : 〈embed〉
- **그래픽 그리기** : 〈canvas〉
- **동영상 파일 삽입** : 〈video〉
- **미디어 소스 삽입** : 〈source〉

01 웹 브라우저에 '〈태그〉'와 같이 출력되도록 바르게 작성한 것은?

① 〈 태그 〉　　　　　　　　② $lt 태그 $gt

③ &lt 태그 &gt　　　　　　④ %lt 태그 %gt

02 HTML 기본 태그 중 아래첨자를 표시하기 위해 사용하는 태그는?

① 〈i〉　　　　　　　　　　② 〈small〉

③ 〈sub〉　　　　　　　　　④ 〈low〉

03 〈a〉 태그의 타깃(target) 속성값으로 사용하지 <u>않는</u> 것은?

① _blank　　　　　　　　② _self

③ _parent　　　　　　　　④ _non

04 〈audio〉 태그의 속성에 대한 설명으로 옳지 <u>않은</u> 것은?

① controls : 재생 제어기를 표시한다.

② loop : 반복하여 재생한다.

③ autoplay : 페이지가 열림과 동시에 자동으로 재생한다.

④ preload : 오디오 파일을 재생하지 않고 사용자의 컴퓨터로 다운로드한다.

05 테이블 시맨틱 태그를 사용하여 다음과 같은 표를 작성하시오.

2018년 2학기 수강 과목

한국 한빛 대학교

학점	과목	담당 교수
3학점	데이터베이스	김우민
4학점	웹 프로그래밍	홍성웅
3학점	자료구조	박민아
2학점	컴퓨터 프로그래밍	최민수
3학점	컴퓨터 그래픽	이정자
3학점	빅 데이터	홍민성
2018년 2학기 총 신청 학점은 18학점입니다.		

Chapter 05
입력 양식 태그와 공간 분할 태그

학습목표

▶ GET 방식과 POST 방식의 차이를 설명할 수 있다.

▶ 입력 양식 태그의 종류를 알고 사용할 수 있다.

▶ 공간 분할 태그의 종류를 알고 용도에 맞게 사용할 수 있다.

01 HTML5와 입력 양식 요소

웹 양식은 사용자가 웹 문서에 어떤 데이터를 입력하고 그 결괏값을 가져오기 위해 사용한다. 예를 들어 포털 사이트에서 특정 키워드를 검색한다고 생각해보자. 아마도 키워드를 입력하고 Enter 키를 누르거나 〈검색〉 버튼을 클릭할 것이다. 이때 키워드를 입력하는 곳, 즉 텍스트를 쓸 수 있도록 마련되어 있는 공간을 텍스트 입력 양식 또는 텍스트 입력 폼이라고 한다. 텍스트 입력 폼에 검색어를 입력하면 이는 웹 서버로 전달되고 서버에서는 받은 데이터를 처리하여 실행 결과를 보여준다.

그림 5-1 구글의 텍스트 입력 폼

이와 같이 웹 양식은 웹 문서와 사용자 사이에서 원하는 정보를 주고받을 수 있도록 인터페이스를 제공한다. 폼 태그(form tag)는 이러한 웹 양식을 만드는 데 사용하는 태그이다. HTML5에서는 기존의 HTML에서 제공하는 웹 양식보다 더 다양한 양식을 보다 쉽게 삽입할 수 있다. 폼 태그를 작성하는 방법은 다음과 같다.

```
<form name="입력 폼 이름" action="웹 프로그램 페이지" method="전달 방식" >
    <input type="폼 모양과 기능" name="입력 폼 변수" value="전달 값" >
</form>
```

폼 태그의 속성은 다음과 같다.

- **action** : 사용자가 입력한 데이터를 받아 처리하기 위한 웹 프로그램(ASP, PHP, JSP… 등)의 페이지를 지정한다.

- **method** : 웹 서버와 클라이언트 간의 통신 방법을 지정한다. GET 방식과 POST 방식 중 하나를 선택할 수 있다.

input 태그의 속성은 다음과 같다.

- **type** : 폼의 모양과 기능을 결정한다.
- **name** : 폼의 이름을 결정한다. name 속성값은 변수처럼 사용된다.

method 속성에서 사용하는 GET 방식과 POST 방식에 대해 자세히 알아보자.

■ GET 방식

웹 서버와 클라이언트가 통신을 할 때 URL 뒤에 파라미터를 붙여서 데이터를 전달하는 방식이다. 사용자가 보내는 데이터는 이름과 값이 결합된 문자열 형태로 전달되며, 각 이름과 값의 쌍은 '&' 기호로 구분한다. 다음은 사용자의 이름과 전공을 전송하는 프로그램의 일부이다. 〈전송〉 버튼을 클릭하면 URL 주소 뒤에 이름과 전공 데이터가 붙어 전달된다.

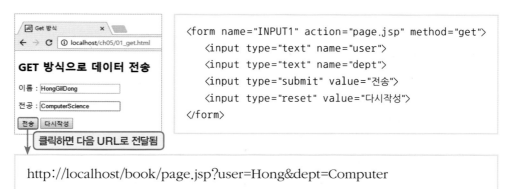

```html
<form name="INPUT1" action="page.jsp" method="get">
    <input type="text" name="user">
    <input type="text" name="dept">
    <input type="submit" value="전송">
    <input type="reset" value="다시작성">
</form>
```

http://localhost/book/page.jsp?user=Hong&dept=Computer

위의 URL에서 '?'를 기점으로 뒤에 나열된 텍스트는 서버로 보내는 데이터이다. GET 방식은 이와 같이 간단하게 사용할 수 있고 북마크와 〈뒤로 가기〉 버튼을 눌렀을 때 이전 페이지로 넘어가는 등 전 페이지로 가기가 보장되는 장점이 있다. 그러나 서버로 보낼 수 있는 글자수가 최대 2,048자로 제한되어 있다. 그리고 URL을 보면 어떤 데이터를 전송하고자 하는지알 수 있기 때문에 보안에 대단히 취약하다. 따라서 비밀번호와 같이 보안이 필요한 데이터는 GET 방식으로 보내지 않는 것이 좋다.

■ **POST 방식**

URL 뒤에 파라미터를 붙여서 데이터를 전송하는 것이 아니라 HTTP Request 헤더에 파라미터를 붙여서 데이터를 전송하는 방식이다. 별도의 헤더를 사용하기 때문에 글자 수의 제한이 없으며, 제출된 데이터가 URL상에서는 보이지 않기 때문에 GET 방식과 비교하여 보안상우위에 있다. 즉 POST 방식의 장점과 단점은 GET 방식의 반대라고 할 수 있다.

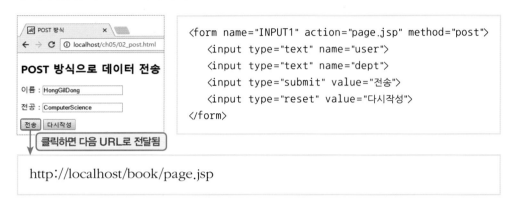

GET 방식과 POST 방식 중 어떤 방식을 사용해야 할지 선택할 때는 다음의 세 가지 사항을 고려한다.

• 목적이 무엇인가?
• 어떤 기능을 구현하고자 하는가?
• 데이터 보안이 중요한가?

HTML5에서 작성한 입력 폼 데이터가 전송되는 원리를 이해하기 위해 다음과 같이 HTML5 문서와 JSP 문서를 작성해보자. 여기서는 자세한 JSP 문법에 대해서는 설명하지 않고 GET 방식과 POST 방식의 결과가 어떻게 다른지만 살펴보기로 한다.

> **NOTE_** JSP 프로그램은 톰캣 서버를 사용해야 정상적으로 동작한다. 따라서 톰캣 서버의 서비스가 동작하고 있는지 확인한 후에 진행한다.

먼저 GET 방식으로 데이터를 전송하는 예부터 살펴보자. 다음 두 문서를 작성한 후 [C:₩ Program Files₩Apache Software Foundation₩Tomcat 8.0₩webapps₩ROOT] 폴더에 저장한다.

```html
<!DOCTYPE html>

<html>
<head>
    <title>Get 방식</title>
</head>
<body>
    <h2>GET 방식으로 데이터 전송</h2>
    <form action="01_getdata.jsp" method="get">
        <p>이름 : <input type="text" name="name"></p>
        <p>전공 : <input type="text" name="major"></p>
        <p></p>
        <input type="submit" value="전송">
        <input type="reset" value="다시작성">
    </form>
</body>
</html>
```

```jsp
<%@page language="java" contentType="text/html; charset=EUC-KR"
pageEncoding="EUC-KR"%>

<html>
<head>
    <title>GET 방식 요청</title>
</head>
<body>
<!-- JSP 문법 작성 -->
    <%
    String strName=request.getParameter("name");
    String strMajor=request.getParameter("major");
    out.println("이름 :" + strName + "<br>");
    out.println("학과 :" + strMajor + "<hr/>");
    %>
    웹 브라우저 URL 주소 입력 부분을 살펴보세요.
</body>
</html>
```

웹 브라우저를 실행한 후 주소 입력줄에 'http://localhost:8080/01_get.html'을 입력하고
Enter 키를 눌러보자. 화면이 바뀌면 이름과 전공을 입력하고 〈전송〉 버튼을 클릭한다.

다음은 POST 방식으로 데이터를 전송하는 예다.

예제 5-2 POST 방식으로 데이터 전송하기	ch05/02_post.html

```html
<!DOCTYPE html>

<html>
<head>
    <title>POST 방식</title>
</head>
<body>
    <h2>POST 방식으로 데이터 전송</h2>
    <form action="02_postdata.jsp" method="POST">
        <p>이름 : <input type="text" name="name"></p>
        <p>전공 : <input type="text" name="major"></p>
        <p></p>
        <input type="submit" value="전송">
        <input type="reset" value="다시작성">
    </form>
</body>
</html>
```

	ch05/02_postdata.jsp

```jsp
<%@page language="java" contentType="text/html; charset=EUC-KR"
pageEncoding="EUC-KR"%>

<html>
<head>
    <title>POST 방식 요청</title>
</head>
```

```
<body>
<!-- JSP 문법 작성 -->
    <%
    String strName=request.getParameter("name");
    String strMajor=request.getParameter("major");
    out.println("이름 :" + strName + "<br>");
    out.println("학과 :" + strMajor + "<hr/>");
    %>
    웹 브라우저 URL 주소입력 부분을 살펴보세요.
</body>
</html>
```

NOTE_ 결과 화면에서 한글이 깨지는 현상이 생기면, 톰캣 서버의 conf/server.xml 문서에 URIEncoding="EUC-KR"을 추가로 작성하여 한글 인코딩 문제를 해결할 수 있다. 다음과 같이 수정하고 톰캣 서버를 다시 시작해보자.

```
<Connector port="80" protocol="HTTP/1.1"
           connectionTimeout="20000"
           redirectPort="8443" URIEncoding="EUC-KR"/>
```

02 입력 양식 태그

1 제출/초기화 양식

제출 양식은 입력 데이터를 처리하기 위한 버튼을 정의한다. 내부적으로는 폼 태그의 action 속성에 지정된 파일로 값을 전송한다. 다음은 텍스트 창에 이름과 학교를 입력하고 〈전송〉 버튼을 클릭하면 "page.jsp" 파일로 입력한 값이 전송되는 예제이다.

예제 5-3 제출 양식 만들기	ch05/03_submit.html

```
<body>
    <h2>입력 양식 데이터 전송 버튼</h2>
    <form action="page.jsp" method="get">
        <p>이름 : <input type="text" name="name"></p>
        <p>학과 : <input type="text" name="major"></p>
        <p></p>
        <input type="submit" value="전송">
    </form>
</body>
```

입력 양식 데이터 전송 버튼

이름 : 홍길동

학과 : 전자과

전송

초기화 양식은 초기화(reset) 버튼을 정의한다. 다음 예제에서 〈다시작성〉 버튼을 클릭하면 폼에 입력한 데이터가 모두 초기화된다.

```html
<body>
    <h2>입력 데이터 초기화 버튼</h2>
    <form action="page.jsp" method="get">
        <p>이름 : <input type="text" name="name"></p>
        <p>학과 : <input type="text" name="major"></p>
        <p></p>
        <input type="submit" value="전송">
        <input type="reset" value="다시작성">
    </form>
</body>
```

2 텍스트/비밀번호 입력 양식

텍스트 입력 양식은 기본적인 텍스트를 입력할 때 사용한다. 입력 폼의 기본 글자 수는 20자인데 size 속성으로 기본 글자 수를 변경할 수 있다. 또한 value 속성을 이용하면 별도로 입력하지 않아도 기본으로 입력되어 있는 값을 지정할 수 있다. 물론 다른 값을 입력하면 그 값이 서버로 전달된다.

```html
<body>
    <h2>문자 입력 양식</h2>
    <form>
        <p>이름 : <input type="text" name="name" size="10"></p>
        <p>학번 : <input type="text" name="name" size="10" value=""></p>
        <p>학과 : <input type="text" name="school" value="컴퓨터과학과"></p>
        <p></p>
        <input type="submit" value="전송">
        <input type="reset" value="다시작성">
    </form>
</body>
```

문자 입력 양식

이름 : [   ]

학번 : [   ]

학과 : [컴퓨터과학과   ]

[전송] [다시작성]

비밀번호 입력 양식은 기본적으로 텍스트 상자와 모양이 같지만 사용자가 입력한 문자를 보이지 않게 '…'으로 처리한다. required는 입력 폼에 반드시 데이터를 입력하도록 요구하는 속성이다. 다음 예제에서 비밀번호를 입력하지 않고 〈전송〉 버튼을 클릭하면 비밀번호를 입력하라는 메시지가 나타난다.

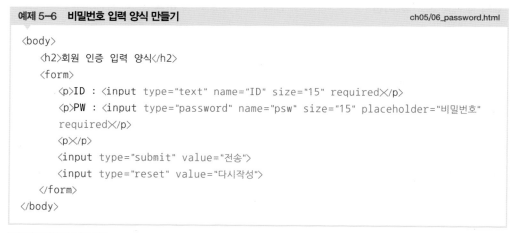

예제 5-6 비밀번호 입력 양식 만들기　　　　　　　　　　　　　　　ch05/06_password.html

```
<body>
    <h2>회원 인증 입력 양식</h2>
    <form>
        <p>ID : <input type="text" name="ID" size="15" required></p>
        <p>PW : <input type="password" name="psw" size="15" placeholder="비밀번호"
        required></p>
        <p></p>
        <input type="submit" value="전송">
        <input type="reset" value="다시작성">
    </form>
</body>
```

회원 인증 입력 양식

ID : [gamja   ]

PW : [●●●●●●●●●●]

[전송] [다시작성]

회원 인증 입력 양식

ID : [gamja   ]

PW : [비밀번호   ]

[전송] [다시작] ⚠ 이 입력란을 작성하세요.

3 텍스트 공간 입력/필드셋 양식

텍스트 공간(text area) 입력 양식은 텍스트를 여러 줄에 걸쳐 자유롭게 입력할 수 있는 양식이다. rows 속성과 cols 속성을 이용하여 가로 길이와 세로 길이를 지정할 수 있고 처음에 설정한 크기보다 많은 양의 텍스트가 입력될 경우 스크롤바가 생성된다.

예제 5-7 텍스트 공간 입력 양식 만들기 ch05/07_textarea.html

```
<body>
    <h2>텍스트 공간 입력 양식</h2>
    <form>
        <textarea rows="5" cols="50">텍스트를 작성하는 공간입니다.</textarea>
        <p></p>
        <input type="submit" value="전송">
        <input type="reset" value="다시작성">
    </form>
</body>
```

텍스트 공간 입력 양식

```
텍스트를 작성하는 공간입니다.
```

[전송] [다시작성]

〈fieldset〉 태그는 입력 폼이 여러 개 있을 때, 경계선을 그려서 하나의 그룹으로 만들 때 사용한다. 〈legend〉 태그를 사용하면 그룹명을 지정할 수 있다.

예제 5-8 입력 폼 그룹으로 묶기 ch05/08_fieldset.html

```
<body>
    <form>
        <fieldset>
            <legend>개인 정보 입력</legend>
            <p>이름 : <input type="text" name="name"></p>
            <p>학교 : <input type="text" name="school"></p>
            <input type="submit" value="제출">
            <input type="reset" value="다시작성">
        </fieldset>
    </form>
</body>
```

┌ 개인 정보 입력 ──────────────────────┐
│ 이름 : [   ]   │
│ 학교 : [   ]   │
│ [제출] [다시작성]   │
└─────────────────────────────┘

4 라디오/체크박스/버튼 양식

라디오(radio) 입력 양식은 사용자가 여러 항목 중 하나만 선택할 때 사용한다. 여러 항목은 동일한 그룹으로 묶여야 하므로 〈input〉 태그의 name 속성을 동일하게 설정한다. 다음 예제에서 value 속성값은 서버로 전송되는 값을 의미한다. 그리고 checked 속성을 이용하면 기본값을 미리 지정할 수 있다.

예제 5-9 라디오 양식 만들기   ch05/09_radio.html

```
<body>
    <form>
        <h3>당신의 성별은 무엇입니까?</h3>
        <input type="radio" name="sex" value="male" checked>남자
        <input type="radio" name="sex" value="female">여자
        <p></p>
        <h3>당신은 몇 학년입니까?</h3>
        <input type="radio" name="year" value="1" checked>1학년
        <input type="radio" name="year" value="2">2학년
        <input type="radio" name="year" value="3">3학년
        <input type="radio" name="year" value="4">4학년
        <p></p>
        <input type="submit" value="제출">
        <input type="reset" value="다시작성">
    </form>
</body>
```

당신의 성별은 무엇입니까?

◉ 남자 ◯ 여자

당신은 몇 학년입니까?

◉ 1학년 ◯ 2학년 ◯ 3학년 ◯ 4학년

[제출] [다시작성]

체크박스(checkbox) 양식은 사용자가 동시에 여러 항목을 선택할 때 사용한다. 라디오 입력 양식과 마찬가지로 모든 항목의 name 속성은 동일하게 설정한다. 다음 예제에서 value 속성값은 서버로 전송되는 값을 의미한다. 그리고 checked 속성을 이용하면 특정 값을 미리 선택할 수 있다.

예제 5-10 체크박스 양식 만들기

ch05/10_checkbox.html

```
<body>
    <form>
        <h3>현재 관심을 가지고 있는 학습 주제는 무엇입니까?</h3>
        <input type="checkbox" name="subject" value="HTML5" checked>HTML5 <br>
        <input type="checkbox" name="subject" value="CSS3">CSS3 <br>
        <input type="checkbox" name="subject" value="Javascript">Javascript <br>
        <input type="checkbox" name="subject" value="Jquery">Jquery
        <p></p>
        <input type="submit" value="제출">
        <input type="reset" value="다시작성">
    </form>
</body>
```

현재 관심을 가지고 있는 학습 주제는 무엇입니까?

☑ HTML5
☐ CSS3
☐ Javascript
☐ Jquery

제출 다시작성

버튼 양식은 〈button〉 태그 혹은 〈input〉 태그를 사용하여 정의한다. onclick 속성은 버튼 클릭 시 실행할 함수를 호출하는 역할을 하는데, 다음 예제에서 버튼을 클릭하면 alert( ) 함수가 호출되고 이어서 경고 창이 실행된다. value 속성은 버튼의 텍스트를 정의하는 데 사용된다. 여기에 텍스트 대신 〈img〉 태그를 사용하면 이미지 버튼을 만들 수 있다.

예제 5-11 버튼 양식 만들기

ch05/11_button.html

```
<body>
    <form>
        <h3>Button 태그 사용</h3>
        <button type="button" onclick="alert('클릭-1 사용')">클릭-1</button>
        <h3>Input 태그 사용</h3>
        <input type="button" onclick="alert('클릭-2 사용')" value="클릭-2">
        <h3>Image 버튼 사용</h3>
        <button type="button" onclick="alert('클릭-3 사용')"><img src="button.jpg">
        </button>
    </form>
</body>
```

5 선택 목록 양식

선택 목록(select)은 펼침 목록에서 한 가지만 선택할 수 있도록 지원하는 양식이다. 〈select〉 태그와 〈option〉 태그를 사용하며 사용자가 선택한 목록에 해당하는 value 속성값이 서버에 전달된다. 예를 들어 다음 예제에서 사용자가 HTML5를 선택했다면 HTML5가 전송되는 것이 아니라 HTML5의 value 속성값인 1이 전달된다. 그리고 〈option〉 태그의 selected 속성을 이용하면 특정 값을 미리 지정할 수도 있다.

예제 5-12 선택 목록 양식 만들기   ch05/12_select1.html

```
<body>
    <h3>관심 있는 학습 주제 한 가지를 선택하세요.</h3>
    <form>
        <select name="subjects">
            <option value="1" selected>HTML5</option>
            <option value="2">CSS3</option>
            <option value="3">Javascript</option>
            <option value="4">Jquery</option>
        </select>
        <p></p>
        <input type="submit" value="제출">
        <input type="reset" value="다시작성">
    </form>
</body>
```

관심 있는 학습 주제 한 가지를 선택하세요.

HTML5 ▼
HTML5
CSS3   작성
Javascript
Jquery

선택 목록 중 여러 개를 선택하려면, 즉 다중 선택을 하려면 multiple 속성을 사용한다. 이러한 경우 기본 선택 항목도 여러 개가 될 수 있다. 다중 선택을 할 때는 Ctrl 키를 누른 채 클릭하면 된다.

```
                                                          ch05/12_select2.html
<body>
    <h3>관심 있는 학습 주제를 모두 선택하세요.</h3>
    <form>
        <select name="subjects" size="4" multiple>
            <option value="1" selected>HTML5</option>
            <option value="2">CSS3</option>
            <option value="3">Javascript</option>
            <option value="4" selected>Jquery</option>
        </select>
        <p></p>
        <input type="submit" value="제출">
        <input type="reset" value="다시작성">
    </form>
</body>
```

반면 선택할 항목이 너무 많은 경우 〈optgroup〉 태그를 이용해 여러 항목을 그룹으로 묶을 수 있다. 이때 label 속성은 각 그룹에 제목을 지정하는 역할을 한다. 사용자는 여러 항목 중 하위 그룹의 데이터만 선택할 수 있다.

```
                                                          ch05/12_select3.html
<body>
    <h3>그룹별 선택 항목을 제공합니다.</h3>
    <form>
        <label>전공 분야를 선택하세요.
            <select name="major">
                <optgroup label="computer">
                    <option>Software</option>
                    <option>Robot</option>
                    <option>System</option>
                </optgroup>
```

```
            <optgroup label="language">
                <option selected>Korea</option>
                <option>English</option>
                <option>China</option>
                <option>Germany</option>
            </optgroup>
            <optgroup label="business">
                <option>Service</option>
                <option>Education</option>
                <option>Communication</option>
                <option>Marketing</option>
            </optgroup>
        </select>
        <p></p>
        <input type="submit" value="선택">
        <input type="reset" value="다시선택">
    </label>
 </form>
</body>
```

〈select〉 태그는 미리 입력된 여러 항목 중 하나를 선택할 수 있도록 지원한다. 만약 사용자가
데이터를 직접 입력하도록 하려면 어떻게 해야 할까? 이때는 〈input〉 태그와 〈datalist〉 태그를
사용한다. 〈datalist〉 태그는 텍스트 입력 시 자동완성 기능을 제공하는 것과 같은 효과를 낸다.
다음 예제를 작성해 실행하고 'Software', 'Robot', 'System', 'Service', 'Education' 등의 단어
를 입력해보자.

```
<body>
    <h3>선택사항을 직접 입력하세요.</h3>
    <form>
        <label>전공 분야를 입력하세요.
            <input type="text" list="majorlist" name="major">
            <datalist id="majorlist">
                <option value="Software">소프트웨어</option>
                <option value="Robot">로봇</option>
                <option value="System">시스템</option>
                <option value="Service">서비스</option>
                <option value="Education">교육</option>
            </datalist>
            <p></p>
            <input type="submit" value="완료">
            <input type="reset" value="다시작성">
        </label>
    </form>
</body>
```

6 날짜와 시간 양식

⟨input type="date"⟩ 입력 폼을 사용하면 년-월-일 단위로 원하는 날짜를 입력할 수 있다. 선택 가능한 날짜 범위를 제한하려면 min 속성과 max 속성을 사용하면 된다. 다음 예제는 프로젝트 수행 시작을 2016년 3월~12월로, 마감을 2018년 3월~6월로 제한한 경우이다.

예제 5-13 날짜/시간 양식 만들기

```html
<body>
    <form>
        <h3>오늘 날짜 입력</h3>
        Today : <input type="date" name="today">
        <h3>프로젝트 수행 기간</h3>
        From : <input type="date" name="from" min="2016-03-01" max="2016-12-31">
        To : <input type="date" name="to" min="2018-03-01" max="2018-06-30">
        <p></p>
        <input type="submit" value="제출">
        <input type="reset" value="다시작성">
    </form>
</body>
```

년-월 단위로 날짜를 입력하려면 type 속성값을 month로, 년-주 단위로 날짜를 입력하려면 type 속성값을 week로 설정하면 된다. 이 경우 1월 첫째 주는 'W01' 값이 반환되며, 12월 마지막 주는 'W52' 값이 반환된다.

```html
<body>
    <form>
        <h3>생일(년/월) 입력</h3>
        생일 : <input type="month" name="birth">
        <h3>주간 계획(년/주) 입력</h3>
        주간 계획 : <input type="week" name="weekeend">
        <p></p>
        <input type="submit" value="제출">
```

```
        <input type="reset" value="다시작성">
    </form>
</body>
```

시간만 입력하려면 type 속성값을 time으로, 년—월—일—시간 단위로 입력하려면 type 속성값을 datetime으로 설정하면 된다.

```
                                                              ch05/13_time.html
<body>
    <form>
        <h3>현재 시간 입력</h3>
        Time : <input type="time" name="Now">
        <h3>생일(년도, 월, 일, 시간) 입력</h3>
        Birthday : <input type="datetime-local" name="bdaytime">
        <p></p>
        <input type="submit" value="제출">
        <input type="reset" value="다시작성">
    </form>
</body>
```

7 색상 선택/숫자 입력/범위 지정 양식

〈input type="color"〉 입력 폼을 사용하면 색상 칩에서 원하는 색상을 선택할 수 있다. 기본으로 선택된 초기 색상값은 value 속성에 정의한다. 다음 예제는 초기 색상값으로 파란색에 해당하는 RGB 16진수 값이 정의된 상태이다.

예제 5-14 색상 선택 양식 만들기   05/14_color.html

```
<body>
    <form>
        <h3>원하는 색상을 선택하세요.</h3>
        <input type="color" name="color_value" value="#0000ff">
        <p×/p>
        <input type="submit" value="선택완료">
        <input type="reset" value="다시선택">
    </form>
</body>
```

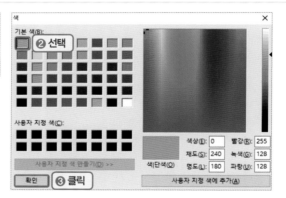

〈input type="number"〉 입력 폼을 사용하면 숫자를 입력할 수 있다. 입력 가능한 숫자 범위는 min 속성과 max 속성을 사용하여 제한한다.

예제 5-15 숫자 입력 양식 만들기   ch05/15_number.html

```
<body>
    <form>
        <h3>나이를 입력하세요.</h3>
        <input type="number" name="count" min="1" max="130">
        <p×/p>
```

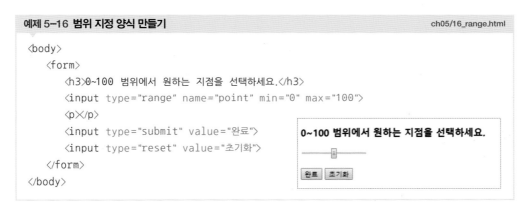

```
        <input type="submit" value="완료">
        <input type="reset" value="초기화">
    </form>
</body>
```

나이를 입력하세요.

20 ⬦

완료   초기화

만약 특정 범위에서 숫자를 선택해야 한다면 〈input type="range"〉 폼을 사용한다. 선택 범위
의 최솟값과 최댓값은 min 속성과 max 속성을 사용하여 지정한다.

예제 5-16 범위 지정 양식 만들기   ch05/16_range.html

```
<body>
    <form>
        <h3>0~100 범위에서 원하는 지점을 선택하세요.</h3>
        <input type="range" name="point" min="0" max="100">
        <p></p>
        <input type="submit" value="완료">
        <input type="reset" value="초기화">
    </form>
</body>
```

0~100 범위에서 원하는 지점을 선택하세요.

완료   초기화

8 이메일/URL/검색어 입력 양식

이메일은 웹에서 많이 입력하는 정보 중 하나이다. 이메일은 전 세계 사용자를 유일하게 식별해
주는 역할을 할 뿐만 아니라, 여러 사용자와 커뮤니케이션은 물론 지속적인 관계를 유지할 수 있
도록 해주는 유용한 정보이다. 이메일 입력 양식은 다음과 같다. 텍스트 상자와 외형은 같지만
이메일 형식에 맞게 정확하게 작성하지 않으면 경고 메시지가 나타난다.

예제 5-17 이메일 입력 양식 만들기   ch05/17_email.html

```
<body>
    <form>
        <h3>이메일을 정확하게 입력하세요.</h3>
        이메일 : <input type="email" name="myemail">
        <p></p>
        <input type="submit" value="제출">
        <input type="reset" value="다시작성">
    </form>
</body>
```

이메일을 정확하게 입력하세요.

이메일 : gosyhong

제출   다시작성   ❗ 이메일 주소에 '@'를 포함해 주세
요. 'gosyhong'에 '@'가 없습니다.

URL은 이메일과 함께 웹에서 자주 입력하는 정보 중 하나이다. 입력 양식은 다음과 같다. 만약 입력한 URL이 http://로 시작하지 않는 등 형식에 맞지 않는다면 새로 입력하라는 메시지가 나타난다.

예제 5-18 **URL 입력 양식 만들기**   ch05/18_url.html

```
<body>
    <form>
        <h3>홈페이지 주소를 입력하세요.</h3>
        홈페이지 : <input type="url" name="myhome">
        <p></p>
        <input type="submit" value="제출">
        <input type="reset" value="다시작성">
    </form>
</body>
```

홈페이지 주소를 입력하세요.

홈페이지 : [cafe]

[제출] [다시작성]   ! URL을 입력하세요.

검색 양식은 검색어를 입력할 때 사용한다. 일반 텍스트 상자와 외형은 같지만 웹 브라우저에서는 일반 텍스트 상자와 검색을 위한 텍스트 상자를 구분하여 사용한다.

예제 5-19 **검색어 입력 양식 만들기**   ch05/19_search.html

```
<body>
    <form>
        <h3>검색어를 입력하세요.</h3>
        구글검색 : <input type="search" name="googlesearch">
        <p></p>
        <input type="submit" value="제출">
        <input type="reset" value="다시작성">
    </form>
</body>
```

검색어를 입력하세요.

구글검색 : [HTML5   x]

[제출] [다시작성]

9 막대 그래프 양식

HTML5에 새로 추가된 태그 중에는 수치를 막대 그래프로 표시하기 위한 태그도 있다. 바로 〈meter〉 태그와 〈progress〉 태그이다. 〈meter〉 태그는 지정된 값을 표현하기 위해 사용하고, 〈progress〉 태그는 다운로드 상태 표시 같이 현재 진행율이 어떻게 되고 있는지를 나타낼 때 사용한다. 이러한 태그를 사용하면 통계 수치나 실숫값의 범위를 막대 그래프로 나타낼 수 있다. 다음 표는 두 태그에 공통으로 사용하는 속성을 정리한 것이다.

표 5-1 〈meter〉 태그와 〈progress〉 태그에 사용하는 속성

속성	설명
value	실제로 측정한 데이터 값이다.
min, max	데이터가 인식하는 최솟값과 최댓값이다. 기본값은 0~1이다.
low, high	허용되는 범위의 최솟값과 최댓값이다. low~high 값은 항상 min~max 값 범위 내에 있다.
optimum	데이터가 가지기 원하는 기댓값이다.

막대 그래프에서 기본값의 범위가 0.0~1.0이기 때문에 속성값의 수치는 모두 1.0 이하의 실숫값을 사용하거나 백분율로 나타낸다. 예를 들어 value 값 0.5 또는 50은 같은 표현이다. 참고로 〈meter〉 태그의 막대 그래프는 value 값이 안정적인 범위 내에 있으면 녹색, 그렇지 않으면 단계적으로 노란색과 빨간색으로 자동 표시된다.

예제 5-20 막대 그래프 양식 만들기   ch05/20_meter.html

```
<body>
    <form>
        <h3>학습량 그래프</h3>
        홍민성 : <meter min="0" max="100" optimum="50" value="60">60 out of 100</
        meter><br>
        송지효 : <meter low="0.3" hign="0.5" value="0.22">22%</meter><br>
        이민정 : <meter low="0.25" high="0.75" optimum="0.8" value="0.2">20%</meter>
        <p></p>
        <h3>작업 진행율</h3>
        초기 작업 : <progress value="22" max="100" title="진행율">22%</progress><br>
        중간 작업 : <progress value="0.77" max="1">77%</progress><br>
        다음 작업 : <progress value="0.98" max="1">98%</progress><br>
    </form>
</body>
```

학습량 그래프

홍민성 :
송지효 :
이민정 :

작업 진행율

초기 작업 :
중간 작업 :
다음 작업 :

10 입력 양식의 주요 속성

지금까지 살펴본 입력 양식에 공통적으로 쓸 수 있는 속성에 대해 알아보자.

■ 읽기 전용 속성 : readonly

텍스트 상자에 쓰기를 제한하고 오직 읽기만 가능하게 하려면 다음과 같이 readonly 속성을 추가한다.

```
<input type="text" name="name" readonly>
```

■ 비활성화 속성 : disabled

텍스트 상자를 비활성화시키려면 다음과 같이 disabled 속성을 추가한다.

```
<input type="text" name="name" disabled>
```

■ 자동 완성 속성 : autocomplete

autocomplete 속성값을 on으로 설정하면 이전에 사용했던 데이터를 기준으로 입력 중인 텍스트에 자동 완성 기능을 적용할 수 있다. 주로 텍스트나 검색어 URL, E-mail, 비밀번호 입력 시 사용한다.

```
<input type="email" name="email" autocomplete="on">
```

■ **자동 포커스 속성 : autofocus**

autofocus는 현재 페이지가 로드될 때 처음으로 입력하고자 하는 폼을 선택하는 속성이다. 예를 들어 다음과 같이 inputname 폼에 autofocus를 지정하면 이름을 입력하는 텍스트 상자에 포커스가 지정된다.

```
<input type="text" name="inputname" autofocus>
```

■ **플레이스 홀더 속성 : placeholder**

placeholder는 현재 폼에 입력해야 하는 텍스트를 희미하게 보여주는 속성이다. 일종의 힌트 같은 역할을 한다.

```
<input type="text" name="name" placeholder="이름을 입력하세요">
```

■ **필수 입력 속성 : required**

required는 반드시 데이터가 입력되어야 하는 폼을 지정하는 속성이다.

```
<input type="text" name="usrname" required>
```

■ **오타 체크 속성 : spellcheck**

spellcheck 속성값을 true로 설정하면 입력되는 문장의 오타를 실시간으로 점검할 수 있다. 영문 텍스트에만 적용되며, 보통 〈textarea〉 태그에 많이 사용된다.

```
<textarea cols="30" rows="5" spellcheck="true">
```

위 속성을 적용하여 다음 예제를 실습해보자.

예제 5-21 공통 속성 사용하기　　　　　　　　　　　　　　　　　　　　ch05/21_newattr.html

```html
<body>
    <h2>HTML5 입력 양식의 주요 속성을 연습해 봅시다.</h2>
    <form>
        <p>쓰기가능 : <input type="text" name="name" size = "20" placeholder="이름을
        입력하세요" autofocus></p>
        <p>읽기전용 : <input type="text" name="name" size = "10" readonly></p>
        <p>사용안함 : <input type="text" name="name" size = "10" disabled></p>
        <p>자동완성 : <input type="text" name="name" size = "10" autocomplete="on"
        required></p>
        <textarea cols="50" rows="3" spellcheck="true">오타를 체크합니다.</textarea>
        <p></p>
        <input type="submit" value="전송">
        <input type="reset" value="다시작성">
    </form>
</body>
```

HTML5 입력 양식의 주요 속성을 연습해봅시다.

쓰기가능 : 이름을 입력하세요

읽기전용 :

사용안함 :

자동완성 :

오타를 체크합니다　　⚠ 이 입력란을 작성하세요.

[전송]　[다시작성]

03 공간 분할 태그

웹 문서에서 공간을 분할하는 방법은 크게 두 가지다. 첫 번째는 프레임(frame)이라는 공간으로 나누어서 분할하는 방법이다. 이를 위해 기존의 HTML에서 〈frame〉 태그를 사용하였으나 HTML5에서는 〈frame〉 태그를 더 이상 지원하지 않는다. 대신 공간을 분할하는 〈div〉 태그와 〈span〉 태그를 사용한다. 두 번째는 웹 문서 내에 또 다른 웹 문서를 내포하는 방식으로 공간을 분할하는 방법이다. 이를 위해 HTML5에서는 〈iframe〉이라는 태그를 사용한다. 이 두 가지 방법을 활용하여 어떻게 웹 문서의 공간을 분할하는지 살펴보자.

1 div와 span

〈div〉 태그와 〈span〉 태그는 공간을 분할하기 위해 사용하는 태그로 공간을 전체적으로 분할하여 사용할 것인지, 일부 영역만 분할하여 사용할 것인지에 따라 다르게 사용된다.

- **〈div〉 태그** : 웹 브라우저 전체 공간에 대해 분할한다. 이를 '블록(block) 형식으로 분할한다'라고 한다.
- **〈span〉 태그** : 웹 브라우저의 일부 영역만 분할한다. 이를 '인라인(inline) 형식으로 분할한다'라고 한다.

예제 5-22 div와 span 태그로 공간 분할하기　　　　　　　　　　　　　　　ch05/22_div1.html

```
<body>
    <h3>div 공간 분할</h3>
    <div style="background-color: #FFFF00;">div 첫 번째 영역입니다.</div>
    <div style="background-color: #00FF00;">div 두 번째 영역입니다.</div>
    <div style="background-color: #FF00FF;">div 세 번째 영역입니다.</div>
    <p/>
    <h3>span 공간 분할</h3>
    <span style="background-color: #FFFF00;">span 첫 번째 영역입니다.</span>
    <span style="background-color: #00FF00;">span 두 번째 영역입니다.</span>
    <span style="background-color: #FF00FF;">span 세 번째 영역입니다.</span>
</body>
```

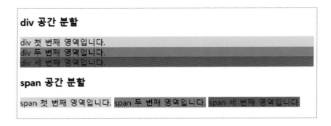

〈div〉 태그는 〈div〉 태그 혹은 〈span〉 태그를 포함하여 작성할 수 있으며, 각 태그의 속성으로 id 혹은 class를 지정하여 스타일 시트(CSS)를 적용한 디자인 설계를 할 수도 있다. 자세한 내용은 7장에서 살펴보기로 한다. 다음 예제는 〈div〉 태그와 〈span〉 태그를 조합하여 공간 분할을 한 사례이다.

```
                                                              ch05/22_div2.html
<body>
    <h3>div/span 공간 분할 조합</h3>
        <div style="height: 70px; background-color: #FFFF00;">머리말 영역</div>
        <div style="height: 50px; background-color: #FF00FF;">본문 영역</div>
        <span style="background-color: #FF0000;">왼쪽 텍스트 영역</span>
        <span style="background-color: #FFFFFF;">가운데 텍스트 영역</span>
        <span style="background-color: #0000FF;">오른쪽 텍스트 영역</span>
        <div style="height: 40px; background-color: #FFFF00;">꼬리말 영역</div>
</body>
```

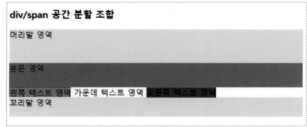

2 iframe

〈iframe〉 태그는 'inline frame'에서 온 말로 하나의 웹 문서 안에 또 다른 웹 문서를 표시할 때 사용한다. 다음과 같이 src 속성에 HTML5 파일명 혹은 URL을 적으면 된다.

```
<iframe src="HTML5 파일명">내용</iframe>
또는
<iframe src="URL">내용</iframe>
```

〈iframe〉 태그에 사용되는 속성은 다음과 같다.

- **width/height** : 프레임의 가로와 세로 길이를 지정한다. 기본 단위는 픽셀이지만 퍼센트로도 지정할 수 있다.

- **name** : 다른 영역에서 링크를 걸 수 있게 아이프레임에 이름을 지정할 때 사용하는 속성이다. 다른 영역에서는 〈a〉 태그의 target 속성을 사용하여 원하는 아이프레임을 선택한다.

- **frameborder** : 프레임 테두리의 두께를 설정한다. 이 값을 0으로 설정하면 테두리가 보이지 않는다.

- **scrolling** : 프레임에 스크롤바를 표시한다. 기본값은 "yes"이지만 scrolling="no"로 설정하면 프레임에 스크롤바가 생기지 않는다.

예제 5-23 iframe 태그로 공간 분할하기   ch05/iframe.html

```
<!DOCTYPE html>
<html>
<head>
    <title>iframe</title>
</head>
<body>
    <h3>iframe 공간 분할 예제</h3>
    <div style="background-color: #FFFF00;">
        <span>
            <a href="intro.html" target="if_a">인사말</a> |
        </span>
        <span>
            <a href="lecture.html" target="if_a">강좌 소개</a> |
        </span>
        <span>
            <a href="info.html" target="if_a">저자 소개</a> |
        </span>
        <span>
            <a href="http://cafe.naver.com/go2web" target="if_b">저자 홈페이지</a>
```

```
          </span>
      </div>
      <p/>
      <iframe src="basic.html" width="400" height="200" name="if_a"
      frameborder="0"></iframe>
      <iframe src="basic.html" width="400" height="200" name="if_b" scrolling="no"></
      iframe>
      <div style="background-color: #FFFF00;">한빛 아카데미(주)</div>
  </body>
  </html>
```

```
<!DOCTYPE html>
<html>
<head>
    <title>iframe</title>
</head>
<body>
    이곳은 iframe 영역입니다.
</body>
</html>
```

```
<!DOCTYPE html>
<html>
<head>
    <title>인사말</title>
</head>
<body>
    안녕하세요.<p/>
    웹 프로그래밍 저자 홍성용입니다.<p/>
    질문이 있으면 cafe.naver.com/go2web 게시판에 남겨주세요.<p/>
    감사합니다.
</body>
</html>
```

```
                                                                        ch05/lecture.html
<!DOCTYPE html>
<html>
<head>
    <title>강좌 소개</title>
</head>
<body>
    강좌명 : 웹 프로그래밍(Web Programming)<p/>
    학습주제 : HTML5, CSS3, JavaScripts, Jquery<p/>
</body>
</html>
```

```
                                                                        ch05/info.html
<!DOCTYPE html>
<html>
<head>
    <title>저자 소개</title>
</head>
<body>
    홍성용<p/>
    gowebprogram@gmail.com
</body>
</html>
```

▲ iframe.html 실행

▌ 요약

01 폼 태그

웹 양식은 웹 문서와 사용자 사이에서 원하는 정보를 주고받을 수 있도록 인터페이스를 제공한다. 폼 태그(form tag)는 이러한 웹 양식을 만드는 데 사용하는 태그이다.

02 GET 방식과 POST 방식

• **GET 방식** : 웹 서버와 클라이언트가 통신을 할 때 URL 뒤에 파라미터를 붙여서 데이터를 전달하는 방식이다.

• **POST 방식** : HTTP Request 헤더에 파라미터를 붙여서 데이터를 전송하는 방식이다.

03 입력 양식 태그

• **제출/초기화 양식** : 제출 양식은 입력 데이터를 처리하기 위한 버튼을 정의하고, 초기화 양식은 초기화 (reset) 버튼을 정의한다.

• **텍스트/비밀번호 입력 양식** : 텍스트 입력 양식은 기본적인 텍스트를 입력할 때 사용하고, 비밀번호 입력 양식은 사용자의 비밀번호를 입력할 때 사용한다.

• **텍스트 공간 입력/필드셋 양식** : 텍스트 공간 입력 양식은 텍스트를 여러 줄에 걸쳐 자유롭게 입력할 때 사용하고, 필드셋 양식은 입력 폼이 여러 개 있을 때, 경계선을 그려서 하나의 그룹으로 만들 때 사용한다.

• **라디오/체크박스/버튼 양식** : 라디오 양식은 사용자가 여러 항목 중 하나만 선택할 때 사용하고, 체크박스 양식은 사용자가 동시에 여러 항목을 선택할 때 사용한다. 버튼 양식은 〈button〉 태그 혹은 〈input〉 태그를 사용하여 버튼을 정의한다.

• **선택 목록 양식** : 펼침 목록에서 한 가지만 선택할 수 있도록 지원하는 양식이다.

• **날짜와 시간 양식** : 원하는 날짜 또는 시간을 입력할 때 사용한다.

• **색상 선택/숫자 입력/범위 지정 양식** : 색상 선택 양식은 색상 칩에서 원하는 색상을 선택할 때, 숫자 입력 양식은 숫자를 입력할 때, 범위 지정 양식은 특정 범위에서 숫자를 선택해야 할 때 사용한다.

• **이메일/URL/검색어 입력 양식** : 이메일, 인터넷 URL, 검색어를 입력할 때 사용한다.

• **막대 그래프 양식** : 수치를 막대 그래프로 표시할 때 사용한다.

04 공간 분할 태그

웹 문서에서 공간을 분할하는 방법은 두 가지다. 첫 번째는 프레임으로 나누어서 분할하는 방법으로 〈div〉 태그와 〈span〉 태그를 사용한다. 두 번째는 웹 문서 내에 또 다른 웹 문서를 내포하는 방식으로 공간을 분할하는 방법으로 〈iframe〉 태그를 사용한다.

◤ 연습문제

01 〈iframe〉에서 새로운 페이지가 보이도록 위치를 지정하는 속성은?

① href   ② target

③ src   ④ name

02 폼이 여러 개 있을 때 경계선을 그려서 하나의 그룹으로 만들 때 사용하는 폼 타입은?

① fieldset   ② grouping

③ textarea   ④ label

03 페이지의 영역을 나누는 방법 중 블록 형식에 대한 설명으로 옳지 <u>않은</u> 것은?

① 페이지의 새로운 줄에서 시작하여 화면의 최대 너비를 갖는다.

② 인라인 레벨의 형식뿐만 아니라 다른 블록 형식을 포함할 수 없다.

③ 영역을 분리할 때 서로 연관성 있는 콘텐츠들을 묶어 그룹을 만든다.

④ id와 class 속성으로 해당 그룹에 이름을 부여할 수 있다.

04 다음과 같이 개인 정보 입력을 위한 다양한 입력 폼으로 구성된 HTML 문서를 작성하시오.

05 서버에 데이터를 전달하는 방법으로 GET 방식과 POST 방식을 설명하시오.

06 웹 페이지 공간을 분할하는 두 가지 방식에 대하여 설명하시오.

07 다음과 같이 W3C에 관한 백과사전 웹 페이지를 〈iframe〉과 공간 분할 태그를 활용하여 출력하는 HTML 문서를 작성하시오. 상단의 각 메뉴를 클릭하면 해당 공간에 자료를 출력하도록 한다. 즉 프레임 공간은 세 개로 구분하여, 첫 번째는 W3C 소개 글이, 두 번째는 로고 이미지가, 세 번째는 W3C 웹 사이트가 출력되도록 한다.

▲ 초기 화면

▲ 자료 출력 화면

CSS3 이해와 활용

Chapter 06
CSS3 기본 사용법과 선택자

학습목표

▸ 웹 문서 내에서 CSS의 필요성을 이해하고 설명할 수 있다.

▸ CSS3의 정의 문법, 웹 문서 내 사용 위치, 중복 정의됐을 경우 우선순위를 설명할 수 있다.

▸ CSS3 선택자의 종류를 알고 웹 문서 작성 시 활용할 수 있다.

01 CSS3 개요

1 CSS3 소개

HTML 태그를 이용하여 웹 문서를 설계하고 변경하는 데에는 많은 제약이 따른다. 문서의 전체적인 구조와 틀은 태그로 정의할 수 있지만 화면에 표현되는 다양한 스타일은 정의할 수 없기 때문이다. 스타일시트(Style Sheets)는 이런 문제점을 보완하고 웹 문서에 다양한 레이아웃과 장식을 하기 위하여 사용한다.

CSS3는 스타일 시트 표준안으로, 웹 문서에 글꼴, 색상, 정렬과 각 요소의 배치 방법 등과 같은 디자인 요소를 적용하는 데 사용한다. 예를 들어, 텍스트의 단락을 조절하거나 정렬 방법을 선택하여 배치하고 표의 테두리 모양을 선택하는 것도 스타일 시트를 어떻게 조절하느냐에 따라 달라진다. CSS3는 선택자, 속성, 속성값으로 구성된다.

- **선택자(Selector)** : 스타일 시트를 적용할 대상을 지정한다.
- **속성(Property)** : 어떤 속성을 적용할지 선택한다.
- **속성값(Value)** : 속성에 어떤 값을 반영할지 선택한다.

그림 6-1 CSS3의 구성

2 CSS의 모듈별 발전 과정

CSS의 초창기 버전인 CSS1은 1996년 W3C에서 발표했으며, 웹 문서의 단순한 글꼴, 텍스트 정렬 방식, 마진 등을 정의하는 데 사용되었다. CSS2는 1998년에 발표되어 거의 모든 브라우저에서 사용되었는데, 글꼴 규정 및 현재 사용되고 있는 CSS의 모든 규격 등이 이 버전에서 시작되었다.

HTML5에서는 CSS3를 기본으로 사용한다. CSS3와 CSS2의 가장 큰 차이점은 CSS3가 모듈 기반으로 지원된다는 점이다. 이는 각종 브라우저나 디바이스에 원하는 CSS 모듈만 탑재하거나 필요한 모듈만 빠르게 업데이트할 수 있도록 지원하는 기능이다. CSS3는 text, fonts, color, backgrounds & borders, transforms, transitions, animations과 같은 종류의 모듈을 추가로 지원한다. CSS3는 기존의 CSS2가 갖지 못했던 화려하고 역동적인 표현을 추가하여 자바스크립트 같은 서버 측 기술에만 의존하던 영역들을 추가로 지원한다.

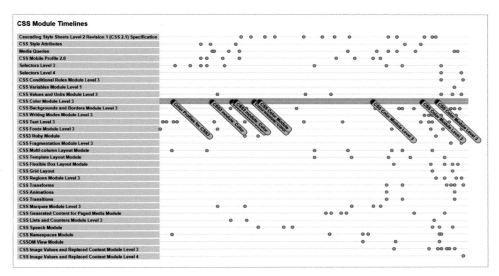

그림 6-2 CSS 모듈별 변천 문서

NOTE_ CSS 표준 문서에 대한 자세한 내용은 http://www.w3.org/TR/REC-CSS1 사이트에서, CSS 모듈별 문서에 대한 자세한 내용은 http://meyerweb.com/eric/css/timelines 사이트를 참고한다.

3 CSS의 필요성

HTML이 처음 나왔을 때는 CSS가 없어 모든 웹 문서가 HTML로만 이루어져 있었다. 하지만 웹 사이트 이용자 수가 늘고 규모가 커지기 시작하면서 태그들이 원래 의도했던 쓰임새와 다르게 사용되기 시작했다. 예를 들면 표를 만들기 위한 〈table〉 태그를 이용해 웹 문서의 레이아웃을 정의하는 식이었다.

태그가 디자인 등 다른 용도로 사용되기 시작하면서 웹 문서의 사이즈가 커지고 쓸모 없는 코드가 늘어났다. 이에 따라 웹 사이트 관리가 불편해졌고 네트워크 트래픽 부담도 늘어났다. 이러한 문제점을 해결하고자 하나의 웹 문서에서 문서 작성 담당과 디자인 담당을 나누었다. 즉 문서 작성은 HTML이, 디자인은 CSS가 맡게 된 것이다. 이렇게 분리하면 어떤 장점이 있는지 살펴보자.

- **내용과 디자인 수정이 용이** : 웹 문서의 내용과 디자인이 분리되어 있어 문서의 내용만 수정할 때는 디자인에 영향을 주지 않고, 디자인을 수정할 때는 문서의 구조나 내용에 영향을 주지 않는다.

- **다양한 기능으로 확장 가능** : HTML은 단순한 디자인 기능만 제공한다. 그러나 CSS를 사용하면 글자에 다양한 글꼴을 적용하거나, 특정 요소의 배치 및 색상을 조정하거나, 이미지 변경 등을 다채롭게 할 수 있다.

- **통일된 문서 양식 제공** : HTML에서는 각 태그의 속성값을 하나하나 지정해야 했지만 CSS의 그룹 기능을 사용하면 한번의 속성 정의로 여러 태그에 같은 속성값을 일괄적으로 적용할 수 있다.

- **전송 및 로딩 시간의 단축** : 작성된 CSS를 활용하여 속성값이 한번 로딩되어 메모리에 저장되면, 이후 사용되는 동일한 속성을 위한 코드는 필요하지 않다. 즉 불필요하게 코드를 확장할 필요가 없어 브라우저가 네트워크를 통한 웹 문서를 전송하고 로딩하는 데 걸리는 시간을 단축할 수 있다.

02 CSS3 기본 사용법

1 CSS 정의 문법

CSS는 데이터의 디자인을 책임지는 스타일 언어이다. 따라서 어떤 태그 혹은 속성에 어떤 디자인을 적용할 것인지 선택해야 한다. [그림 6-3]은 CSS 정의 문법을 나타낸 것이다. 선언 블록 중심으로 앞에는 선택자를 적고, 블록 내에는 속성과 속성값을 '{ 속성: 속성값; }' 형태로 정의한다.

그림 6-3 CSS의 정의 문법

다음은 〈p〉 태그가 쓰인 곳의 글자색을 모두 파란색으로 하는 구문이다. 만약 이러한 형태로 선언하지 않으면 〈p〉 태그가 쓰인 곳을 일일이 찾아 색상을 지정해야 할 것이다.

```
p { color: blue; }
```

다음은 하나의 태그에 여러 가지의 속성값을 설정한 것이다. 〈p〉 태그가 쓰인 곳의 글자색은 파란색, 배경색은 노란색으로 설정하였으며, 방법 1과 같이 한 줄로 써도 되고 방법 2와 같이 여러 줄로 써도 된다(가독성을 고려하면 방법2를 권장한다). 세미콜론(;)은 속성과 속성값의 쌍을 구분하는 역할을 하며 마지막 속성값 다음에는 생략할 수 있다.

```
/* 한 줄로 작성 */
p { color: blue; background-color: yellow; }
```

▲ 방법 1

```
p { /* 여러 줄로 작성 */
    color: blue;
    background-color: yellow;
}
```

▲ 방법 2

CSS의 주석(comments)은 /* … */ 와 같이 사용한다. CSS 문서 내 어느 위치에서도 사용할 수 있으며, 웹 브라우저에서 처리되지 않기 때문에 사용하지 않는 CSS 구문을 임시로 중지할 때 쓰기도 한다.

2 CSS의 사용 위치

웹 문서에 CSS를 적용하는 방법은 인라인 스타일 시트, 내부 스타일 시트, 외부 스타일 시트의 세 가지 방법이 있다. 각각 사용 위치는 모두 다르지만 결과는 같다. 웹 문서의 특성에 따라 가장 적합한 방법을 선택하여 사용하면 된다.

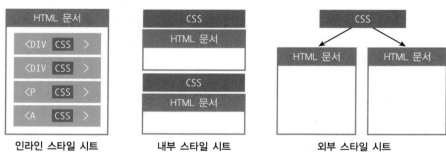

그림 6-4 CSS 작성 방법

- **인라인 스타일 시트(inline style sheet)** : 스타일 시트를 HTML 태그 안에 직접 지정하는 방법이다. 웹 문서 내 부분적으로 적용할 스타일을 간편하게 지정할 수 있어 편리하다. 하지만 궁극적으로 스타일 시트를 사용하여 얻는 장점을 발휘할 수 없으므로 꼭 필요한 경우에만 사용하도록 한다.
- **내부 스타일 시트(internal style sheet)** : HTML 문서의 〈head〉 태그 안에 스타일 시트를 지정하는 방법이다. 웹 문서 내 지정된 태그에만 적용되므로 문서마다 스타일을 다르게 할 때 사용하면 편리하다.
- **외부 스타일 시트(external style sheet)** : 확장자가 '.css'인 스타일 시트 파일을 따로 만들어 HTML 문서에 〈link〉 태그로 연결하는 방법이다. 〈link〉 태그의 type 속성은 외부 파일의 종류가 CSS임을 정의하며, rel 속성은 HTML 문서와 외부 CSS 문서 간의 관계를 정의한다. href 속성은 외부에 있는 CSS 파일의 위치, 즉 URL을 나타낸다. 이러한 방법으로 스타일 시트를 작성하면 여러 HTML 문서에 동일한 스타일을 적용할 수 있다.

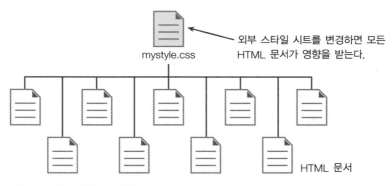

외부 스타일 시트를 변경하면 모든
HTML 문서가 영향을 받는다.

mystyle.css

HTML 문서

그림 6-5 외부 스타일 시트 적용

다음 예제는 위에서 소개한 세 가지 스타일 시트 적용 방법을 모두 사용한 예이다.

예제 6-1　스타일 시트 사용 위치 확인하기　　　　　ch06/01_cssstyle_external.css

```css
p3 {
    color: green;
    background-color: yellow;
}
```

ch06/01_css_apply.html

```html
<head>
    <!-- 외부 스타일 시트 적용 방법 -->
    <link type="text/css" rel="stylesheet" href="01_cssstyle_external.css"></link>
    <style>
        p2 {       /* 내부 스타일 시트 적용 방법 */
            color: blue;
        }
    </style>
</head>
<body>
    <!-- 인라인 스타일 시트 적용 방법 -->
    <p1 style="color: red;">인라인 스타일 시트 적용</p1><br>
    <p2>내부 스타일 시트 적용</p2><br>
    <p3>외부 스타일 시트 적용</p3><br>
</body>
```

인라인 스타일 시트 적용
내부 스타일 시트 적용
외부 스타일 시트 적용

3 CSS의 우선순위

하나의 태그에 세 가지 스타일 시트 적용 방법을 모두 사용하였다면, 어떤 순서대로 적용될까? 스타일 시트는 우선순위에 따라서 단계적으로 적용되는데 우선순위가 가장 높은 것은 인라인 스타일 시트이고, 다음은 내부 스타일 시트이며, 우선순위가 가장 낮은 것은 외부 스타일 시트이다. 외부 스타일 시트보다 우선순위가 낮은 방법은 웹 브라우저에 기본값으로 설정된 스타일이 적용되는 것이다.

그림 6-6 CSS 적용 우선순위

만약 하나의 요소에 인라인 스타일 시트가 중복 정의되면 제일 마지막에 설정된 값이 적용된다. 다음의 경우 결괏값은 빨간색이다.

```
p { color: blue; }
p { color: red; }
```

이러한 원리는 내부 스타일 시트와 외부 스타일 시트를 함께 사용할 때도 나타난다. 일반적으로 내부 스타일 시트의 우선순위가 높지만, HTML 문서상에서 내부 스타일 시트를 정의한 후 외부 스타일 시트를 정의했다면 CSS 적용 우선순위와 상관없이 나중에 정의된 외부 스타일 시트가 최종적으로 적용된다.

CSS 적용 우선순위와 상관없이 속성을 강제로 적용할 수 있는 방법도 있다. 다음과 같이 중요도 (!important) 표시를 설정해놓으면 빨간색이 아닌 파란색이 적용된다.

```
p { color: blue!important; }
p { color: red; }
```

다음 세 가지 HTML 문서를 작성하여 실행해보고 어떤 차이점이 있는지 살펴보자.

예제 6-2 CSS 적용 우선순위 살펴보기   ch06/02_css_override.css

```css
p {
    color: green;
    background-color: yellow;
}
```

ch06/02_css_override1.html

```html
<head>
    <!-- 외부 스타일 시트를 정의하는 위치가 중요 -->
    <link type="text/css" rel="stylesheet" href="02_css_override.css"></link>
    <style>
        p { color: blue; }
        p { color: yellow; }
        p { color: red; }
    </style>
</head>
<body>
    <p>CSS가 중복 정의된 경우 어떤 것이 적용될까?</p>
</body>
```

CSS가 중복 정의된 경우 어떤 것이 적용될까?

ch06/02_css_override2.html

```html
<head>
    <style>
        p { color: blue; }
        p { color: yellow; }
        p { color: red; }
    </style>
    <!-- 외부 스타일 시트를 정의하는 위치가 중요(최종 적용) -->
    <link type="text/css" rel="stylesheet" href="02_css_override.css"></link>
</head>
<body>
    <p>CSS가 중복 정의된 경우 어떤 것이 적용될까?</p>
</body>
```

CSS가 중복 정의된 경우 어떤 것이 적용될까?

```
                                                                ch06/02_css_override3.html
<head>
    <style>
        p { color: blue!important; }
        p { color: yellow; }
        p { color: red; }
    </style>
    <!-- 외부 스타일 시트를 정의하는 위치가 중요 (최종 적용) -->
    <link type="text/css" rel="stylesheet" href="02_css_override.css"></link>
</head>
<body>
    <p>CSS가 중복 정의된 경우 어떤 것이 적용될까?</p>
</body>
```

CSS가 중복 정의된 경우 어떤 것이 적용될까?

[예제 6-2]에서 살펴본 세 가지 HTML 문서는 모두 〈p〉 요소에 중복으로 스타일을 적용하고 있다. 각 문서에 최종적으로 적용된 속성값은 다음과 같다.

표 6-1 예제 6-2 결과 분석

css_override1.html	css_override2.html	css_override3.html
background-color: yellow; color: red;	background-color: yellow; color: green;	background-color: yellow; color: blue;

03 CSS3 선택자

선택자(selector)는 HTML의 특정 태그 하나를 선택하거나 또는 여러 개를 동시에 선택할 때 사용한다. 앞서 살펴본 예제에서는 〈p〉 태그의 속성값을 변경하였는데, 여기서 〈p〉 태그가 선택자가 된다. CSS에는 이러한 선택자가 다양하게 제공된다.

1 기본 선택자

다음 표는 기본 선택자를 설명한 것이다.

표 6-2 CSS의 기본 선택자

종류	사용 방법	설명
전체 선택자	* { 속성선언; }	모든 태그에 스타일을 적용한다.
타입 선택자	태그 { 속성선언; }	지정한 태그에 스타일을 적용한다.
클래스 선택자	.클래스 이름 { 속성선언; }	지정한 클래스에 스타일을 적용한다.
아이디 선택자	#아이디 { 속성선언; }	지정한 아이디에 스타일을 적용한다.
속성 선택자	[속성] { 속성선언; } [속성=값] { 속성선언; }	지정한 속성 또는 속성값이 있는 태그에 스타일을 적용한다.

> **NOTE_** 선택자 스타일의 표준 사양에 대한 자세한 정보는 http://www.w3.org/TR/css3-selectors 사이트를 참고한다.

1.1 전체 선택자

전체 선택자(universal selector)는 * 기호로 표시되며, 웹 문서에 있는 모든 태그에 스타일을 적용할 때 사용한다.

```
* { 속성선언; }
```

```html
<head>
    <style>
     * {
          color: red;
          background-color: yellow;
          font-size: 13px;
     }
    </style>
</head>
<body>
    <h1>Universal Selector</h1>
    <h2>모두 같은 색상, 같은 크기</h2>
    <h3>전체적으로 동시에 스타일 적용</h3>
    <p>모든 데이터에 적용</p>
</body>
```

Universal Selector

모두 같은 색상, 같은 크기

전체적으로 동시에 스타일 적용

모든 데이터에 적용

NOTE_ CSS에서 속성값의 단위를 작성할 때에는 공백이 있으면 안 된다. font-size: 13px; 의 경우 13과 px을 붙여서 작성해야 한다.

1.2 타입 선택자

타입 선택자(type selector)는 가장 기본적인 선택자이다. HTML에는 〈p〉, 〈h1〉, 〈div〉, 〈table〉 등 다양한 태그가 있는데, 특정 태그에 스타일을 적용할 때 사용한다.

```
태그 { 속성선언; }
```

```html
<head>
    <style>
        h1 { background-color: yellow; }
        h2 { background-color: green; }
        h3 { background-color: pink; }
        p { color: red; }
    </style>
</head>
<body>
    <h1>Type Selector</h1>
    <h2>Type Selector</h2>
    <h3>Type Selector</h3>
    <p>각 요소에 다르게 적용</p>
</body>
```

1.3 클래스 선택자

타입 선택자를 이용하면 같은 태그에 같은 스타일을 적용할 수 있지만, 같은 태그라도 서로 다른 스타일을 적용해야 할 경우가 있다. 이때 사용하는 선택자가 클래스 선택자(class selector)이다. 클래스 선택자를 사용할 때는 .(dot)을 이용하여 클래스 이름을 정의한 후 사용한다. 클래스 이름을 정의할 때는 태그 이름과 겹치지 않고 쉽게 기억할 수 있는 이름으로 짓는다.

```
.클래스 이름 { 속성선언; }
```

클래스 선택자를 '.classname' 형태로 사용하면 해당 클래스 이름을 가진 모든 태그에 스타일을 지정할 수 있다. 또한 '태그.클래스 이름' 형태로 사용하면 지정된 태그 중 해당 클래스 이름을 가진 태그에만 스타일을 지정할 수 있다.

```
<head>
    <style>
        .class1 {
            color: blue;
            background-color: yellow;
        }
        .class2 {
            color: red;
            background-color: green;
        }
        h3.class1 {
            color: navy;
            background-color: pink;
        }
    </style>
</head>
<body>
    <h1 class="class1">Class 1 입니다.</h1>
    <p class="class1">Class 1 입니다.</p>
    <h1 class="class2">Class 2 입니다.</h1>
    <p class="class2">Class 2 입니다.</p>
    <h3 class="class1">Element+Class Selector</h3>
</body>
```

1.4 아이디 선택자

아이디 선택자(ID selector)는 클래스 선택자와 마찬가지로 웹 문서의 특정 부분에 스타일을 적용할 때 사용한다. # 기호를 사용하여 id를 부여하면 특정한 태그를 고유하게 식별하여 스타일을 적용할 수 있다. 아이디 선택자는 여러 문서에서 사용할 수 있지만, 태그의 정체성을 나타내기 때문에 각 문서 안에서는 하나의 태그에만 사용해야 한다.

```
#아이디 { 속성선언; }
```

클래스 선택자와 아이디 선택자는 글자의 스타일, 문서의 레이아웃, 서식 등을 지정하기 위해 사용되는 공통점이 있다. 차이점은 아이디 선택자는 스타일을 지정할 때 한 가지만 지정해서 사용하고, 클래스 선택자는 그룹으로 묶어서 스타일을 지정할 때 사용한다는 점이다. 두 선택자의 명칭을 붙일 때는 문자와 숫자를 사용하여 의미 있게 작성하면 된다. 단, 숫자로 시작하는 명칭은 사용할 수 없다.

예제 6-6   아이디 선택자 사용하기   ch06/06_css_id.html

```html
<head>
    <style>
        #id1 {
            color: blue;
            background-color: pink;
        }
        #id2 {
            color: blue;
            background-color: yellow;
        }
        h2#id1 {
            color: red;
            background-color: green;
        }
    </style>
</head>
<body>
    <h1 id="id1">ID1 선택자</h1>
    <p id="id1">ID1 선택자</p>
    <h1 id="id2">ID2 선택자</h1>
    <p id="id2">ID2 선택자</p>
    <h2 id="id1">Element+ID Selector</h2>
</body>
```

ID1 선택자

ID1 선택자

ID2 선택자

ID2 선택자

Element + ID Selector

NOTE_ 아이디 선택자 사용 시 한 문서 내에 같은 아이디 속성값을 사용하지 않을 것을 권장한다. 자바스크립트와 같은 문서 조작 프로그램을 실행할 때 문제가 발생할 수 있기 때문이다.

1.5 속성 선택자

속성 선택자(attribute selector)는 특정 속성 또는 속성값을 가진 태그에 스타일을 적용할 때 사용한다. 대괄호([ ])를 사용하여 원하는 속성 또는 속성값을 지정한다.

```
[속성] { 속성선언; }
[속성=값] { 속성선언; }
```

예제 6-7 속성 선택자 사용하기   ch06/07_css_attr.html

```
<head>
    <style>
        h1[text] {
            color: red;
            background-color: gray;
        }
        p[text] {
            color: blue;
            background-color: yellow;
        }
        h1[text="attr3"] {
            color: green;
            background-color: pink;
        }
    </style>
</head>
<body>
    <h1 text="attr1">text 속성 이름 선택자</h1>
    <h1 text="attr2">text 속성 이름 선택자</h1>
    <p text="attr3">text 속성 이름 선택자</p>
    <h1 text="attr3">속성과 속성값 선택자</h1>
    <p>속성 선택 없음</p>
</body>
```

속성 선택자는 다음과 같은 다양한 형식으로 사용할 수 있다.

표 6-3 속성 선택자의 형식

형식	설명	사용 예
[속성]	해당 속성이 정의된 모든 태그를 선택한다. 속성의 값과는 무관하다.	p[text]
[속성=값]	정의된 속성과 속성값이 동일한 태그를 선택한다.	p[text="red"]
[속성~=값]	공백으로 구분된 속성값 목록 중 하나가 주어진 값과 동일한 태그를 선택한다.	p[text~="red blue"]
[속성|=값]	속성값이 해당 값과 동일하거나, 또는 주어진 값으로 시작하고 '-' 기호로 이어지는 값을 가진 태그를 선택한다.	p[text|="red-blue"]
[속성^=값]	속성값이 주어진 값으로 시작하는 태그를 선택한다.	p[text^="img"]
[속성$=값]	속성값이 주어진 값으로 끝나는 태그를 선택한다.	p[text$=".png"]
[속성*=값]	속성값이 주어진 값을 부분 문자열로 가지는 태그를 선택한다.	p[text*="ong"]

예제 6-8 속성 선택자 사용 형식 살펴보기　　　　　　　　　　　ch06/08_css_text.html

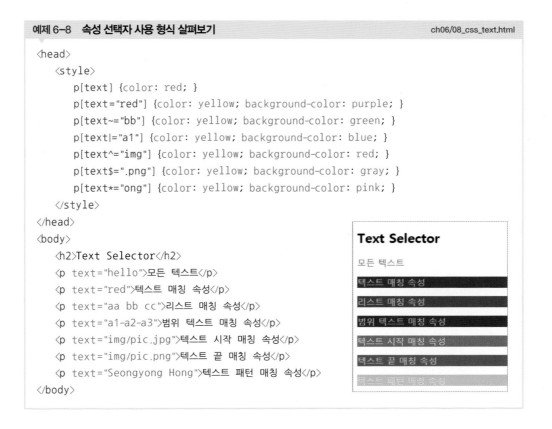

```
<head>
    <style>
        p[text] {color: red; }
        p[text="red"] {color: yellow; background-color: purple; }
        p[text~="bb"] {color: yellow; background-color: green; }
        p[text|="a1"] {color: yellow; background-color: blue; }
        p[text^="img"] {color: yellow; background-color: red; }
        p[text$=".png"] {color: yellow; background-color: gray; }
        p[text*="ong"] {color: yellow; background-color: pink; }
    </style>
</head>
<body>
    <h2>Text Selector</h2>
    <p text="hello">모든 텍스트</p>
    <p text="red">텍스트 매칭 속성</p>
    <p text="aa bb cc">리스트 매칭 속성</p>
    <p text="a1-a2-a3">범위 텍스트 매칭 속성</p>
    <p text="img/pic.jpg">텍스트 시작 매칭 속성</p>
    <p text="img/pic.png">텍스트 끝 매칭 속성</p>
    <p text="Seongyong Hong">텍스트 패턴 매칭 속성</p>
</body>
```

2 가상 선택자

웹 문서에서 사용하는 태그 중에는 눈에 보이지 않는 속성을 가진 태그도 있다. 예를 들어 링크를 거는 데 사용하는 〈a〉 태그는 사용자가 방문하지 않았던 곳을 표시하는 link 속성, 이미 방문한 곳임을 알려주는 visited 속성, 사용자가 링크에 마우스 포인터를 올리는 순간을 나타내는 hover 속성 등이 있으며, 이러한 속성은 특정 이벤트 상황을 감지하기 위해 사용하는 보이지 않는 속성들이다. 가상 선택자(pseudo-selectors)란 이러한 속성에 선택자를 사용하는 것이다. 즉 웹 문서에는 보이지 않지만 동작에 영향을 주는 속성을 가상 선택자로 이용하는 것이다.

가상 선택자는 앞에서 살펴본 선택자들처럼 스타일이 적용되는 대상을 태그명, 속성명, 속성값 등을 가지고 선택하는 것이 아니라 더 세부적인 조건에 따라 선택한다. 가상 클래스는 콜론(:)을 사용하여 태그와 속성을 구분하여 정의한다.

가상 선택자

그림 6-7 가상 선택자의 정의

2.1 이벤트 가상 클래스 선택자

이벤트 가상 클래스 선택자는 사용자 행위 가상 클래스(user action pseudo-classes)라고 정의할 수 있다. 사용자가 마우스 이벤트 행위를 어떻게 하는지에 따라서 스타일 시트를 다르게 적용할 수 있기 때문이다.

표 6-4 이벤트 가상 클래스 선택자의 종류

사용 방법	설명	사용 예
: link 선택자	웹 문서에서 사용자가 방문하지 않았던 곳을 표시한다.	a : link { color: red; text-decoration: none; }
: visited 선택자	웹 문서에서 사용자가 방문한 곳을 표시한다.	a : visited { color: blue; }
: active 선택자	웹 문서에서 사용자가 링크를 클릭하는 순간을 나타낸다.	a : active { color: black; }
: hover 선택자	웹 문서에서 사용자가 링크에 마우스 포인터를 올리는 순간을 나타낸다.	a : hover { color: green; }
: focus 선택자	해당 요소에 초점이 맞춰졌을 때 적용된다.	a : focus { color: yellow; }

다음 예제를 웹 브라우저에서 실행해보자. 링크를 클릭했을 때 어떻게 변하는지, 박스 영역에 마우스를 올렸을 때 배경색이 어떻게 바뀌는지 자세히 살펴보자.

```
<head>
    <style>
        /* 가상 클래스 */
        a:link { color: blue; text-decoration: underline; }
        a:visited { color: red; }
        a:hover { text-decoration: overline; }
        a:active { background-color: yellow; }

        div.d1 { border: 1px dashed red; width: 400px; padding: 5px; }
        /* 가상 클래스 */
        div.d1:hover { background-color: yellow; }

        div.d2 { border: 1px dashed green; width: 400px; padding: 5px; }
        /* 가상 클래스 */
        div.d2:hover { background-color: green; }
    </style>
</head>
<body>
    <h2>Pseudo Class</h2>
    <p><a href="http://www.w3.org" target="_blink">W3C 방문</a> : 마우스 이벤트에 따른 링
    크의 변화를 잘 보세요. </p>
    <div class="d1">
        <h3>가상 클래스 1 영역</h3>
        마우스 위치에 따른 박스의 스타일 변화를 보세요.
    </div>
    <div class="d2">
        <h3>가상 클래스 2 영역</h3>
        마우스 위치에 따른 박스의 스타일 변화를 보세요.
    </div>
</body>
```

Pseudo Class

W3C 방문 : 마우스 이벤트에 따른 링크의 변화를 잘 보세요.

가상 클래스 1 영역

마우스 위치에 따른 박스의 스타일 변화를 보세요.

가상 클래스 2 영역

마우스 위치에 따른 박스의 스타일 변화를 보세요.

6장. CSS3 기본 사용법과 선택자 __213

다음 예제는 가상 클래스를 사용하여 마우스의 이벤트에 따라서 애니메이션 효과를 주는 것이다. 마우스가 박스 위에 위치했을 때 박스의 크기와 색상이 어떻게 달라지는지 살펴보자.

```html
<head>
    <style>
        div {
            width: 200px; height: 100px; color: blue;
            background: green; opacity: 0.9;
        }
        /* 가상 클래스 */
        div:hover {
            width: 400px; height: 50px; color: red;
            background: yellow; opacity: 0.5;
            transition: all 1.5s linear 0.5s;
        }
    </style>
</head>
<body>
    <h2>가상 선택자</h2>
    <div>
    가상 클래스를 이용한 애니메이션 효과<br>
    마우스가 위에 있으면 박스가 늘어나요.
    </div>
</body>
```

ch06/09_css_pseudo2.html

가상 선택자

가상 클래스를 이용한 애니메이션 효과
마우스가 위에 있으면 박스가 늘어나요.

가상 선택자

가상 클래스를 이용한 애니메이션 효과
마우스가 위에 있으면 박스가 늘어나요.

2.2 구조적 가상 클래스 선택자

구조적 가상 클래스 선택자(Structural pseudo-classes)는 HTML 문서의 구조를 분석하여 특정 위치에 있는 태그를 선택할 때 사용한다. 즉 태그가 몇 번째에 있느냐에 따라 스타일 시트를 다르게 적용할 수 있다. 구조적 가상 클래스 선택자는 메뉴 간의 스타일을 변경할 때 유용하게 쓰인다.

표 6-5 구조적 가상 클래스 선택자의 종류

사용 방법	설명
E : root	문서의 최상위 태그(html)를 선택한다.
E : nth-child(n)	앞에서부터 지정된 순서와 일치하는 태그가 E라면 선택한다(E가 아닌 태그의 순서가 계산에 포함된다). n은 수열이다.
E : nth-last-child(n)	뒤에서부터 지정된 순서와 일치하는 태그가 E라면 선택한다(E가 아닌 태그의 순서가 계산에 포함된다).
E : nth-of-type(n)	E 태그 중 앞에서부터 순서가 일치하는 E 태그를 선택한다(E 태그의 순서만 계산에 포함된다).
E : nth-last-of-type(n)	E 태그 중 끝에서부터 순서가 일치하는 E 태그를 선택한다(E 태그의 순서만 계산에 포함된다).
E : first-child	첫 번째 등장하는 태그가 E라면 선택한다(E가 아닌 태그의 순서가 계산에 포함된다).
E : last-child	마지막에 등장하는 태그가 E라면 선택한다(E가 아닌 태그의 순서가 계산에 포함된다).
E : first-of-type	E 태그 중 첫 번째 E를 선택한다(E 태그의 순서만 계산에 포함된다).
E : last-of-type	E 태그 중 마지막 E를 선택한다(E 태그의 순서만 계산에 포함된다).
E : only-child	E 태그가 유일한 자식이면 선택한다(E가 아닌 태그가 하나라도 포함되면 선택하지 않는다).
E : only-of-type	E 태그가 유일한 타입이면 선택한다(E가 아닌 태그가 포함되어도 E 타입이 유일하면 선택한다).
E : empty	텍스트 및 공백을 포함하여 자식 요소가 없는 E를 선택한다.

위 표에 따르면 first-child와 last-child는 HTML 문서의 〈body〉에 있는 첫 번째 태그와 마지막 태그를 선택한다. 만약 위치가 반복적이거나 홀수 또는 짝수 같이 구분이 필요한 경우 nth-child(n)을 사용한다. 여기서 n은 수열을 의미하며, 단순한 n일 경우 1, 2, 3, 4…와 같이 순차적인 수열을, 2n일 경우 2, 4, 6, 8…과 같이 짝수를, 그리고 2n+1일 경우 1, 3, 5, 7…과 같이 홀수가 된다. 다음 예제를 통해 이해해보자.

```
<head>
    <style>
        /* 첫 번째 태그의 텍스트 색상 */
        h4:first-child {
            color: blue;
            font-size: 20px;
        }
        /* 마지막 태그의 텍스트 색상 */
        h4:last-child {
            color: red;
            font-size: 20px;
        }
        /* 홀수 태그 */
        h4:nth-child(2n+1) {
            background-color: green;
        }
        /* 짝수 태그 */
        h4:nth-last-child(2n) {
            background-color: yellow;
        }
    </style>
</head>
<body>
    <h4>웹 프로그래밍</h4>
    <h4>웹 프로그래밍</h4>
    <h4>웹 프로그래밍</h4>
    <h4>웹 프로그래밍</h4>
    <h4>웹 프로그래밍</h4>
    <h4>웹 프로그래밍</h4>
    <h4>웹 프로그래밍</h4>
    <h4>웹 프로그래밍</h4>
    <h4>웹 프로그래밍</h4>
    <h4>웹 프로그래밍</h4>
    <h4>웹 프로그래밍</h4>
</body>
```

2.3 기타 가상 클래스 선택자

UI 요소 상태 가상 클래스 선택자(UI element states pseudo-classes)는 입력 폼의 상태를 선택할 때 사용한다. 각종 입력 폼 양식에 적용된 이벤트에 따라서 상태 선택자가 지정된다. 예를 들어 체크박스에 checked 속성이 선택되거나, 텍스트 박스에 텍스트를 입력하기 위해 focus 속성이 선택될 때 원하는 스타일 시트를 적용하는 것이 모두 UI 요소 상태 가상 클래스 선택자를 사용한 예이다.

표 6-6 UI 요소 상태 가상 클래스 선택자의 종류

사용 방법	의미
E : enabled	사용 가능한 폼 컨트롤 E를 선택한다.
E : disabled	사용 불가능한 폼 컨트롤 E를 선택한다.
E : checked	선택된 폼 컨트롤을 선택한다.
E : focus	초점이 맞추어진 input 태그를 선택한다.

지금까지 소개한 가상 클래스 선택자 외에 기타 선택자의 종류는 다음 표에 소개하였다.

표 6-7 기타 가상 클래스 선택자

선택자 이름	사용 방법	의미
언어 선택자	E : lang(ko)	HTML lang 속성의 값이 'ko'로 지정된 태그를 선택한다.
부정 선택자	E : not(S)	S가 아닌 E 태그를 선택한다.
목적 선택자	E : target	E의 url이 요청되면 선택한다.
가상 엘리먼트 선택자	E :: first-line	E 태그의 첫 번째 라인을 선택한다.
	E :: first-letter	E 태그의 첫 번째 문자를 선택한다.
	E :: before	E 태그의 시작 지점에 생성된 태그를 선택한다.
	E :: after	E 태그의 끝 지점에 생성된 태그를 선택한다.

NOTE_ 가상 엘리먼트 선택자는 CSS1, CSS2에서는 콜론 한 개(:)를 사용하였지만 CSS3에서는 콜론 두 개(::)를 사용하도록 권장하고 있다. 자세한 내용은 http://www.w3.org/TR/css3-selectors 사이트를 참고한다.

```html
<head>
    <style>
        div { color: white; }
        h2:first-letter { font-size: 30px; color: red; text-transform: uppercase; }
        h3:first-line { color: blue; }
        input:focus { background-color: red; }
        input:checked + div.d1 { background-color: gray; }
        input:checked + div.d2 { background-color: black; }
    </style>
</head>
<body>
    <h2>states pseudo-classes</h2>
    <h3>문제) 대한민국 수도는?</h3>
    <p>정답 작성 : <input type="text"></p>
    <h2>answer</h2>
    힌트 보기 : <input type="checkbox">
    <div class="d1">
        남대문이 있는 곳이죠.
    </div>
    정답 보기 : <input type="checkbox">
    <div class="d2">
        서울
    </div>
</body>
```

States pseudo-classes

문제) 대한민국 수도는?

정답 작성 : ▊▊▊▊▊▊▊

Answer

힌트 보기 : ☑
남대문이 있는 곳이죠.
정답 보기 : ☑
서울

3 조합 선택자

조합 선택자(combinators)는 앞에서 살펴본 여러 선택자를 복합적으로 조합하는 방법을 제공한다. 즉 CSS 내 단순한 선택자들을 조합하여 지정된 부분에만 스타일 시트를 적용한다.

표 6-8 조합 선택자의 종류

구분	조합 방법	설명
후손 선택자	선택자 A 선택자 B	선택자 B가 선택자 A에 반드시 포함되어 있을 경우에 선택한다.
자손 선택자	선택자 A 〉 선택자 B	부모 선택자 A의 직계 자손인 선택자 B를 선택한다.
인접 형제 선택자	선택자 A + 선택자 B	선택자 A 바로 다음에 위치한 선택자 B를 선택한다.
일반 형제 선택자	선택자 A ~ 선택자 B	선택자 A 뒤에 인접하여 나타나는 모든 선택자 B를 선택한다.
그룹 선택자	선택자 A, 선택자 B	선택자 A과 선택자 B를 모두 선택한다.

조합 선택자의 종류를 [그림 6-8]을 보면서 이해해보자.

- 〈div〉 태그를 기준으로 〈h1〉, 〈h2〉, 〈ul〉은 자손 선택자이고, div h1 또는 div h2 또는 div ul로 표현한다.
- 〈div〉 태그를 기준으로 〈li〉는 자손의 자손이므로 후손 선택자이고 div 〉 ul 〉 li로 표현한다.
- 〈h1〉과 〈h2〉는 인접(adjacent) 형제 간이다. 이와 같이 바로 옆에 인접해 있는 형제 간의 관계는 h1 + h2로 표현한다.
- 〈h1〉과 일반 형제(sibling)는 같은 레벨에 있는 모든 〈h2〉 또는 〈ul〉 태그가 해당된다. 이는 h1 ~ h2 또는 h1 ~ ul로 표현할 수 있다.

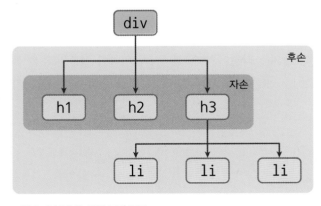

그림 6-8 HTML 문서 트리 구조

3.1 후손 선택자

후손 선택자(Descendant Selector)는 선택자 A의 하위에 있는 태그 중 선택자 B에 해당하는 모든 태그를 선택하여 원하는 스타일로 지정한다.

예제 6-12 후손 선택자 사용하기　　　　　　　　　　　　　　　　　　　　ch06/12_css_desc.html

```
<head>
    <style>
        div ul { color: red; }
        div h2 { color: yellow; background-color: purple; }
    </style>
</head>
<body>
    <div>
        <h2>Descendant Selector_1</h2>
        <ul>후손 선택자
            <li>자식의 자식 (후손1)</li>
            <li>자식의 자식 (후손2)</li>
        </ul>
    </div>
    <h2>Descendant Selector_2</h2>
</body>
```

Descendant Selector_1

후손 선택자
- 자식의 자식 (후손1)
- 자식의 자식 (후손2)

Descendant Selector_2

결과 화면을 보면 〈div〉 태그에 속한 〈h2〉의 스타일이 후손 선택자에 의하여 적용된 것을 볼 수 있다. 문서의 두 번째에 나오는 〈h2〉는 〈div〉에 속한 후손이 아니므로 스타일이 적용되지 않았다.

NOTE_ 자손 선택자 사이에 전체 선택자(*)가 올 경우, 바로 이후에 오는 자손은 선택되지 않고, 그 자손 이후에 오는 자손들에게만 스타일이 적용된다.

예) ol * li { color: red; }

3.2 자손 선택자

자손 선택자(Child Selector)는 후손 선택자와 비슷하지만 바로 직계 자손만 선택하며,
〉(greater-than) 조합 문자를 사용하여 표현한다.

예제 6-13 자손 선택자 사용하기   ch06/13_css_child.html

```
<head>
    <style>
        body > div > h3 { color: red; }
        body > p { color: green; background-color: yellow; }
        body > h3 > tel > home { color: blue; }
    </style>
</head>
<body>
    <div>
        <h3>Child Selector_1</h3>
    </div>
    <p>자식 선택자</p>
    <h3>
        <sno>123456</sno><br>
        <std>홍민성</std><br>
        <tel>
            <office>02-4567-1010</office><br>
            <home>010-1234-5678</home>
        </tel>
    </h3>
</body>
```

Child Selector_1

자식 선택자

123456
홍민성
02-4567-1010
010-1234-5678

3.3 인접 형제 선택자

인접 형제 선택자(Adjacent sibling combinator)는 문서 구조상 같은 부모를 가진 형제 중 선택자 A의 바로 다음에 있는 동생 선택자 B를 선택하는 방법이다. 이때 먼저 나오는 태그를 형, 나중에 나오는 태그를 동생이라 하며 +(plus sign) 기호를 사용하여 표현한다.

예제 6-14 인접 형제 선택자 사용하기 ch06/14_css_adj.html

```html
<head>
    <style>
        h1 + h2 + ul { color: blue; }
        div + h3 { color: red; }
        h3 + p { color: purple; background-color: yellow; }
    </style>
</head>
<body>
    <div>
        <h1>인접 형제 선택자1</h1>
        <h2>인접 형제 선택자2</h2>
        <ul>목록
            <li>주제1</li>
            <li>주제2</li>
        </ul>
    </div>
    <h3>Adjacent Selector_1</h3>
    <p>인접 형제 선택자에 의한 스타일 적용</p>
    <h3>Adjacent Selector_2</h3>
</body>
```

인접 형제 선택자1

인접 형제 선택자2

목록
- 주제1
- 주제2

Adjacent Selector_1

인접 형제 선택자에 의한 스타일 적용

Adjacent Selector_2

3.4 일반 형제 선택자

일반 형제 선택자(General sibling combinator)는 인접 형제 선택자와 달리 형제 관계에 있는 선택자 B에 스타일을 적용한다. 일반 형제 관계를 나타내기 위해 ~(tilde) 기호를 사용하는데, 예를 들어 다음 예제에서 h1 ~ ul의 의미는 〈h1〉 태그와 형제 관계에 있는 모든 〈ul〉 태그를 찾아 스타일을 적용하라는 것이다.

예제 6-15 일반 형제 선택자 사용하기	ch06/15_css_sib.html

```html
<head>
    <style>
        h1 ~ ul { color: blue; }
        div ~ h3 { color: red; }
        h3 ~ p { color: purple; background-color: yellow; }
    </style>
</head>
<body>
    <div>
        <h1>형제 선택자1</h1>
        <h2>형제 선택자2</h2>
        <ul>목록
            <li>주제1</li>
            <li>주제2</li>
        </ul>
    </div>
    <h3>Sibling Selector-1</h3>
    <h4>같은 레벨 형제</h4>
    <p>일반 형제 선택자에 의한 스타일 적용</p>
    <h3>Sibling Selector_2</h3>
    <h3>Sibling Selector_3</h3>
</body>
```

형제 선택자1

형제 선택자2

목록
- 주제1
- 주제2

Sibling Selector-1

같은 레벨 형제

일반 형제 선택자에 의한 스타일 적용

Sibling Selector_2

Sibling Selector_3

3.5 그룹 선택자

그룹 선택자(Group Selector)는 여러 선택자에 같은 속성을 지정하기 위한 방법으로 같은 속성을 사용하는 선택자를 콤마 기호로 연결한다. 똑같은 스타일을 여러 번 선언하지 않고 한 번에 묶어서 적용할 수 있는 장점이 있다.

```
h1 { font-family: sans-serif; }
h2 { font-family: sans-serif; }     →    h1, h2, h3 { font-family: sans-serif; }
h3 { font-family: sans-serif; }
```

그룹 선택자로 지정하기 전   그룹 선택자로 지정한 후

그림 6-9 그룹 선택자의 사용

예제 6-16 그룹 선택자 사용하기   ch06/16_css_group.html

```html
<head>
    <style>
        h3, p, h2 { color: red; background-color: yellow; }
    </style>
</head>
<body>
    <h2>Group Selector_1</h2>
    <p>스타일 지정을 그룹으로 적용</p>
    <div>
        <h3>Group Selector_2</h3>
    </div>
</body>
```

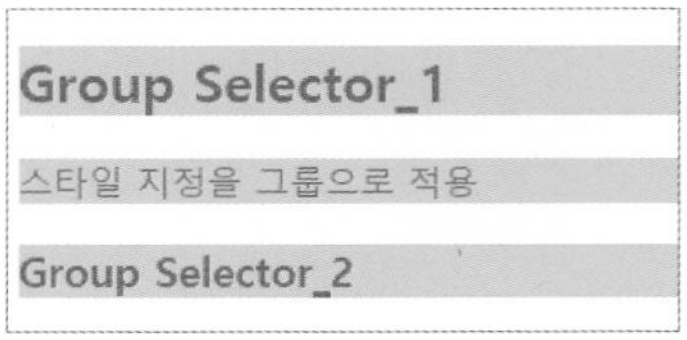

Group Selector_1

스타일 지정을 그룹으로 적용

Group Selector_2

요약

01 CSS의 개념

CSS3는 스타일 시트 표준안으로, 웹 문서에 글꼴, 색상, 정렬과 각 요소의 배치 방법 등의 디자인 요소를 적용하는 데 사용한다.

02 CSS의 장점

하나의 웹 문서에서 문서 작성 담당과 디자인 담당을 나누어 문서 작성은 HTML이, 디자인은 CSS가 맡으면 다음과 같은 장점이 있다.

- 웹 문서의 내용과 디자인 수정이 용이하다.
- HTML만 사용했을 때보다 다양한 기능으로 확장할 수 있다.
- 웹 문서에 통일된 양식을 일괄적으로 적용할 수 있다.

03 CSS3의 구성

- **선택자(Selector)** : 스타일 시트를 적용할 대상을 지정한다.
- **속성(Property)** : 어떤 속성을 적용할지 선택한다.
- **속성값(Value)** : 속성에 어떤 값을 반영할지 선택한다.

04 CSS3의 사용 위치와 우선순위

웹 문서에 CSS3를 적용하는 방법에는 인라인 스타일 시트, 내부 스타일 시트, 외부 스타일 시트의 세 가지 방법이 있다. 만약 하나의 태그에 세 가지 스타일 시트 적용 방법이 모두 사용되었다면, 인라인 스타일 시트, 내부 스타일 시트, 외부 스타일 시트, 웹 브라우저 기본 스타일 시트 순으로 우선 적용된다.

05 CSS3 선택자

- **기본 선택자** : 전체 선택자, 타입 선택자, 클래스 선택자, 아이디 선택자, 속성 선택자
- **가상 선택자** : 이벤트 가상 클래스 선택자, 구조적 가상 클래스 선택자, UI 요소 상태 가상 클래스 선택자, 언어 선택자, 부정 선택자, 목적 선택자, 가상 엘리먼트 선택자
- **조합 선택자** : 후손 선택자, 자손 선택자, 인접 형제 선택자, 일반 형제 선택자, 그룹 선택자

연습문제

01 스타일 시트에 대한 설명으로 올바르지 <u>않은</u> 것은?

① 스타일 시트는 외부 스타일 시트와 내부 스타일 시트의 두 가지 형태로 사용할 수 있다.

② 아이디 선택자는 '#' 기호를 이용하여 정의한다.

③ 하나의 태그에 같은 스타일 시트가 여러 차례 지정되었다면 가장 나중에 선언된 스타일시트가 적용된다.

④ 스타일을 지정하기 위하여 '속성: 속성값;'이라는 형태로 정의하여 사용한다.

02 외부 스타일 시트를 포함시키는 올바른 문법은?

① 〈css〉MyStylePage.css〈/css〉

② 〈stylesheet src="MyStylePage.css"〉

③ 〈link rel="stylesheet" href="MyStylePage.css"〉

④ 〈!DOCTYPE.css〉

03 내부 스타일 시트를 정의하는 데 사용되는 태그는?

① 〈css〉   ② 〈stylesheet〉

③ 〈sheet〉   ④ 〈style〉

04 다음 중 선택자와 사용 방법이 올바르지 <u>않은</u> 것은?

① 언어 선택자 – E : lang(ko)

② 목적 선택자 – E : enabled

③ UI 요소 상태 선택자 – E : checked

④ 가상 엘리먼트 선택자 – E : after

05 선택자와 설명이 올바르게 연결된 것은?

   ① 후손 선택자 : 부모 선택자의 직계 자손을 설정하는 것이다.

   ② 인접 형제 선택자 : 선택자의 바로 다음에 위치한 선택자를 설정하는 것이다.

   ③ 그룹 선택자 : 인접하여 나타나는 모든 선택자를 설정하는 것이다.

   ④ 자손 선택자 : 부모 선택자의 모든 자손들을 설정하는 것이다.

06 스타일 시트를 웹 문서에 적용할 때 우선순위대로 적용된다. 우선순위가 가장 높은 것부터 나열하시오.

07 다음 빈칸을 채우시오.

   > 특정한 부분에 스타일을 적용할 때 (   ) 선택자는 문서 안에서 여러 번 반복해서 적용할 수 있는 반면, (   ) 선택자는 태그의 크기나 레이아웃 등을 사용하므로 문서 안에서 한 번만 적용된다.

08 링크와 관련된 가상 클래스 선택자를 두 개 이상 설명하시오.

09 다음 실행 화면처럼 보이도록 외부 스타일 시트를 추가하여 HTML 문서를 작성하시오. 이때 가급적 다양한 선택자를 사용하시오.

10 제시된 HTML 문서가 다음 실행 결과와 같이 보이도록 빈칸을 채우시오.

```
                                                                    ch06/ex6_10.html
<head>
   <style type="text/css">
      body {
            background-color: yellow;
      }




   </style>
</head>
<body>
   <h1>가벼운 마음으로 배우는-녹색</h1>
   <h1 class="ccoma1">가벼운 마음으로 배우는-파란색</h1>
   <h1 class="ccoma2">가벼운 마음으로 배우는-빨간색</h1>
</body>
```

가벼운 마음으로 배우는-녹색

가벼운 마음으로 배우는-파란색

가벼운 마음으로 배우는-빨간색

Chapter 07
CSS3 속성

학습목표

▶ 박스 모델의 개념을 이해하고, 박스 크기를 원하는 대로 설정할 수 있다.

▶ 테두리 속성의 종류를 알고 활용할 수 있다.

▶ 웹 문서 내 원하는 위치에 요소를 배치할 수 있다.

▶ 표와 관련된 속성을 알고 활용할 수 있다.

01 박스 모델

1 박스 모델의 개념

박스 모델(box model)은 웹 문서에 텍스트, 이미지, 테이블 등의 요소를 배치하기 위해 사용하는 개념이다. 박스 모델을 이용하면 웹 문서의 전체 레이아웃을 정의할 수 있고, 각종 요소들을 원하는 위치에 배치하여 화면을 디자인할 수 있다. HTML5 태그 중에서 ⟨br⟩, ⟨b⟩ 등을 제외하면 거의 모든 태그가 박스 모델을 따른다.

웹 문서에서 각 요소는 양식화된 하나 이상의 박스로 구성된다. [그림 7–1]은 박스의 속성을 나타낸 것이다. 박스는 실제 내용(content)이 들어가는 영역을 중심으로 주위에 padding, border, margin으로 구성된다.

- **content** : 실제 내용이 표현되는 곳
- **padding** : 콘텐츠와 테두리 사이의 여백(안쪽 여백이라고도 함)
- **border** : 박스의 테두리 두께
- **margin** : 테두리와 박스의 최종 경계 사이의 여백(바깥쪽 여백이라고도 함)

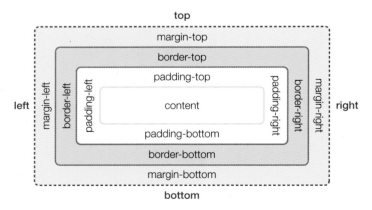

그림 7–1 박스의 속성

[그림 7-2]는 content 속성값이 60픽셀, padding이 12픽셀, border가 10픽셀, margin이 10픽셀인 경우 전체 박스의 크기를 나타낸 것이다.

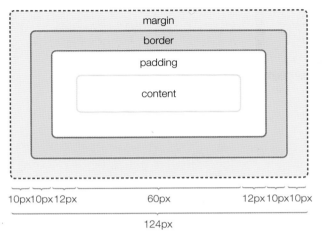

그림 7-2 박스의 크기

예제 7-1 박스 모델 이해하기   ch07/01_BoxModel.html

```html
<head>
    <style>
        div {
            background-color: yellow;
            width: 300px;
            padding: 25px;
            border: 15px solid navy;
            margin: 25px;
        }
    </style>
</head>
<body>
    <p>CSS3 박스 모델은 content, padding, border, margin으로 구성되어 있다.</p>
    <div>박스 모델의 padding, border, margin 속성의 기본 값은 0이며, 상하좌우 네 가지 방향을
    top, bottom, left, right를 이용하여 지정할 수 있습니다.</div>
</body>
```

CSS3 박스 모델은 content, padding, border, margin으로 구성되어 있다.

> 박스 모델의 padding, border, margin 속성의 기본 값은 0이며, 상하좌우 네 가지 방향을 top, bottom, left, right를 이용하여 지정할 수 있습니다.

2 박스의 크기 설정

박스의 크기는 content, padding과 margin, border 속성을 조정하여 지정할 수 있다. 하나씩 살펴보자.

2.1 content

실제 내용이 들어가는 content 영역의 크기는 너비를 지정하는 width와 높이를 지정하는 height 속성을 이용하여 지정한다. width와 height 속성이 가질 수 있는 값은 [표 7-1]과 같다.

표 7-1 width과 height에 사용되는 속성값

속성	설명
value	실제로 측정한 데이터 값이다.
min, max	데이터가 인식하는 최솟값과 최댓값이다. 기본값은 0~10이다.
low, high	허용되는 범위의 최솟값과 최댓값이다. low~high 값은 항상 min~max 값 범위 내에 있다.

예제 7-2 박스의 내용 영역 크기 지정하기   ch07/02_BoxModelSize.html

```
<head>
    <style>
        p {
            background-color: yellow; color: red;
            font-weight: bold; font-size: 16pt;
        }
        p.c1 { width: 700px; height: 80px; color: green; }
        p.c2 { width: 50%; height: 150%; color: purple; }
        p.c3 { width: 10cm; height: 3cm; color: blue; }
```

```
        </style>
    </head>
    <body>
        <p> 박스 모델의 내용 영역 크기 지정</p>
        <p class="c1"> (1) 박스 모델의 크기를 픽셀(px) 단위로 지정</p>
        <p class="c2"> (2) 박스 모델의 크기를 퍼센트(%) 단위로 지정</p>
        <p class="c3"> (3) 박스 모델의 크기를 센티미터(cm) 단위로 지정</p>
    </body>
```

박스 모델의 내용 영역 크기 지정

(1) 박스 모델의 크기를 픽셀(px) 단위로 지정

(2) 박스 모델의 크기를 퍼센트(%) 단위로 지정

(3) 박스 모델의 크기를 센티미터(cm) 단위로 지정

2.2 padding, margin

박스의 안쪽 여백은 padding, 바깥쪽 여백은 margin을 이용하여 지정한다. padding과 margin이 가질 수 있는 속성값은 [표 7-2]와 같다.

표 7-2 padding과 margin에 사용되는 속성값

속성값	설명
수치	여백을 픽셀(px), 포인트(pt), 센티미터(cm) 같은 수치 단위로 지정한다.
백분율	여백을 부모 요소를 기준으로 하여 백분율로 지정한다.
auto	여백을 웹 브라우저가 자동으로 지정한다. 기본값이다.

```html
<head>
    <style>
        p {
            background-color: yellow; color: red;
            font-weight: bold; font-size: 16pt;
        }
        p.pad {
            color: purple;
            padding: 20px;
        }
        p.mar {
            color: green;
            margin: 30px;
        }
        p.mp {
            color: blue;
            padding: 5%;
            margin: 5%;
        }
    </style>
</head>
<body>
    <p> 박스의 안쪽 여백과 바깥쪽 여백 지정</p>
    <p class="pad">(1) 안쪽 여백 지정 - padding 20px</p>
    <p class="mar">(2) 바깥쪽 여백 지정 - margin 30px</p>
    <p class="mp">(3) 안쪽, 바깥쪽 여백 지정 - padding 5%, margin 5%</p>
</body>
```

박스의 안쪽 여백과 바깥쪽 여백 지정

(1) 안쪽 여백 지정 - padding 20px

(2) 바깥쪽 여백 지정 - margin 30px

(3) 안쪽, 바깥쪽 여백 지정 - padding 5%, margin 5%

padding과 margin은 네 방향으로 나누어 지정할 수 있다. 형식은 [표 7-3]과 같다.

표 7-3 여백 크기 설정

형식	설명
padding-top: 속성값;	위쪽 패딩
padding-bottom; 속성값;	아래쪽 패딩
padding-right: 속성값;	오른쪽 패딩
padding-left: 속성값;	왼쪽 패딩
margin-top: 속성값;	위쪽 마진
margin-bottom: 속성값;	아래쪽 마진
margin-right: 속성값;	오른쪽 마진
margin-left: 속성값;	왼쪽 마진

만약 상하좌우의 특정 위치를 언급하지 않고 속성값만 지정했다면 몇 개의 값을 지정했느냐에 따라 적용 위치가 달라진다. [그림 7-3]은 속성값의 개수에 따라 적용되는 위치를 나타낸 것이다.

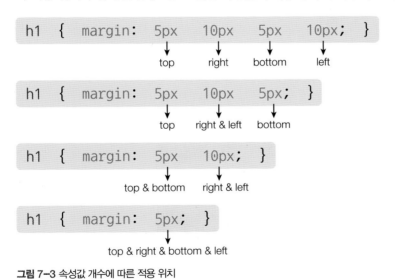

그림 7-3 속성값 개수에 따른 적용 위치

```
<head>
    <style>
        body { font-weight: bold; font-size: 16pt; }
        .mp1 {
            background-color: aqua; color: red;
            margin-bottom: 40px; padding-left: 50px;
        }
        .mp2 {
            background-color: silver; color: green;
            margin: 20px; padding: 10px, 20px;
        }
        .mp3 {
            background-color: gray; color: purple;
            margin: 50px, 15px, 20px;  padding: 20px;
        }
    </style>
</head>
<body style="background-color: lightyellow;">
    <p>박스 모델의 네 방향 여백 지정</p>
    <p class="mp1">mp1</p>
    <p class="mp2">mp2</p>
    <p class="mp3">mp3</p>
</body>
```

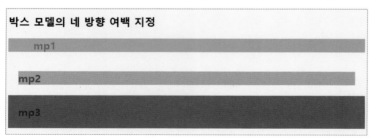

2.3 border

border는 박스뿐만 아니라 텍스트, 그림, 표 등의 요소에 테두리 관련 속성을 적용할 때 사용한다. 다음 절에서 자세히 알아보자.

02 테두리 속성

1 테두리 두께

테두리 두께는 border-width 속성을 이용하여 지정한다. 박스의 여백을 지정할 때와 마찬가지로 top, bottom, left, right를 이용하여 네 방향으로 두께를 지정할 수 있으며 속성값 개수에 따른 적용 위치도 같다. border-width 속성이 가질 수 있는 값은 [표 7-4]와 같다.

표 7-4 border-width에 사용되는 속성값

속성값	설명
수치	테두리의 두께를 픽셀(px), 포인트(pt), 센티미터(cm) 같은 단위로 지정한다.
thin	얇은(1px) 두께의 테두리를 지정한다.
medium	중간(3px) 두께의 테두리를 지정한다. 기본값이다.
thick	굵은(5px) 두께의 테두리를 지정한다.

2 테두리 색상

테두리의 색상은 border-color 속성을 이용하여 지정한다. 속성값은 RGB, RGBA, HSL, HSLA, 백분율, 16진수, 색상 이름 등을 이용하여 지정한다. top, bottom, left, right를 이용하여 네 방향으로 색상을 지정할 수 있으며 속성값의 개수에 따른 적용 위치도 앞에서 설명한 것과 같다. 단, 기본값이 '투명'이기 때문에 특정 색상을 적용하려면 반드시 '{ border-color: red; }' 형태로 지정해야 한다. 만약 테두리를 투명하게 하고 싶다면 '{ border-color: transparent; }'라고 지정하면 된다. [표 7-5]는 CSS3 스타일 시트에서 사용할 수 있는 색상을 색상 이름, RGB 16진수 값, RGB 10진수 값으로 표현한 것이다.

> **NOTE_** CSS3 색상값 표현에 대해 더 자세히 알고 싶다면 http://www.w3.org/TR/css3-color 사이트를 참고한다.

표 7-5 CSS3 기본 색상 표현 방법

색상	색상 이름	16진수 값	10진수 값
	black	#000000	0, 0, 0
	silver	#C0C0C0	192, 192, 192
	gray	#808080	128, 128, 128
	white	#FFFFFF	255, 255, 255
	maroon	#800000	128, 0, 0
	red	#FF0000	255, 0, 0
	purple	#800080	128, 0, 128
	fuchsia	#FF00FF	255, 0, 255
	green	#008000	0, 128, 0
	lime	#00FF00	0, 255, 0
	olive	#808000	128, 128, 0
	yellow	#FFFF00	255, 255, 0
	navy	#000080	0, 0, 128
	blue	#0000FF	0, 0, 255
	teal	#008080	0, 128, 128
	aquaa	#00FFFF	0, 255, 255

3 테두리 스타일

테두리의 스타일은 border-style 속성을 이용하여 지정한다. 이 속성 또한 top, bottom, left, right를 이용하여 네 방향으로 스타일을 지정할 수 있으며, 속성값의 개수에 따른 적용 위치도 앞에서 설명한 것과 같다. border-style 속성이 가질 수 있는 값은 [표 7-6]과 같다. 만약 테두리의 위쪽은 점선, 오른쪽은 파선, 아래쪽은 실선, 왼쪽은 이중선으로 설정하고 싶으면 '{ border-style: dotted dashed solid double; }'로 지정하면 된다.

표 7-6 border-style에 사용되는 속성값

속성값	설명	속성값	설명
none	테두리가 나타나지 않는다. 기본값이다.	double	테두리를 이중선으로 지정한다.
hidden	테두리를 감춘다.	groove	테두리를 오목한 선으로(홈이 파인 듯 입체적으로) 지정한다.

dotted	테두리를 점선으로 지정한다.	ridge	테두리를 볼록한 선으로(튀어나온 듯 입체적으로) 지정한다.
dashed	테두리를 파선으로 지정한다.	inset	테두리의 안쪽이 오목한 선으로 지정한다.
solid	테두리를 실선으로 지정한다.	outset	테두리의 안쪽이 볼록한 선으로 지정한다.

예제 7-5 테두리 스타일 지정하기   ch07/05_BorderStyle.html

```html
<head>
    <style>
        body { font-family: consolas; }
        h3.none { border-style: none; }
        h3.hidden { border-style: hidden; }
        h3.dotted { border-style: dotted; }
        h3.dashed { border-style: dashed; }
        h3.solid { border-style: solid; }
        h3.double { border-style: double; }
        h3.groove { border-style: groove; }
        h3.ridge { border-style: ridge; }
        h3.inset { border-style: inset; }
        h3.outset { border-style: outset; }
        h3.mix { border-style: dotted dashed solid double; }
    </style>
</head>
<body>
    <h1>border-style 예제</h1>
    <h3 class="none">no border</h3>
    <h3 class="hidden">hidden border</h3>
    <h3 class="dotted">dotted border</h3>
    <h3 class="dashed">dashed border</h3>
    <h3 class="solid">solid border</h3>
    <h3 class="double">double border</h3>
    <h3 class="groove">groove border</h3>
    <h3 class="ridge">ridge border</h3>
    <h3 class="inset">inset border</h3>
    <h3 class="outset">outset border</h3>
    <h3 class="mix">mix border</h3>
</body>
```

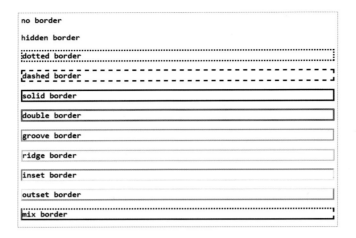

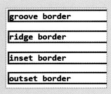

테두리의 두께, 색상, 스타일은 다음과 같이 묶어서 표현할 수 있다. 또한 작성 순서에 상관없으며 속성값만 모아서 작성할 수도 있다.

```
p {
    border-style: solid;
    border-width: 2px;
    border-color: green;
}
```
=
```
p { border: solid 2px green; }
```

테두리의 상하좌우에 각각 다른 속성을 적용하려면 border-top, border-right, border-bottom, border-left를 이용한다.

예제 7-6 테두리의 네 방향에 각각 다른 속성 지정하기   ch07/06_BorderColor.html

```
<head>
    <style>
        body { font-weight: bold; font-size: 12pt; font-family: consolas; }
        .bt1 {
```

```
            background-color: aqua; color: red;
            margin-bottom: 15px; padding-left: 50px;
            border-style: dotted; border-width: thick;
            border-color: green;
        }
        .bt2 {
            background-color: silver; color: green;
            margin: 20px; padding: 5px 10px;
            border-style: solid; border-width: 1px 3px 5px 3px;
            border-color: navy red fuchsia black;
        }
        .bt3 {
            background-color: gray; color: purple;
            margin: 50px 15px 20px;
            padding: 20px;
            border-style: dashed double; border-width: 5px 0px;
            border-color: red;
        }
        .bt4 {
            border-top: 5px solid red;
            border-bottom: 5px solid red;
        }
    </style>
</head>
<body>
    <p class="bt1">박스 테두리 지정 - 1</p>
    <p class="bt2">박스 테두리 지정 - 2</p>
    <p class="bt3">박스 테두리 지정 - 3</p>
    <p class="bt4">박스의 상하좌우 테두리는 border-top, border-right, border-bottom,
    border-left라는 속성을 이용해 지정할 수 있습니다.</p>
</body>
```

박스의 상하좌우 테두리는 **border-top, border-right, border-bottom,
border-left**라는 속성을 이용해 지정할 수 있습니다.

03 박스 속성

앞에서 박스 모델의 개념과 content, padding, border, margin 속성 활용법에 대해 알아보았다. 이 절에서는 CSS3에 새로 추가된 기능인 테두리에 둥근 모서리를 지정하는 방법과 박스에 그림자를 추가하는 방법을 알아본다.

1 둥근 모서리

border-radius는 테두리의 모서리를 둥글게 만드는 속성이다. 이는 모서리에 원이 있는 것처럼 생각하고 원의 반지름(r) 값을 지정하여 곡선을 그리는 원리와 같다. 반지름 값은 픽셀(px)이나 이엠(em) 혹은 백분율(%) 단위로 작성한다. border-radius 속성값은 네 개의 모서리를 한번에 정의할 수도 있고, 각 모서리마다 별도로 정의할 수도 있다.

표 7-7 둥근 모서리 설정

형식	설명
border-radius: 속성값;	네 개의 모서리 모두 둥글게 한다.
border-top-left-radius: 속성값;	상단 왼쪽 모서리를 둥글게 한다.
border-top-right-radius: 속성값;	상단 오른쪽 모서리를 둥글게 한다.
border-bottom-right-radius: 속성값;	하단 오른쪽 모서리를 둥글게 한다.
border-bottom-left-radius: 속성값;	하단 왼쪽 모서리를 둥글게 한다.

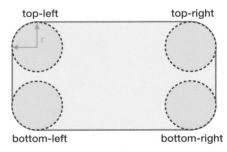

그림 7-4 둥근 모서리 속성값 설정 방법

박스 모델에서 상하좌우의 위치를 지정하지 않고 속성값만 작성하면 top → right → bottom → left 순으로 적용된다. border-radius 역시 속성값만 작성하면 top-left → top-right → bottom-right → bottom-left의 시계 방향으로 적용된다. 또한 속성값을 두 개만 작성하면 첫 번째 값은 top-left와 bottom-right에, 두 번째 값은 top-right와 bottom-left에 적용된다. 즉 교차하는 모서리 쌍에 같은 값이 적용된다.

예제 7-7 박스에 둥근 모서리 적용하기　　　　　　　　　　　　　*ch07/07_BorderRadius.html*

```
<head>
  <style>
    body { font-weight: bold; font-size: 12pt; }
    .br1 {
      background-color: lime; color: red;
      border-style: solid; border-width: thick; border-color: green;
      border-radius: 30%;
    }
    .br2 {
      background-color: maroon; color: yellow;
      border-style: dotted; border-width: 2px; border-color: white;
      border-radius: 15px 35px;
    }
    .br3 {
      background-color: teal; color: aqua;
      border-style: dashed; border-width: 5px; border-color: red;
      border-radius: 5px 15px 25px 35px;
    }
    .br4 {
      border: 3px solid red;
      border-top-left-radius: 30px;
    }
```

```
        </style>
    </head>
    <body>
        <h1 class="br1">둥근 모서리 스타일링 예제 1</h1>
        <h1 class="br2">둥근 모서리 스타일링 예제 2</h1>
        <h1 class="br3">둥근 모서리 스타일링 예제 3</h1>
        <h1 class="br4">둥근 모서리 스타일링 예제 4</h1>
    </body>
```

2 박스 그림자

box-shadow는 박스에 그림자 효과를 주는 속성이다. 사용할 수 있는 속성값은 다음과 같이 여러 가지가 있으며, 순서대로 적용된다. 만약 사용하지 않는 속성값이 있다면 숫자 0으로 작성하면 된다. 또한 수평 그림자와 수직 그림자는 반드시 사용해야 하고 나머지는 선택하여 사용한다. 옵션값이 없는 경우 순차적으로 적용된다.

{ box-shadow: 수평 그림자(필수) | 수직 그림자(필수) | 그림자 흐림 | 그림자 번짐 | 그림자 색상 | 삽입 효과; }

- **수평 그림자(h-shadow)** : 그림자의 수평 거리를 지정한다. 양수로 지정하면 박스의 오른쪽에, 음수로 지정하면 박스의 왼쪽에 그림자가 생성된다.

- **수직 그림자(v-shadow)** : 그림자의 수직 거리를 지정한다. 양수로 지정하면 박스의 아래쪽에, 음수로 지정하면 박스의 위쪽에 그림자가 생성된다.

- **그림자 흐림(blur)** : 그림자의 흐림 정도를 지정한다. 기본값 0인 상태에서는 그림자가 진하게 표시되고, 숫자가 커질수록 그림자가 점차 흐려지면서 부드럽게 표시된다.

- **그림자 번짐(spread)** : 그림자의 번짐 정도를 지정한다. 양수로 지정하면 모든 방향으로 그림자가 퍼져나가며, 음수로 지정하면 모든 방향으로 그림자가 축소된다.

- **그림자 색상(color)** : 그림자의 색상을 지정한다.

- **삽입 효과(inset)** : 박스 외부로 표현되는 그림자를 박스 안쪽으로 표현하는 효과를 나타낸다.

```
<head>
    <style>
        body { font-weight: bold; font-size: 12pt; }
        .boxshadow1 {
            background-color: yellow;
            border: 5px solid blue;
            box-shadow: 10px 10px 0px teal;
        }
        .boxshadow2 {
            background-color: orange;
            border: 5px solid red;
            box-shadow: 20px 20px 50px red;
        }
        .boxshadow3 {
            background-color: silver;
            border: 5px solid black;
            box-shadow: 20px 20px 30px -20px maroon;
        }
        .boxshadow4 {
            background-color: lime;
            border: 5px solid olive;
            box-shadow: 10px 10px 0px 10px fuchsia inset;
        }
    </style>
</head>
<body>
    <h1 class="boxshadow1">박스 그림자 스타일링 예제 1</h1>
    <h1 class="boxshadow2">박스 그림자 스타일링 예제 2</h1>
    <h1 class="boxshadow3">박스 그림자 스타일링 예제 3</h1>
    <h1 class="boxshadow4">박스 그림자 스타일링 예제 4</h1>
</body>
```

박스 그림자 스타일링 예제 1

박스 그림자 스타일링 예제 2

박스 그림자 스타일링 예제 3

박스 그림자 스타일링 예제 4

다음 소스코드의 #bs1은 박스 테두리의 상하좌우 네 방향에 같은 그림자 효과를 준 것이고, #bs2는 박스에 그림자 효과를 단계별로 색상을 달리하여 적용한 것이다.

```
                                                      ch07/08_BoxShadow2.html
<head>
   <style>
      div { width: 200px; height: 50px; padding: 10px; margin: 30px; }
      #bs1 { border: 1px solid rgba(102,186,255,0.4);
            box-shadow: 0px 0px 20px 10px rgba(102,186,255,0.4); }
      #bs2 { border: 1px solid black;
            box-shadow: 10px 10px #BCE55C, 20px 20px #CEF279, 30px 30px #E4F7BA; }
   </style>
</head>
<body>
   <div id="bs1">
      <h3>박스 그림자 특수 효과1</h3>
   </div>
   <div id="bs2">
      <h3>박스 그림자 특수 효과2</h3>
   </div>
</body>
```

이미지에 그림자 효과를 적용하면 입체적인 느낌을 살릴 수 있다. 다음 소스코드를 작성하고 실행해 보자.

```
                                                      ch07/08_BoxShadow3.html
<head>
   <style>
      img { padding: 20px; margin: 20px; }
      /* Bottom right coner */
      .shadow1{ box-shadow: 5px 5px 10px #000; }
      /* Up right coner */
      .shadow2{ box-shadow: 5px -5px 10px #000; }
   </style>
</head>
<body>
   <img src="pic1.jpg" class="shadow1">
   <img src="pic2.jpg" class="shadow2">
</body>
```

04 레이아웃 속성

이 절에서는 박스 모델을 이용하여 웹 문서의 전체적인 레이아웃을 정의하는 방법을 알아본다.

1 position 속성

position은 텍스트, 이미지, 표 등의 요소를 웹 문서에 배치할 때 사용하는 속성이다. position 속성이 가질 수 있는 값은 [표 7-8]과 같다.

표 7-8 position에 사용되는 속성값

구분	속성값	설명
정적 위치 설정	position: static;	각종 요소를 웹 문서의 흐름에 따라 배치한다.
상대 위치 설정	position: relative;	웹 문서의 정상적인 위치에서 상대적으로 얼마나 떨어져 있는지 표시하여 배치하는 방법이다.
절대 위치 설정	position: absolute;	전체 페이지를 기준으로 top, right, bottom, left의 속성을 이용하여 원하는 위치에 배치하는 방법이다.
고정 위치 설정	position: fixed;	요소의 위치를 '절대 위치 설정'과 똑같은 방법으로 배치하되, 창의 스크롤을 움직여도 사라지지 않고 고정된 위치에 그대로 있다.

■ 정적 위치 설정

텍스트, 이미지, 표 등의 요소를 웹 문서의 흐름에 따라 배치하는 방법이다. 블록 요소는 위에서 아래로 쌓이고, 인라인 요소는 같은 줄에 순서대로 배치된다. 기본적으로 박스 모델이 적용된 요소의 위치는 왼쪽 모서리를 기준으로 가로와 세로를 나타내는 top과 left 속성값에 의해 결정된다. 하지만 정적 위치 설정의 경우 웹 문서의 흐름에 따라 배치되기 때문에 top과 left 등의 속성은 요소 배치에 아무런 영향을 끼치지 못한다.

예제 7-9 정적 위치 설정으로 요소 배치하기   ch07/09_StaticPosition.html

```
<head>
    <style>
        body { font-weight: bold; font-size: 12pt; }
        .sp1 {
            position: static;
            top: 100px;   /* 적용되지 않음 */
            background-color: cyan; width: 400px; height: 50px;
        }
        .sp2 {
            position: static;
            left: 30px;   /* 적용되지 않음 */
            background-color: orange; width: 400px; height: 50px;
        }
        .sp3 { background-color: lightgreen; width: 400px; height: 50px; }
    </style>
</head>
<body>
    <h1>positioning style1</h1>
    <p class="sp1">정적 위치 설정 적용1</p>
    <div class="sp2">정적 위치 설정 적용2</div>
    <p class="sp3">기본 위치 설정</p>
</body>
```

positioning style1

정적 위치 설정 적용1

정적 위치 설정 적용2

기본 위치 설정

■ 상대 위치 설정

각종 요소가 웹 문서의 정적(static) 위칫값에서 상대적으로 얼마나 떨어져 있는지 표시하여 배치하는 방법이다. 상대적인 위치를 지정해주어야 하기 때문에 정적 위치 설정 방법에서 사용할 수 없었던 top, right, bottom, left 속성을 이용하여 위치를 지정한다.

예제 7-10 상대 위치 설정으로 요소 배치하기   ch10/10_RelativePosition.html

```html
<head>
    <style>
        body { font-weight: bold; font-size: 12pt; }
        .sp {
            position: static;
            left: 30px;   /* 적용되지 않음 */
            background-color: cyan; width: 400px; height: 50px;
        }
        .rp1 {
            position: relative;
            left: 30px; top: -10px;
            background-color: orange; width: 400px; height: 50px;
        }
        .rp2 {
            position: relative;
            left: 60px; top: 20px;
            background-color: lightgreen; width: 400px; height: 50px;
        }
    </style>
</head>
<body>
    <h1>positioning style2</h1>
    <p class="sp">정적 위치 설정 적용</p>
    <div class="rp1">상대 위치 설정 적용 - left 30px, top -10px</div>
    <p class="rp2">상대 위치 설정 적용 - left 60px, top 20px</p>
</body>
```

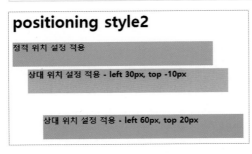

■ 절대 위치 설정

웹 문서의 흐름과는 상관없이 전체 페이지를 기준으로 top, right, bottom, left의 속성을 이
용하여 원하는 위치에 배치시키는 방법이다. 이때 가장 가까운 부모 요소의 위치를 기준으로
배치되므로 부모 요소의 위치를 고려하여 원하는 부분에 배치시켜야 한다. 만약 기준이 되는
부모 요소가 없을 경우에는 웹 브라우저의 왼쪽 상단 모서리가 기준이 된다.

예제 7-11 절대 위치 설정으로 요소 배치하기   ch07/11_AbsolutePosition.html

```html
<head>
    <style>
        body { font-weight: bold; font-size: 12pt; }
        .ap1 {
            position : absolute; left: 30px; top: 70px;
            background-color: yellow; width: 400px; height: 50px;
        }
        .ap2 {
            position: absolute; left: 40px; top: 90px;
            background-color: lightgreen; width: 400px; height : 50px;
        }
        .rp {
            position: relative; left: 50px; top: 80px;
            background-color: cyan; width: 400px; height: 50px;
        }
    </style>
</head>
<body>
    <h1>positioning style3</h1>
    <div class="ap1">절대 위치 설정 적용 - left 30px, top 70px</div>
    <div class="ap2">절대 위치 설정 적용 - left 40px, top 90px</div>
    <div class="rp">상대 위치 설정 적용 - left 50px, top 80px</div>
</body>
```

positioning style3

절대 위치 설정 적용 - left 30px, top 70px
절대 위치 설정 적용 - left 40px, top 90px

상대 위치 설정 적용 - left 50px, top 80px

■ 고정 위치 설정

요소의 위칫값이 절대 위치 설정과 똑같이 계산된다. 단, 창의 스크롤을 움직여도 사라지지 않고 고정된 위치에 그대로 있다는 점이 절대 위치 설정과 다르다. 다음 예제에서 창 오른쪽의 스크롤을 위아래로 이동시켜보고 어떤 차이가 있는지 살펴보자.

예제 7-12 고정 위치 설정으로 요소 배치하기　　　　　　　　　　　ch07/12_FixedPosition.html

```
<head>
    <style>
        body { font-weight: bold; font-size: 12pt; }
        .p { background-color: yellow; width: 300px; height: 50px; }
        .fp {
            position: fixed;
            right: 5px; top: 5px;
            background-color: lightgreen;
            width: 300px; height: 50px;
        }
    </style>
</head>
<body>
    <h1>positioning style4</h1>
    <p class="p">기본 위치 설정 박스1</p>
    <p class="p">기본 위치 설정 박스2</p>
    <p class="p">기본 위치 설정 박스3</p>
    <p class="p">기본 위치 설정 박스4</p>
    <p class="p">기본 위치 설정 박스5</p>
    <p class="fp"> 고정 위치 설정 박스 : 오른쪽 스크롤 위아래로 이동해보기</p>
</body>
```

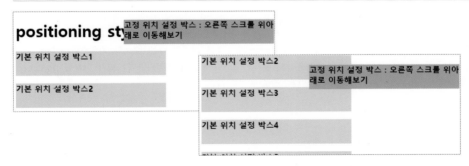

2 float 속성

float라는 용어에는 기본적으로 '떠 있다', '부유하다'라는 의미가 있다. float 속성은 화면을 구성하는 요소 간의 관계를 고려하여 각 요소를 배치하는 방법이다. 줄글이 긴 한글 문서에 이미지를 삽입할 때 '어울림'이라는 속성을 적용한 것과 유사하다. float 속성을 사용할 때 주의할 점은 화면의 크기가 달라져 문서의 배치가 바뀔 때 영향을 받는다는 점이다. 따라서 float 속성이 적용된 요소에는 potion 속성의 absolute를 사용할 수 없다. [표 7-9]는 float 속성이 가질 수 있는 값을 나타낸 것이다. float 속성은 대상 요소를 화면의 왼쪽이나 오른쪽으로만 배치할 수 있다.

표 7-9 float에 사용되는 속성값

속성값	설명
inherit	요소를 감싸는 부모 요소의 float 속성을 상속받는다.
left	요소를 왼쪽으로 떠 있는 상태로 만든다.
right	요소를 오른쪽으로 떠 있는 상태로 만든다.
none	float 속성을 적용하지 않는다(요소를 떠 있지 않게 한다).

예제 7-13 float 속성 사용하기   ch07/13_FloatPosition.html

```
<head>
    <style>
        img { float: right; margin: 0 0 10px 10px; }
    </style>
</head>
<body>
    <p>float 속성은 웹 문서의 레이아웃을 설계하는 과정에서 많이 사용하는 속성입니다.</p>
    <p><img src="pic1.jpg" alt="image" width="140" height="140">
    float 속성은 특정 요소를 떠 있게 해줍니다. 여기서 '떠 있다'라는 말의 의미는 특정 요소가 기본
    레이아웃에서 벗어나 웹 문서의 왼쪽이나 오른쪽에 이동하는 것을 말합니다. float 속성은 복잡한 형
    태의 레이아웃을 구성하는 데 필요한 핵심 속성으로, 특정 요소가 주변 요소와 자연스럽게 어울리도록
    해줍니다. 주의할 점은 float 속성을 사용할 때 요소의 위치가 고정되면 안 되기 때문에 position
    속성의 absolute를 사용하면 안 됩니다.</p>
</body>
```

float 속성은 웹 문서의 레이아웃을 설계하는 과정에서 많이 사용하는 속성입니다.

float 속성은 특정 요소를 떠 있게 해줍니다. 여기서 '떠 있다'라는 말의 의미는 특정 요소가 기본 레이아웃에서 벗어나 웹 문서의 왼쪽이나 오른쪽에 이동하는 것을 말합니다. float 속성은 복잡한 형태의 레이아웃을 구성하는 데 필요한 핵심 속성으로, 특정 요소가 주변 요소와 자연스럽게 어울리도록 해줍니다. 주의할 점은 float 속성을 사용할 때 요소의 위치가 고정되면 안 되기 때문에 position 속성의 absolute를 사용하면 안 됩니다.

clear 속성은 float 속성이 적용되지 않도록 할 때 사용한다. 즉 float 속성을 초기화하는 역할을 한다. 예를 들어 float: left;를 사용했다면 clear: left;로, float: right;를 사용했다면 clear: right;로 초기화할 수 있다. 속성값이 left인지 right인지에 상관없이 무조건 초기화하고 싶다면 clear: both;를 사용한다. 참고로 이 속성은 오직 float 속성에만 사용할 수 있다.

예제 7-14 clears 속성 사용하기   ch07/14_UsingClear.html

```
<head>
    <style>
        .div1 {
            float: left; width: 100px; height: 50px; margin: 10px;
            border: 3px solid #73AD21;
        }
        .div2 { border: 1px solid red; }
        .div3 {
            float: left; width: 100px; height: 50px; margin: 10px;
            border: 3px solid #73AD21;
        }
        .div4 { border: 1px solid red; clear: left; }
    </style>
</head>
<body>
    <h2>float 속성 사용</h2>
    <div class="div1">div1</div>
    <div class="div2">div2 - float 속성을 사용하여 대상 요소를 웹 문서에 배치하면 그 다음 요
    소에도 똑같은 속성이 적용됩니다. 하지만 float 속성이 사용되는 것을 원하지 않을 때도 있습니다.
    이때 clear 속성을 사용합니다. 다양한 레이아웃 설계할 때에는 float 속성과 clear 속성을 적절
    히 잘 사용해야 합니다.</div>
    <h2>clear 속성 사용</h2>
    <div class="div3">div3</div>
```

```
<div class="div4">div4 - clear 속성은 float 속성이 적용되는 것을 원하지 않는 요소에 사
용하여 float 속성을 초기화시킵니다. float: left;를 사용했다면 clear: left;로, float:
right;를 사용했다면 clear: right;로 초기화합니다. float 속성 값이 left 인지 right 인지
상관없이 무조건 초기화하고 싶다면 clear: both;를 사용합니다. 보통 clear: both;를 많이 사용
합니다.</div>
</body>
```

float 속성 사용

div1

div2 - float 속성을 사용하여 대상 요소를 웹 문서에 배치하면 그 다음 요소에도 똑같은 속성이 적용됩니다. 하지만 float 속성이 사용되는 것을 원하지 않을 때도 있습니다. 이때 clear 속성을 사용합니다. 다양한 레이아웃 설계할 때에는 float 속성과 clear 속성을 적절히 잘 사용해야 합니다.

clear 속성 사용

div3

div4 - clear 속성은 float 속성이 적용되는 것을 원하지 않는 요소에 사용하여 float 속성을 초기화시킵니다. float: left;를 사용했다면 clear: left;로, float: right;를 사용했다면 clear: right;로 초기화합니다. float 속성 값이 left 인지 right 인지 상관없이 무조건 초기화하고 싶다면 clear: both;를 사용합니다. 보통 clear: both;를 많이 사용합니다.

float 속성을 사용할 때 이미지가 박스 영역을 벗어난 채 출력되는 경우가 있다. 이 때 overflow 속성을 auto로 설정하면 요소가 벗어나는 현상을 해결할 수 있다.

예제 7-15 overflow 속성 사용하기   ch07/15_UsingOverflow.html

```
<head>
    <style>
        div { border: 3px solid #73AD21; }
        .img1 { float: right; }
        .fix { overflow: auto; }
        .img2 { float: right; }
    </style>
</head>
<body>
    <p>이미지가 박스 영역을 벗어남</p>
    <div><img class="img1" src="pic2.jpg" alt="image" width="140" height="140">
    이미지가 오른쪽 정렬로 되어 있는데, 박스 영역을 벗어났습니다.</div>
    <p style="clear:right">overflow: auto; 속성을 사용하여 해결</p>
    <div class="fix"><img class="img2" src="pic2.jpg" alt="img" width="140"
    height="140">
    이미지가 박스 영역을 벗어날 경우에는 overflow 속성을 auto로 설정하여 해결합니다.</div>
</body>
```

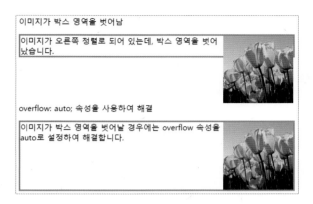

HTML5 문서는 기존 HTML 문서와 달리 문서 구조에 의미가 담겨 있다. 이를 시맨틱 (semantics) 문서 구조라고 한다. float 속성은 시맨틱 문서 구조에 유용하게 사용할 수 있다. 예를 들면 〈nav〉나 〈aside〉에 float 속성을 추가하면 떠다니는 내비게이션이나 사이드 바를 만들 수 있다. float 속성을 사용하지 않으면 〈nav〉나 〈aside〉 요소가 각각의 블록을 차지하고 있지 만 float 속성을 사용하면 자연스러운 웹 문서를 만들 수 있다.

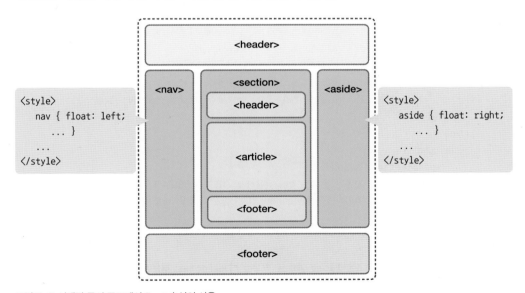

그림 7–5 시맨틱 문서 구조에서 float 속성의 사용

시맨틱 문서 구조에 float 속성을 적용할 때는 〈footer〉 부분에 적용되지 않도록 주의해야 한다. 만약 〈aside〉에 float 속성을 지정한 상태에서 웹 문서를 만들면 〈footer〉에도 적용되어 사이드

바 위치에 〈footer〉가 온다. 이럴 경우에는 clear 속성을 사용하여 〈footer〉 요소가 올바른 위치에 자리잡도록 해야 한다.

예제 7-16 시맨틱 문서 구조에 float 속성 사용하기　　　　　ch07/16_FloatLayout.html

```
<head>
    <style>
        div { border: 3px solid blue; }
        .fix { overflow: auto; }
        nav { float: left; width: 200px; border: 3px solid #73AD21; }
        section { margin-left: 206px; border: 3px solid red; }
    </style>
</head>
<body>
    <div class="fix">
        <nav>
            <span>목차</span>
            <ul>
                <li><a target="_blank" href="http://www.google.com">Google</a></li>
                <li><a target="_blank" href="http://www.apple.com">Apple</a></li>
                <li><a target="_blank" href="http://www.w3.org">W3C</a></li>
                <li><a target="_blank" href="http://www.oracle.com">Oracle</a></li>
                <li><a target="_blank" href="http://www.adobe.com">Adobe</a></li>
                <li><a target="_blank" href="http://www.amazon.com">Amazon</a></li>
                <li><a target="_blank" href="http://www.Mysql.com">Mysql</a></li>
            </ul>
        </nav>
        <section>
            <span>section 1</span>
            <p>float 속성은 시맨틱 문서 구조에 유용하게 사용할 수 있습니다. 예를 들면 nav나 aside
            에 float 속성을 추가하면 떠다니는 내비게이션 또는 사이드 바를 만들 수 있습니다.</p>
        </section>
        <section>
            <span>section 2</span>
            <p>시맨틱 문서 구조에 float 속성을 적용할 때는 footer 부분에 적용되지 않도록 해야 합
            니다.</p>
        </section>
    </div>
</body>
```

목차	section 1
<ul><li>Google</li><li>Apple</li><li>W3C</li><li>Oracle</li><li>Adobe</li><li>Amazon</li><li>Mysql</li></ul>	float 속성은 시맨틱 문서 구조에 유용하게 사용할 수 있습니다. 예를 들면 nav나 aside에 float 속성을 추가하면 떠다니는 내비게이션 또는 사이드 바를 만들 수 있습니다.
	section 2
	시맨틱 문서 구조에 float 속성을 적용할 때는 footer 부분에 적용되지 않도록 해야 합니다.

3 z-index 속성

z-index는 어떤 요소를 수평 또는 수직으로 배치하는 것이 아니라 한 요소 위에 다른 요소를 쌓을 때 사용한다. z-index 속성값이 작을수록 아래에 쌓이고, 크면 작은 값 위에 쌓인다.

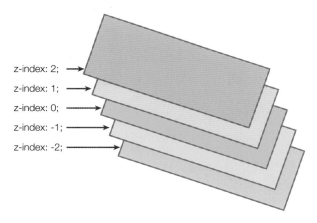

그림 7-6 z-index 속성값에 따른 배치

예제 7-17 z-index 속성값에 따라 요소들이 쌓이는 순서 확인하기　　　ch07/17_z-index.html

```
<head>
    <style>
        #box1 {
            position: absolute;
            top: 0px; left: 0px;
            width: 100px; height: 100px;
            background: blue;
            z-index: 3;
        }
```

```
    #box2 {
        position: absolute;
        top: 30px; left: 30px;
        width: 100px; height: 100px;
        background: yellow;
        z-index: 2;
    }
    #box3 {
        position: absolute;
        top: 60px; left: 60px;
        width: 100px; height: 100px;
        background: green;
        z-index: 1;
    }
    </style>
</head>
<body>
    <div id="box1">box #1</div>
    <div id="box2">box #2</div>
    <div id="box3">box #3</div>
</body>
```

05 표 속성

1 표 레이아웃

table-layout은 셀 안 내용의 양에 따라 셀 너비를 조절할 때 사용하는 속성이다.

표 7-10 table-layout에 사용되는 속성값

속성값	설명
table-layout: auto;	내용 분량에 따라 셀 너비가 자동으로 조절된다. (기본값)
table-layout : fixed;	내용 분량과 관계없이 셀 너비를 고정한다.
table-layout: initial;	변경된 테이블 레이아웃을 기본값 상태(auto)로 설정한다.
Table-layout: inherit;	부모 요소의 값을 상속 받아 셀 너비를 결정한다.

예제 7-18 표의 레이아웃 설정하기   ch07/18_TableLayout.html

```
<head>
    <style>
        td, th { border: 1px solid black; }
        #tb1 {
            border: 2px solid red;
            table-layout: auto;
        }
        #tb2 {
            border: 3px dotted teal;
            background-color: yellow;
            table-layout: fixed;
        }
    </style>
</head>
<body>
    <h2>table layout auto 예제</h2>
    <table id="tb1">
```

```
        <tr>
            <th>table layout auto</th>
            <td>내용 분량에 따라서 자동으로 조절</td>
        </tr>
    </table>
    <h2>table layout fixed 예제</h2>
    <table id="tb2" width="250px">
        <tr>
            <th>table layout fixed</th>
            <td>내용 분량과 상관 없이 고정</td>
        </tr>
    </table>
</body>
```

2 표 테두리

표의 테두리는 2절(237~241쪽)에서 살펴보았던 border-width, border-color, border-style 속성을 이용하여 설정한다. 이 세 가지 속성은 border 속성을 이용해 다음과 같이 한꺼번에 설정할 수도 있다.

```
border-width: thin;
border-color: red;              →     border: thin red dotted;
border-style: dotted;
```

border-collapse는 표의 테두리와 각 셀을 구분하여 볼 수 있도록 해주는 속성이다. 속성값으로 separate를 사용하면 바깥 테두리와 셀의 테두리가 분리되고, collapse를 사용하면 바깥 테두리와 셀의 테두리가 합쳐진다.

```html
<head>
    <style>
        td, th { border: 2px solid black; }
        #tb1 {
            border: 3px solid red;
            background-color: yellow;
            border-collapse: separate;
            table-layout: auto;
        }
        #tb2 {
            border: 3px solid red;
            background-color: yellow;
            border-collapse: collapse;
            table-layout: auto;
        }
    </style>
</head>
<body>
    <table style id="tb1" width="350px">
        <tr>
            <th>table border-collapse</th>
            <td>separate 적용</td>
        </tr>
    </table>
    <p></p>
    <table style id="tb2" width="350px">
        <tr>
            <th>table border-collapse</th>
            <td>collapse 적용</td>
        </tr>
    </table>
</body>
```

| table border-collapse | separate 적용 |

| table border-collapse | collapse 적용 |

border-spacing은 바깥 테두리와 셀 테두리 사이의 거리를 지정하는 속성으로, 사용자가 원하는 만큼 거리를 지정할 수 있다.

```
<head>
    <style>
        td, th { border: 1px solid red; }
        #tb1 {
            border: 2px solid green;
            border-spacing: 10px;          /* 상하좌우 */
        }
        #tb2 {
            border: 3px solid maroon;
            background-color: aqua;
            border-spacing: 20px 40px;    /* 첫 번째 값: 좌우, 두 번째 값: 상하 */
        }
    </style>
</head>
<body>
    <table style id="tb1" width="350px">
        <tr>
            <th>table border-spacing</th>
            <td>10px</td>
        </tr>
    </table>
    <p></p>
    <table style id="tb2" width="350px">
        <tr>
            <th>table border-spacing</th>
            <td>20px 40px</td>
        </tr>
    </table>
</body>
```

table border-spacing	10px

table border-spacing	20px 40px

3 내용 정렬, 빈 셀 처리, 캡션 위치

text-align은 셀 안의 텍스트를 정렬하는 속성이다. 속성값으로 left, right, center, justify, initial, inherit가 있다. empty-cells는 빈 셀을 표시하거나 숨길 때 사용하는 속성으로, 빈 셀을 표시할 때는 show, 빈 셀을 숨길 때는 hide 속성값을 이용한다.

```html
<head>
    <style>
        td, th { border: 1px solid blue; }
        #tb1 { border-collapse: separate; empty-cells: hide; }
        #tb2 { border-collapse: separate; empty-cells: show; }
    </style>
</head>
<body>
    <table id="tb1" border="1" width="300px">
        <tr>
            <td>국어</td>
            <td>영어</td>
            <td></td>
        </tr>
        <tr>
            <td>수학</td>
            <td></td>
        </tr>
    </table>
    <p></p>
    <table id="tb2" border="1" width="300px">
        <tr>
            <td>국어</td>
            <td>영어</td>
            <td></td>
        </tr>
        <tr>
            <td>수학</td>
            <td></td>
        </tr>
    </table>
</body>
```

caption-side는 캡션의 위치를 지정하는 속성이다. caption-side: top; 또는 caption-side: bottom;으로 지정하면 캡션의 위치를 위나 아래로 옮길 수 있다. 참고로 표 캡션은 기본적으로 위 혹은 아래에만 삽입할 수 있다.

```
<head>
    <style>
        td, th { border: 2px solid black; }
        #c1 { border: 3px solid blue; caption-side: top; border-collapse: collapse; }
        #c2 { border: 3px solid red; caption-side: bottom; border-collapse: col-
        lapse; }
    </style>
</head>
<body>
    <table id="c1" border="1" width="300px">
        <caption>[table 1-1] Korea University</caption>
        <tr>
            <th>University</th> <th>Contact</th> <th>Country</th>
        </tr>
        <tr>
            <td>서울대학교</td> <td>홍현성</td> <td>KOREA</td>
        </tr>
    </table>
    <p></P>
    <table id="c2" border="1" width="300px">
        <caption>[table 1-2] USA University</caption>
        <tr>
            <th>University</th> <th>Contact</th> <th>Country</th>
        </tr>
        <tr>
            <td>Havard</td>
            <td>Jackie</td>
            <td>USA</td>
        </tr>
    </table>
</body>
```

[table 1-1] Korea University

University	Contact	Country
서울대학교	홍현성	KOREA

University	Contact	Country
Havard	Jackie	USA

[table 1-2] USA University

▶ 요약

01 박스 모델

웹 문서에서 각 요소는 양식화된 하나 이상의 박스로 구성된다. 박스는 실제 내용(content)이 들어가는 영역을 중심으로 주위에 padding, border, margin으로 구성된다.

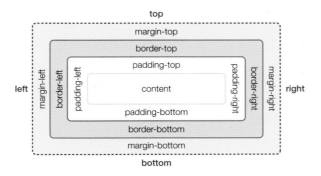

02 테두리 속성

테두리의 두께는 border-width, 색상은 border-color, 스타일은 border-style 속성을 이용하여 지정한다.

03 박스 속성

박스 모델에서 둥근 모서리는 border-radius, 박스 그림자는 box-shadow 속성을 이용하여 지정한다.

04 레이아웃 속성

- **position** : 텍스트, 이미지, 표 등의 요소를 웹 문서에 배치할 때 사용하는 속성이다. 속성값으로 static, relative, absolute, fixed가 있다.
- **float** : 화면을 구성하는 요소 간의 관계를 고려하여 각 요소를 배치할 때 사용하는 속성이다. 속성값으로 inherit, left, right, none이 있다.
- **z-index** : 어떤 요소를 수평 또는 수직으로 배치하는 것이 아니라 한 요소 위에 다른 요소를 쌓을 때 사용하는 속성이다. 속성값이 작을수록 아래에 쌓이고, 크면 작은 값 위에 쌓인다.

05 표 속성

셀 너비는 table-layout, 표의 테두리는 border, 내용 정렬은 text-align, 빈 셀의 처리는 empty-cells, 캡션의 위치는 caption-side 속성을 이용하여 지정한다.

연습문제

01 박스 모델의 margin 속성 적용 시 { margin: 20px 20px 30px 20px }라는 형태로 속성값이 적용되었을 때의 순서로 알맞은 것은?

① top → bottom → left → right

② top → right → bottom → left

③ top → left → bottom → right

④ top → bottom → right → left

02 border의 속성값에 대한 설명으로 옳지 <u>않은</u> 것은?

① solid : 테두리를 실선으로 지정한다.

② hidden : 테두리가 나타나지 않는다.

③ ridge : 테두리를 오목한 선으로 지정한다.

④ inset : 테두리의 안쪽이 오목한 선으로 지정한다.

03 요소들이 정상적인 흐름에 따라 배치되는 포지셔닝 방법은?

① relative ② absolute

③ fixed ④ static

04 요소의 위치는 top, bottom, right, left의 속성값을 이용하여 지정할 수 있다. 이와 같은 위치 지정 속성값의 영향이 전혀 없는 포지셔닝 방법은?

① static ② relative

③ absolute ④ static

05 HTML 각 요소 간의 간격을 생성하는 데 사용하는 속성은?

① contests ② padding

③ margin ④ spacing

06 박스의 모서리 부분을 둥글게 처리하는 속성은?

07 float 속성은 무엇인지 간단히 설명하시오.

08 요소를 배치할 때 각 요소가 겹치게 배치하는 방법은 어떠한 속성을 이용하는 것인가?

09 테두리의 셀 구분선을 두 줄 또는 병합하여 한 줄로 표현하는 속성은?

10 둥근 모서리 박스 모델을 이용하여 결과 화면과 같이 출력되도록 빈칸을 채우시오.

```
<head>
    <style>



    </style>
</head>
<body>
    <table class="s1">
        <tr><td>속성명</td><td>border-radius</td></tr>
        <tr><td>테이블 반지름 값</td><td>1em</td></tr>
        <tr><td>내부 테이블 반지름 값</td><td>0.5em</td></tr>
    </table>
</body>
```

속성명	border-radius
테이블 반지름 값	1em
내부 테이블 반지름 값	0.5em

11 높이가 130픽셀, 너비가 280픽셀인 박스에 다음과 같이 둥근 모서리를 적용하고자 한다. 빈칸을 채우시오.

```
<head>
    <title>실습 문제</title>
    <style>




    </style>
</head>
<body>
    <p class="br"></p>
</body>
```

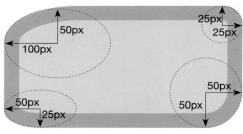

12 다음은 박스 모델을 입체적으로 겹치게 나타낸 것이다. 적당한 CSS 스타일을 사용하여 소스코드를 작성하시오.

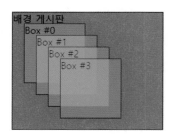

Chapter 08
CSS3 효과와 애니메이션

학습목표

▸ 불투명도, 가시성, 형식 변환, 그레이디언트 속성의 사용법을 알고 적용할 수 있다.

▸ 2차원 변환 함수의 종류를 알고 적용할 수 있다.

▸ 3차원 변환 함수의 종류를 알고 적용할 수 있다.

▸ CSS3에서 제공하는 애니메이션 속성의 종류를 알고 적용할 수 있다.

01 속성 효과

1 불투명도 속성

불투명도(opacity) 속성은 웹 문서에 포함된 요소의 불투명도를 설정할 때 사용한다. 불투명도의 값은 0.0(완전 투명)~1.0(완전 불투명)의 범위 내에서 설정할 수 있다.

예제 8-1   마우스를 올리면 선명하게 보이게 설정하기　　　　　　　　ch08/01_opacity1.html

```
<head>
    <style>
        a:link { opacity: 0.5; }
        a:hover { opacity: 1.0; }
        img { opacity: 0.2; }
        img:hover { opacity: 1.0; }
    </style>
</head>
<body>
    <h3>마우스를 올리면 선명하게 보입니다.</h3>
    <div> <a href="http://www.google.com">구글 웹 사이트</a> </div>
    <p></p>
    <div> <img src="pic1.jpg"> </div>
</body>
```

마우스를 올리면 선명하게 보입니다.

구글 웹 사이트

```html
<head>
    <style>
        div.background {
            background: url(sky.jpg) repeat;
            border: 1px solid black;
        }
        div.box {
            margin: 30px;
            background-color: #ffffff;
            border: 2px solid blue;
            opacity: 0.5;
        }
        div.box p {
            margin: 5%;
            font-weight: bold;
            color: #000000;
            text-align: center;
        }
    </style>
</head>
<body>
    <div class="background">
        <div class="box">
            <p>HTML5 웹 프로그래밍</p>
        </div>
    </div>
</body>
```

```
<head>
    <style>
        div.tip { opacity: 0.2; }
        div.ans { opacity: 0.0; }
        div.tip:hover { opacity: 1.0; color: red; }
        div.ans:hover { opacity: 1.0; color: blue; }
    </style>
</head>
<body>
    <p>[문제] CSS3에서 불투명도를 적용하기 위한 속성은?</p>
    <p>① border</p>
    <p>② opacity</p>
    <p>③ transparency</p>
    <p>④ visible</p>
    [힌트] <div class="tip">'불투명'을 뜻하는 영문 단어를 찾아보세요.</div>
    <p></p>
    [정답] <div class="ans">정답은 ②번입니다.</div>
</body>
```

[문제] CSS3에서 불투명도를 적용하기 위한 속성은?	[문제] CSS3에서 불투명도를 적용하기 위한 속성은?
① border	① border
② opacity	② opacity
③ transparency	③ transparency
④ visible	④ visible
[힌트] '불투명'을 뜻하는 영문 단어를 찾아보세요.	[힌트] '불투명'을 뜻하는 영문 단어를 찾아보세요.
[정답]	[정답] 정답은 ②번입니다.

2 가시성 속성

가시성(visibility) 속성은 어떤 요소를 보이게 하거나(visible) 반대로 보이지 않게(hidden) 할 때 사용한다. 가시성 속성으로 어떤 요소를 보이지 않게 설정하면 요소는 보이지 않지만 요소가 차지한 공간은 남아 있다. 특정 요소를 보이지 않게 할 때는 디스플레이(display) 속성을 사용할 수도 있는데, '{ display: none; }'과 같이 작성하면 된다. 디스플레이 속성으로 어떤 요소를 보이지 않게 하면 가시성 속성과 반대로 요소가 차지하는 공간도 사라진다.

```html
<head>
    <style>
        .v1 { visibility: hidden;  border: 1px dotted red; }
        .v2 { visibility: visible; border: 1px dotted red; }
        .v3 { display: none; border: 1px dotted red; }
    </style>
</head>
<body>
    <div class="v1">       <!-- 보이지 않도록 설정: 공간 있음 -->
        <img src="pic1.jpg">
    </div>
    <div class="v2"> <img src="pic1.jpg"> </div>
    <div class="v3">       <!-- 보이지 않도록 설정: 공간 삭제 -->
        <img src="pic1.jpg">
    </div>
    <div class="v2"> <img src="pic1.jpg"> </div>
</body>
```

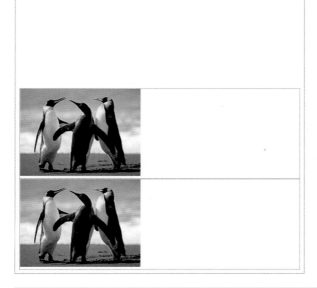

NOTE_ 디스플레이 속성을 사용하여 특정 요소를 보이게 하려면 속성값으로 'inline', 'block', 'list-item', 'initial' 등을 입력하면 된다.

3 형식 변환 속성

HTML 문서에 요소를 배치하는 형식에는 블록(block) 형식과 인라인(inline) 형식이 있다. 블록 형식은 다음 요소가 항상 새로운 행에서 시작되며 화면의 최대 너비만큼 차지한다. 인라인 형식은 다음 요소가 이전 요소 바로 뒤에 배치되며 최소한의 너비만 갖는다. 각 형식에 해당하는 태그는 다음과 같다.

- **블록 형식** : 〈p〉, 〈div〉, 〈ul〉, 〈li〉, 〈table〉, 〈header〉, 〈nav〉, 〈footer〉 등
- **인라인 형식** : 〈a〉, 〈img〉, 〈strong〉, 〈br〉, 〈input〉, 〈sub〉, 〈sup〉 등

블록 형식과 인라인 형식을 서로 변환할 때는 'display: block;' 또는 'display: inline;'이라고 작성한다. 다음 예제를 통해 알아보자.

예제 8-5 인라인 형식을 블록 형식으로 변환하기 ch08/05_display1.html

```html
<head>
    <style>
        p strong{ color: blue; border: 1px dotted red; }
        p.bk strong{ display: block; color: blue; border: 1px dotted red; }
    </style>
</head>
<body>
    <h3>[인라인 형식]</h3>
    <p> 세계적인 IT 기업에는 <strong>Google</strong> <strong>Apple</strong>
<strong>Oracle</strong> 등이 있습니다.</p>
    <h3>[블록 형식으로 변환한 후]</h3>
    <p class="bk"> 세계적인 IT 기업에는 <strong>Google</strong> <strong>Apple</strong>
<strong>Oracle</strong> 등이 있습니다.</p>
</body>
```

[인라인 형식]

세계적인 IT 기업에는 Google Apple Oracle 등이 있습니다.

[블록 형식으로 변환한 후]

세계적인 IT 기업에는
Google
Apple
Oracle
등이 있습니다.

다음은 블록 형식을 인라인 형식으로 변환하여 출력하는 프로그램이다. 원래 ⟨li⟩ 태그는 순서가
없는 목록을 표시하기 위한 태그로 블록 형식에 해당하는데 '{ display: inline; }'으로 속성값을
설정하면 인라인 형식으로 출력할 수 있다. 결과를 보면 블록 형식일 때는 목록이 세로 방향으로
나열되지만 인라인 형식으로 변경되면 가로로 출력되는 것을 볼 수 있다.

예제 8-6 　블록 형식을 인라인 형식으로 변환하기　　　　　　　　　　　　　　　ch08/06_display2.html

```
<head>
    <style>
        ul.in li {
            display: inline; background-color: yellow;
            border: 1px solid; border-color: blue;
            margin: 3px; padding: 5px;
        }
    </style>
</head>
<body>
    <h4>[블록 형식]</h4>
    <ul>
        <li><a href="http://www.google.com">Google</a></li>
        <li><a href="http://www.apple.com">Apple</a></li>
        <li><a href="http://www.oracle.com">Oracle</a></li>
    </ul>
    <h4>[인라인 형식으로 변환한 후]</h4>
    <ul class="in">
        <li><a href="http://www.google.com">Google</a></li>
        <li><a href="http://www.apple.com">Apple</a></li>
        <li><a href="http://www.oracle.com">Oracle</a></li>
    </ul>
</body>
```

[블록 형식]

- Google
- Apple
- Oracle

[인라인 형식으로 변환한 후]

Google　Apple　Oracle

4 백그라운드 속성(그레이디언트 효과)

그레이디언트 효과는 두 가지 이상의 색상이 부드럽게 전환되는 효과를 말한다. 예전에는 포토샵과 같은 툴을 사용하여 배경 이미지로 만들어 구현했으나, CSS3에서 background나 background-image 속성을 이용하여 만들 수 있게 되었다. 그레이디언트 모양에는 선형(linear)과 원형(radial) 두 가지 형태가 있으며, 다음과 같이 작성한다.

```
background: linear-gradient(direction, color-stop1, color-stop2, ...);
background: linear-gradient(angle, color-stop1, color-stop2);
background: radial-gradient(shape size at position, start-color, ..., last-color);
```

그레이디언트 효과에서 색상이 어느 방향으로 번지게 할 것인지는 다음 표와 같이 방향 혹은 각도로 설정할 수 있다. 예를 들어 오른쪽(to right) 값과 90도(90deg) 값은 결과가 같다.

표 8-1 direction에 지정할 수 있는 값

방향	각도
to top	0deg, 360deg
to right	90deg
to bottom	180deg
to left	270deg

예제 8-7 선형 그레이디언트 효과 적용하기　　　　　　　　　　　　　ch08/07_linear.html

```
<head>
    <style>
        #grad1 {
            height: 70px; background: red;
            background: linear-gradient(270deg, red, yellow);
        }
        #grad2 {
            height: 70px; background: red;
            background: linear-gradient(red, yellow, green);
        }
        #grad3 {
            height: 70px; background: red;
```

```
            background: linear-gradient(red, orange, yellow, green, blue, indigo,
            violet);
        }
        #grad4 {
            height: 70px; background: red;
            background: linear-gradient(to right, red, orange, yellow, green, blue,
            indigo, violet);
        }
    </style>
</head>
<body>
    <h4>2색 선형 그레이디언트</h4>
    <div id="grad1"></div>
    <h4>3색 선형 그레이디언트</h4>
    <div id="grad2"></div>
    <h4>7색 선형 그레이디언트</h4>
    <div id="grad3"></div>
    <h4>2색 선형 그레이디언트(to right)</h4>
    <div id="grad4"></div>
    <p><strong>참고:</strong> 최신 브라우저를 사용해주시기 바랍니다.</p>
</body>
```

2색 선형 그레이디언트

3색 선형 그레이디언트

7색 선형 그레이디언트

2색 선형 그레이디언트(to right)

참고: 최신 브라우저를 사용해주시기 바랍니다.

예제 8-8 원형 그레이디언트 효과 적용하기   ch08/08_radial.html

```html
<head>
    <style>
        #grad1 {
            height: 70px;
            background: red;
            background: radial-gradient(yellow, green);
        }
        #grad2 {
            height: 70px;
            background: red;
            background: radial-gradient(red, yellow, green);
        }
        #grad3 {
            height: 70px;
            background: red;
            background: radial-gradient(red 5%, yellow 15%, green 60%)
        }
        #grad4 {
            height: 100px;
            width: 150px;
            background: red;
            background: radial-gradient(circle, red, yellow, green);
        }
    </style>
</head>
<body>
    <h4>기본 2색 원형 그레이디언트</h4>
    <div id="grad1"></div>
    <h4>3색 원형 그레이디언트 </h4>
```

```
    <div id="grad2"></div>
    <h4>색상 영역 지정(% 단위)</h4>
    <div id="grad3"></div>
    <h4>원형 모양 지정(ellipse, circle)</h4>
    <div id="grad4"></div>
    <p><strong>참고: </strong>최신 브라우저를 사용해주시기 바랍니다.</p>
  </body>
```

기본 2색 원형 그레이디언트

3색 원형 그레이디언트

색상 영역 지정(% 단위)

원형 모양 지정(ellipse, circle)

참고: 최신 브라우저를 사용해주시기 바랍니다.

2차원 변환 효과

1 2차원 변환 함수

CSS3는 역동적인 웹 문서를 작성하기 위한 여러 가지 변환 효과를 제공한다. 이러한 변환 효과를 이용하면 웹 문서를 구성하는 각 요소의 크기, 형태, 위치 등을 변경할 수 있고 애니메이션 효과도 적용할 수 있다. 변환 효과는 2차원(2D) 변환 효과와 3차원(3D) 변환 효과로 나눌 수 있다. 다음 표는 2차원 변환 함수를 정리한 것이다.

표 8-2 2차원 변환 함수의 종류

함수	설명	사용 예
translate( )	평행 이동 변환	transform: translate(50px, 100px);
rotate( )	회전 변환	transform: rotate(20deg);
scale( )	크기 변환	transform: scale(2, 3);
skewX( )	X축 기울기 변환	transform: skewX(20deg);
skewY( )	Y축 기울기 변환	transform: skewY(20deg);
skew( )	X, Y축 기울기 변환	transform: skew(20deg, 10deg);
matrix( )	2차원 행렬 구조 변환	transform: matrix(1, −0.3, 0, 1, 0, 0);

> **NOTE_** 다음은 2차원 변환을 시뮬레이션해볼 수 있는 사이트이다.
>
> https://testdrive-archive.azurewebsites.net/Graphics/hands-on-css3/hands-on_2d-transforms.htm

2 평행 이동 변환

평행 이동(translate) 변환 함수는 요소를 지정한 거리만큼 이동시킨다. 이때 이동한 요소는 웹 문서의 전체 레이아웃에 영향을 주지 않는다. 요소가 이동할 때는 중심점을 기준으로 한다. 다음은 '박스 1'을 X축으로 100픽셀, Y축으로 50픽셀만큼 이동하여 '박스 2'로 출력하는 프로그램이다.

예제 8-9   평행 이동 변환하기   ch08/09_translate.html

```
<head>
    <style>
        div {
            width: 200px;
            height: 100px;
            border: 1px dotted black;
            background-color: yellow;
        }
        div#box2 {
            transform: translate(100px, 50px);
        }
    </style>
</head>
<body>
    <div id="box1">
        박스 1
    </div>
    <div id="box2">
        박스 2
    </div>
</body>
```

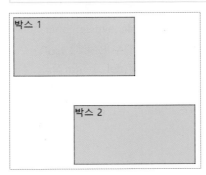

3 회전 변환

회전(rotate) 변환 함수는 요소를 지정한 각도만큼 회전시킨다. 지정한 각도가 양수이면 시계 방향으로, 음수이면 시계 반대 방향으로 회전한다. 다음은 두 개의 박스를 각각 45°와 −90°로 회전시킨 프로그램이다.

예제 8-10 회전 변환하기 ch08/10_rotate.html

```
<head>
   <style>
      div {
         width: 100px; height: 100px;
         border: 1px dotted black; background-color: lightgreen;
         margin: 30px;
      }
      div#box1 {
         transform: rotate(45deg);
      }
      div#box2 {
         transform: rotate(-90deg);
      }
   </style>
</head>
<body>
   <div>
      기본 박스 (0deg)
   </div>
   <div id="box1">
      박스 1 (45deg)
   </div>
   <div id="box2">
      박스 2 (-90deg)
   </div>
</body>
```

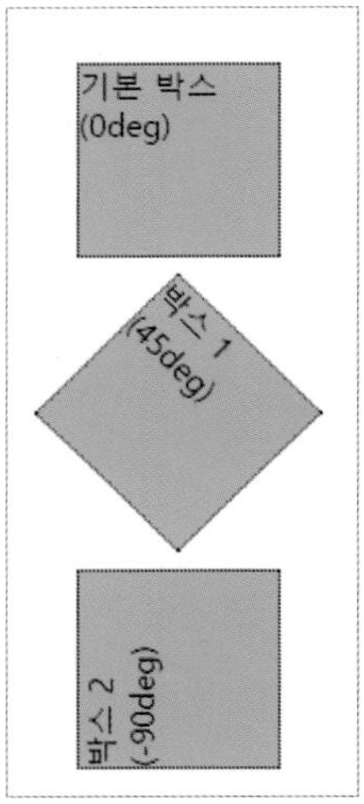

4 크기 변환

크기(scale) 변환 함수는 요소를 지정한 값만큼 확대 또는 축소한다. 요소가 가지고 있는 크기에서 지정된 배율만큼 가로, 세로 사이즈를 변경할 수 있다. 다음은 박스의 크기를 전체적으로 0.5배만큼 축소한 '박스 1'과 가로로 2배, 세로 1.5배만큼 확대한 '박스 2'를 출력하는 프로그램이다.

예제 8-11 크기 변환하기 ch08/11_scale.html

```html
<head>
    <style>
        div {
            width: 100px;
            height: 100px;
            border: 1px dotted black;
            background-color: skyblue;
            margin: 50px;
        }
        div#box1 {
            transform: scale(0.5, 0.5);
        }
        div#box2 {
            transform: scale(2, 1.5);
        }
    </style>
</head>
<body>
    <div>기본 박스</div>
    <div id="box1">
        박스 1 (0.5배 축소)
    </div>
    <div id="box2">
        박스 2 (가로 2배, 세로 1.5배 확대)
    </div>
</body>
```

---

5 기울기 변환

기울기(skew) 변환 함수는 요소를 지정한 각도만큼 X축 혹은 Y축으로 기울인다. 기울기는 X 축과 Y축 동시에 적용할 수 있다.

예제 8-12 기울기 변환하기   ch08/12_skew.html

```html
<head>
    <style>
        div {
            width: 100px;
            height: 100px;
            border: 1px dotted black;
            background-color: lightgreen;
            margin: 50px;
        }
        div#box1 {
            transform: skewX(50deg);
        }
        div#box2 {
            transform: skewY(-30deg);
        }
        div#box3 {
            transform: skew(20deg, 10deg);
        }
    </style>
</head>
<body>
    <div>
        기본 박스
    </div>
    <div id="box1">
        박스 1
    </div>
    <div id="box2">
        박스 2
    </div>
    <div id="box3">
        박스 3
    </div>
</body>
```

6 2차원 행렬 구조 변환

2차원 행렬 구조 변환(matrix) 함수는 크기(scale), 기울기(skew), 평행 이동(translate) 함수의 매개변수 값을 동시에 지정할 수 있다. matrix(a, b, c, d, e, f)의 속성값 여섯 개는 scale(a, d), skew(b, c), translate(e, f)와 매칭된다.

예제 8-13 2차원 행렬 구조 변환하기   ch08/13_matrix.html

```
<head>
   <style>
      div {
         width: 50px;
         height: 50px;
         background-color: silver;
         border: 1px solid black;
         text-align: center;
      }
      div#box1 {
         transform: matrix(1, 0, 0, 1, 100, 0);
      }
      div#box2 {
         transform: matrix(1, 1, -1, 1, 50, 50);
      }
      div#box3 {
         transform: matrix(1, 0, 1, 1, 50, 100);
      }
      div#box4 {
         transform: matrix(1, 2, 2, 1, 50, 150);
      }
   </style>
</head>
<body>
   <div>기본 박스</div>
   <div id="box1">박스 1</div>
   <div id="box2">박스 2</div>
   <div id="box3">박스 3</div>
   <div id="box4">박스 4</div>
</body>
```

---

7 혼합 변환

혼합(compound) 변환 함수는 크기(scale), 평행 이동(translate), 회전(rotate), 기울기(skew) 등의 여러 함수를 한번에 설정하거나 필요한 함수만 선택하여 적용할 때 사용한다. 혼합 변환 함수를 작성하는 방법은 다음과 같다.

```
div { transform: scale(2) translate(100px, 100px) rotate(45deg) skew(30deg); }
div { transform: translate(200px) rotate(-90deg) scale(2); }
```

예제 8-14 혼합 변환하기   ch08/14_compound.html

```
<head>
    <style>
        div {
            width: 50px;
            height: 50px;
            background-color: silver;
            border: 1px solid black;
            text-align: center;
        }
        div#box1 {
            transform: rotate(45deg) scale(1.5) skew(30deg) translate(50px);
        }
        div#box2 {
            transform: translate(200px) rotate(-90deg) scale(2);
        }
    </style>
</head>
<body>
    <div>
        기본 박스
    </div>
    <div id="box1">
        박스 1
    </div>
    <div id="box2">
        박스 2
    </div>
</body>
```

지금까지 살펴본 2차원 변환 효과를 사용하여 노란색 정사각형 박스 안에 마우스를 올리면 초록색 마름모로 바뀌고 박스 밖으로 옮기면 원래 상태로 돌아오는 효과를 만들어보자(마우스 포인터가 위치함에 따라 변환될 요소는 hover 속성을 사용하여 지정한다).

예제 8-15 **2차원 변환 효과 응용하기**　　　　　　　　　　　　　　　　　　　　　　ch08/15_apply.html

```html
<head>
    <style>
        div {
            width: 200px;
            height: 200px;
            border: 1px solid black;
            background: yellow;
        }
        .c1:hover {
            transform-origin: 50% 50% 0px;
            transform: translate(0px, 0px) rotate(-45deg) scale(0.7);
            background: green;
        }
    </style>
</head>
<body>
    <div>
    <div class="c1">박스 안에 마우스를 올리면 무엇이 보일까요?</div>
    </div>
</body>
```

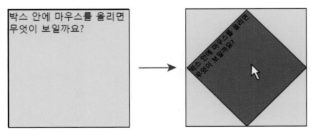

03 3차원 변환 효과

2차원 변환은 평면상에 X, Y 좌표를 중심으로 변환하는 것이다. 이번 절에서 살펴볼 3차원 변환은 X, Y, Z 좌표의 설정값 또는 회전 각도, 크기 등을 변환시키는 것이다. 3차원 변환도 2차원 변환과 마찬가지로 웹 문서를 구성하는 각 요소의 크기, 형태, 위치 등을 변경할 수 있고 애니메이션 효과도 적용할 수 있다.

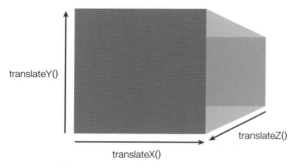

그림 8-1 3차원 변환 효과의 원리

다음 표는 3차원 변환 함수(method)를 정리한 것이다.

표 8-3 3차원 변환 함수의 종류

함수	설명	사용 예
perspective(depth)	3차원 관점 변환	transform: perspective(100px);
translate3d(x, y, z)	3차원 평행 이동 변환	transform: translate3d(50px, 100px, 150px);
translateX(x)	3차원 평행 이동(x축)	transform: translateX(50px);
translateY(y)	3차원 평행 이동(y축)	transform: translateY(50px);
translateZ(z)	3차원 평행 이동(z축)	transform: translateZ(50px);
scale3d(x, y, z)	3차원 크기 변환	transform: scale3d(2, 2, 2);
scaleX(x)	3차원 크기 변환(x축)	transform: scaleX(2);

scaleY(y)	3차원 크기 변환(y축)	transform: scaleY(2);
scaleZ(z)	3차원 크기 변환(z축)	transform: scaleZ(2);
rotate3d(x, y, z, angle)	3차원 회전 변환	transform: rotate3d(1, 1, 1, 45deg);
rotateX(angle)	3차원 회전 변환(x축)	transform: rotateX(30deg);
rotateY(angle)	3차원 회전 변환(y축)	transform: rotateY(30deg);
rotateZ(angle)	3차원 회전 변환(z축)	transform: rotateZ(30deg);

3차원 변환 함수의 사용 방법은 2차원 변환 함수와 유사하다. 또한 함수의 명칭과 속성값 설정 방법도 거의 같다. 다음은 박스에 마우스를 올리면 Y축으로 50° 회전하는 경우와 X축으로 45° 회전하는 경우를 나타낸 프로그램이다.

예제 8-16 3차원 회전하기 ch08/16_3d.html

```
<head>
    <style>
        div {
            background-color: green;
            height: 150px;
            width: 150px;
        }
        .container {
            background-color: white;
            border: 1px solid black;
        }
        .transformed:hover {
            backface-visibility: visible;
            transform-origin: 50% 42%;
            transform: perspective(500px) rotateY(50deg) rotateX(0deg);
        }
        .transformed2:hover {
            backface-visibility: visible;
            transform-origin: 50% 42%;
            transform: perspective(500px) rotateY(0deg) rotateX(45deg);
        }
    </style>
</head>
<body>
```

```
    <div class="container">
        <div class="transformed">박스 1</div>
    </div>
    <p></p>
    <div class="container">
        <div class="transformed2">박스 2</div>
    </div>
</body>
```

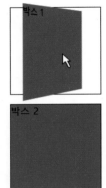

NOTE_ 다음은 3차원 변환을 시뮬레이션해볼 수 있는 사이트이다.

http://testdrive-archive.azurewebsites.net/Graphics/hands-on-css3/hands-on_3d-transforms.htm

http://www.htmllion.com/css3-3D-transform-tool.html

04 변화 효과

1 변화 속성

앞에서 살펴본 각종 변환 효과는 처음과 결과의 상태만 나타낸다. 이번 절에서 살펴볼 변화 효과
는 효과가 적용되는 과정을 좀 더 부드럽게 보여주거나 그 과정을 시간적으로 조정할 수 있도록
해준다. 변화(transition) 속성을 사용하면 애니메이션처럼 움직이는 효과를 만들 수 있다.

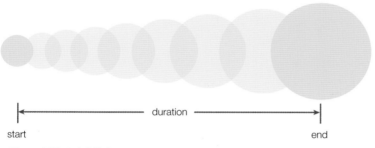

그림 8-2 변화 효과의 원리

다음은 박스에 마우스를 올렸을 때 2초 동안 가로로 커지는 프로그램이다. 변화하는 시간을 길게
설정하면 애니메이션이 느리게 진행된다.

예제 8-17 박스 가로 길이 늘리기	ch08/17_transition1.html

```
<head>
    <style>
        div {
            width: 100px; height: 100px;
            background: yellow;
            border: 1px solid red;
            transition: width 2s;
        }
        div:hover { width: 300px; }
    </style>
</head>
```

```
<body>
    <div>마우스를 올리면 박스가 늘어납니다.</div>
</body>
```

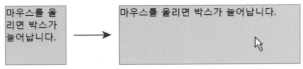

다음은 박스 위에 마우스를 올리면 박스가 회전하면서 박스 크기와 테두리 색상이 바뀌는 프로그램이다.

예제 8-18 박스를 회전시키면서 크기와 테두리 색상 변경하기   ch08/18_transition2.html

```
<head>
    <style>
        div {
            margin: 50px; width: 100px; height: 100px;
            background: yellow;
            border: 1px solid red;
            transition: width 3s, height 3s, border 3s, transform 3s;
        }
        div:hover {
            width: 200px; height: 200px;
            border: 3px solid blue;
            transform: rotate(360deg);
        }
    </style>
</head>
<body>
    <div>마우스를 올리면 박스가 회전하면서 커집니다.</div>
</body>
```

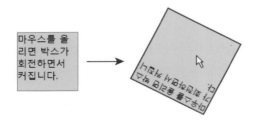

변화 속성은 효과를 적용할 속성과 효과가 지속되는 시간을 기준으로 다음과 같이 네 가지 형식의 속성을 지정하여 사용할 수 있다.

- **transition-property** : 변화 효과를 적용할 속성들을 나열한다. 두 개 이상일 경우는 쉼표(,)로 구분하여 순서대로 작성한다.

- **transition-duration** : 변화가 지속되는 시간을 지정한다. 1s는 1초를 뜻한다.

- **transition-timing-function** : 변화의 시작과 끝 타이밍을 지정한다. 예를 들어 빠르게 시작해서 느리게 끝나는 등의 효과를 만들 수 있다.

- **transition-delay** : 변화 효과가 지연되는 시간을 지정한다. 이 시간을 3초로 설정했다면 웹 문서가 로드되고 나서 3초 후에 변화 효과가 시작된다는 뜻이다.

위에서 소개한 네 가지 형식의 속성을 작성하는 방식은 단축형, 기본형, 확장 기본형으로 나뉜다.

■ **단축형**

각 속성값을 다음에 제시된 순서대로 작성하는 방법이다. 이 방법은 대상 속성이 하나이거나 전부인 경우에만 사용할 수 있다. 변경할 속성이 하나라면 해당 속성의 이름(width 또는 color 등)을, 전부라면 all을 property 부분에 작성하면 된다.

```
div { transition: property duration timing-function delay; }
```

만약 대상 속성이 두 개 이상이면 다음과 같은 방식으로 사용할 수 있다. 여기서는 background와 padding 속성을 각각 지정하였다. 이 방식의 장점은 각 속성별로 속성값을 따로 설정하여 독립적인 움직임을 줄 수 있다는 것이다.

```
div {
    transition:background 2s ease 1s,
               padding 1s linear 2s;
}
```

■ **기본형**

property, duration, timing-function, delay를 분리하여 작성하는 방법이다. 이 방법은 대상 속성을 원하는 만큼 정의할 수 있는 장점이 있지만 그 외에 지속 시간, 타이밍 등의 다른 속성들도 긴 속성명과 함께 작성해야 하기 때문에 코드 양이 길어지는 단점이 있다.

```
div {
    transition-property: width, color;
    transition-duration: 1s;
    transition-timing-function: ease;
    transition-delay: 3s;
}
```

■ **확장 기본형**

기본형을 확장한 형태로 속성과 속성값을 여러 개 동시에 작성하는 방법이다. 아래 예에서
width는 지속 시간은 1초, 타이밍은 ease, 지연 시간은 3초이다.

```
div {
    transition-property: width , height, border-width, color;
    transition-duration: 1s , 2s, 1s, 3s;
    transition-timing-function: ease , ease-in, ease-out, linear;
    transition-delay: 3s , 1s, 1s, 2s;
}
```

2 transition-property 속성

어떤 속성에 변화 효과를 적용할지 지정하는 속성이다. 다음은 세 가지(width, background,
color) 속성에 변화 효과를 적용하는 프로그램이다. 박스에 마우스를 올리면 가로 크기, 배경색,
텍스트 색상이 변한다. 변화 효과의 지속 시간 및 지연 시간은 따로 지정하지 않았다.

예제 8-19 변화 효과 대상 지정하기   ch08/19_tproperty.html

```
<head>
    <style>
        div {
            width: 100px; height: 100px;
            background: orange;
            transition-property: width, background, color;
        }
        div:hover { width: 400px; background: blue; color: white; }
    </style>
</head>
<body>
```

```
    <div>마우스를 올리면 여러 속성이 변합니다.</div>
</body>
```

3 transition-duration 속성

변화가 지속되는 시간을 설정하는 속성이다. transition 속성과 유사해 보이지만 차이점이 있다.
transition은 대상 속성과 지속 시간을 설정하는 것이고, transition-duration은 지속 시간만
설정하는 것이다. 다음은 transition-duration의 값을 10초로 설정한 프로그램이다. 색상이 변
화되는 시간이 10초라는 뜻이다. 속성값을 바꿔가면서 프로그램을 실행해보자.

예제 8-20 변화 효과의 지속 시간 설정하기	ch08/20_tduration.html

```
<head>
    <style>
        div {
            width: 280px;
            height: 100px;
            background: orange;
            transition: background;
            transition-duration: 10s;
        }
        div:hover {
            background: blue;
        }
    </style>
</head>
<body>
    <div>색상이 10초 동안 서서히 변합니다.</div>
</body>
```

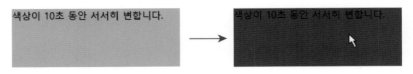

4 transition-timing-function 속성

변화 효과의 시작과 끝의 지속 시간을 설정하는 속성으로 다음과 같은 여섯 가지 속성값을 지정할 수 있다.

- **linear** : 처음부터 끝까지 같은 속도이다.
- **ease** : 느리게 시작하여 점점 빨라졌다가 느리게 끝난다. 일반적으로 이 속성을 사용하면 대부분의 움직임이 자연스럽게 변화하는 것처럼 보인다. transition-timing-function 속성의 기본값이다.
- **ease-in** : 느리게 시작하여 점점 빨라지다가 일정한 속도에 다다르면 같은 속도를 유지한다.
- **ease-out** : 일정한 속도의 등속 변화로 시작해서 점점 느려지면서 끝난다.
- **ease-in-out** : 느리게 시작하여 느리게 끝난다.
- **cubic-bezier(n, n, n, n)** : 처음과 끝의 속도를 설정한다. 0과 1 사이의 수치를 이용하여 네 개의 포인터 점 n을 설정할 수 있다. 베지어(Bezier)라는 곡선 운동을 정의하여 변화의 속도를 자세하게 제어할 수 있다.

변화의 속도는 주로 큐빅 베지어 타이밍 함수(Cubic Bezier Timing Function)를 이용해 표현한다. 큐빅 베지어 타이밍 함수의 기본값은 (0.25, 0.1, 0.25, 1.0)이다. 다음 표는 위에서 소개한 각 속성값들을 큐빅 베지어 타이밍 함수로 나타낸 것이다. 내가 원하는 대로 타이밍을 조정하고 싶다면 큐빅 베지어 타이밍 함수의 설정값을 조절하면 된다.

표 8-4 속성값과 큐빅 베지어 함숫값의 매칭

속성값 이름	큐빅 베지어 타이밍 설정값
Ease	cubic-bezier(0.25, 0.1, 0.25, 1)
Linear	cubic-bezier(0, 0, 1, 1)
ease-in	cubic-bezier(0.42, 0, 1, 1)
ease-out	cubic-bezier(0, 0, 0.58, 1)
ease-in-out	cubic-bezier(0.42, 0, 0.58, 1)

NOTE_ 다음은 큐빅 베지어 타이밍 함수를 시뮬레이션해볼 수 있는 사이트이다.

http://cubic-bezier.com/

http://www.netzgesta.de/dev/cubic-bezier-timing-function.html

```
<head>
    <style>
        div {
            width: 100px; height: 50px;
            background: red;
            color: yellow;
            border: 1px solid black;
            transition: width 3s;
        }
        #div1 { transition-timing-function: linear; }
        #div2 { transition-timing-function: ease; }
        #div3 { transition-timing-function: ease-in; }
        #div4 { transition-timing-function: ease-out; }
        #div5 { transition-timing-function: ease-in-out; }
        #div6 { transition-timing-function: cubic-bezier(0.1, 0.0, 0.1, 1.0); }
        div:hover { width: 400px; }
    </style>
</head>
<body>
    <div id="div1" style="top: 100px">linear</div>
    <div id="div2" style="top: 150px">ease</div>
    <div id="div3" style="top: 200px">ease-in</div>
    <div id="div4" style="top: 250px">ease-out</div>
    <div id="div5" style="top: 300px">ease-in-out</div>
    <div id="div5" style="top: 350px">cubic-bezier</div>
</body>
```

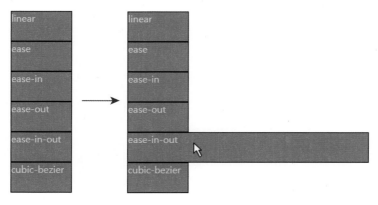

5 transition-delay 속성

설정된 지연 시간이 지난 후 효과가 시작되도록 하는 속성이다. 다음은 박스에 마우스를 올린 후 3초가 지난 후에 회전하기 시작하여 5초 동안 180° 회전하는 프로그램이다.

예제 8-22 변화 효과의 지연 시간 설정하기 ch08/21_tdelay.html

```
<head>
    <style>
        div {
            margin : 50px; width: 200px; height: 200px;
            background: yellow;
            border : 5px solid black;
            transition-duration: 5s;
            transition-delay: 3s;
        }
        div:hover { transform: rotate(180deg); }
    </style>
</head>
<body>
    <div>마우스를 올리고 3초 후에 박스가 180도 회전합니다.</div>
</body>
```

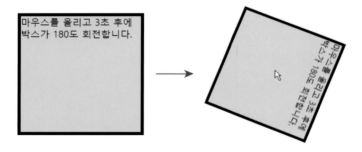

지금까지 학습한 변화 효과를 응용하여 다음 조건에 맞는 홈페이지 메뉴를 만들어보자.

- 메뉴는 HOME, ABOUT, NEWS, STUDY, CONTACT로 구성된다.
- 메뉴는 화면 왼쪽에 위치한다.
- 메뉴 위에 마우스를 올리면 메뉴 박스의 가로 길이가 커지고, 바탕색이 진한 빨간색으로 변하며, 텍스트의 크기도 점점 커진다. 이러한 변환 효과는 일정한 속도로 진행된다.

```html
<head>
    <style>
        a { text-decoration: none; color: white; }
        div {
            position: absolute;
            left: 0px; width: 80px; height: 50px;
            background: #ff8080;
            border: 1px solid red;
            transition-property: width background;
            transition-duration: 2s; 2s;
            line-height: 50px;
        }
        div:hover {
            width: 200px;
            transition-timing-function: linear;
            background: #ff0000;
            color: white;
            text-align: center;
            font-size: 30px;
        }
    </style>
</head>
<body>
    <div style="top:50px"><a href="#" target="new">HOME</a></div>
    <div style="top:100px"><a href="#" target="new">ABOUT</a></div>
    <div style="top:150px"><a href="#" target="new">NEWS</a></div>
    <div style="top:200px"><a href="#" target="new">STUDY</a></div>
    <div style="top:250px"><a href="#" target="new">CONTACT</a></div>
</body>
```

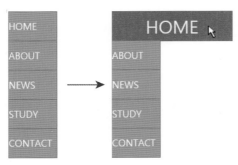

애니메이션

1 애니메이션의 원리

예전에는 웹 문서에 애니메이션 효과를 삽입하려면 GIF 애니메이션 이미지를 만들어 넣거나, 자바스크립트(JavaScript), 플러그인(Plug-in), 플래시(Flash), 실버라이트(SilverLight) 등의 다른 소프트웨어를 사용해야 했다. 하지만 HTML5 표준안이 CSS3를 포함하면서 웹 문서에 애니메이션 효과를 적용하기 편리해졌다. 물론 앞에서 살펴본 trasform이나 transition 속성을 이용해도 동적인 효과를 줄 수 있다. 그러나 애니메이션을 사용하면 요소가 움직임을 시작하는 지점과 방향, 속성의 변화 그리고 종료 지점 등을 자세하게 제어할 수 있어 훨씬 다양하게 움직임을 표현할 수 있다.

다음은 애니메이션의 원리를 설명한 그림이다. 애니메이션은 키프레임(keyframe)과 키프레임 사이의 보간(interpolation)을 생성하여 키프레임 사이의 생략된 움직임을 자연스럽게 표현하는데, 이는 잔상(afterimage) 효과를 표현한 것이다.

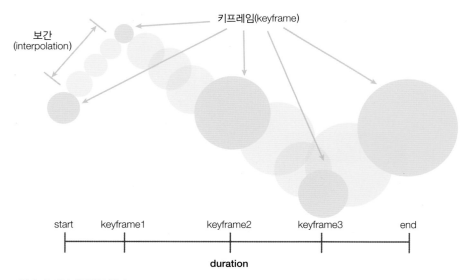

그림 8-3 애니메이션의 원리

애니메이션 효과를 주려면 우선 키프레임을 정의해야 한다. 키프레임은 시작(start) 프레임에서
마지막(end) 프레임까지 중간 중간에 요소의 위치와 크기 등을 설정하는 프레임이다. 키프레임
을 정의할 때는 우선 키프레임을 선언하고(@keyframes), 키프레임 애니메이션의 이름을 작성
한 후(animationname), 각 키프레임 선택자를 어떻게 동작시킬지(keyframes-selector) 정
의한다.

```
@keyframes animationname {
    keyframes-selector { css-styles; }
}
```

키프레임 선택자는 기본적으로 0~100퍼센트 단위로 나누어 설정할 수 있다. 첫 프레임과 마지
막 프레임만 설정한다면 from(0%)과 to(100%)만 설정하여 애니메이션 효과를 정의할 수 있다.

다음 코드는 두 개의 키프레임을 정의한 것으로 요소의 위치를 제어하는 역할을 한다. 요소의 시
작 위치는 top: 0px;이며 마지막 위치는 top: 200px;이다. 이는 곧 위에서 아래로 움직이는 모
양을 표현한 것이다.

```
@keyframes 애니메이션이름{
    from { 시작값 }
    to { 종료값 }
}
```

```
@keyframes box_animation {
    from { top: 0px; }
    to { top: 200px; }
}
```

키프레임 안에는 퍼센트 단위로 애니메이션을 자세히 설정할 수 있다. 여기서 퍼센트는 전체적인
시간에서 어느 정도의 시간에 위치하고 있는가를 말한다. 예를 들어 다음 코드에 해당되는 시간이
10초라면 50%는 5초에 해당되고 25%는 2.5초에 해당된다. 0%와 100%는 from과 to로 바꾸어
표현할 수 있다. 따라서 퍼센트를 세분화하면 원하는 동작을 좀 더 자세하게 지정할 수 있다.

```
@keyframes animationname {
keyframes-selector { css@keyframes 애니메이션이름{
    0% { 시작값 }    /* from */
    25% { 변경값 }
    50% { 변경값 }
    75% { 변경값 }
    100% { 종료값 }    /* to */
}
```

2 애니메이션 속성

애니메이션 속성의 종류는 다음과 같다.

- **animation-name** : @keyframes 애니메이션의 이름을 지정한다.

- **animation-duration** : 애니메이션의 지속 시간을 초 단위로 설정한다.

- **animation-timing-function** : 애니메이션의 시작과 끝 타이밍을 지정한다. 예를 들어 빠르게 시작해서 느리게 끝나는 애니메이션을 만들 수 있다.

- **animation-delay** : 애니메이션 시작을 지연시키는 시간을 초 단위로 설정한다.

- **animation-iteration-count** : 애니메이션이 반복 재생되는 횟수를 설정한다. Infinite로 설정 하면 무한 반복된다.

- **animation-direction** : 애니메이션의 방향을 설정한다. 속성값으로 normal, reverse, alternate, alternate-reverse 등이 있다.

- **animation-fill-mode** : 애니메이션을 재생하고 있지 않을 때 속성값을 설정한다. 속성값으로 forwards, backwards, both 등이 있다.

- **animation-play-state** : 애니메이션 재생 상태를 설정할 수 있다. 속성값으로 paused, running 등이 있다.

위에서 소개한 속성은 다음과 같이 한꺼번에 작성하여 여러 가지 애니메이션 효과를 적용할 수 있다.

```
animation: name duration timing-function delay iteration-count direction fill-
mode play-state;
```

예제 8-24 무한 반복하며 좌우로 이동하는 박스 만들기　　　　　　　　　　ch08/24_animation.html

```
<head>
    <style>
        div {
            width: 100px;
            height: 100px;
            background: red;
            position: relative;
            animation: boxmove 5s linear infinite alternate;
```

```
        }
        @keyframes boxmove {
            from { left: 0px; }
            to { left: 300px; }
        }
    </style>
</head>
<body>
    <div>애니메이션 박스</div>
    <p><strong>참고: </strong>IE9 이하 혹은 낮은 버전에서는 지원하지 않습니다.</p>
</body>
```

참고: IE9 이하 혹은 낮은 버전에서는 지원하지 않습니다.

3 animation-delay 속성

애니메이션이 시작하는 시간을 지정하는 속성이다. 애니메이션은 대부분 웹 문서가 열리는 동시에 시작하지만 이 속성값을 이용하면 시작 시간을 지연시킬 수 있다.

예제 8-25 웹 문서가 로드된 후 일정 시간 후에 애니메이션 시작하기   ch08/25_adelay.html

```
<head>
    <style>
        div {
            width: 100px;
            height: 50px;
            background: red;
            position: relative;
            animation: boxmove 5s linear infinite alternate;
        }
        #box1 { animation-delay: 3s; }
        #box2 { animation-delay: 5s; }
```

```
        @keyframes boxmove {
            from { left: 0px; }
            to { left: 300px; }
        }
    </style>
</head>
<body>
    <div id="box1">애니메이션 박스 1</div>
    <div id="box2">애니메이션 박스 2</div>
    <p><strong>참고: </strong>IE9 이하 혹은 낮은 버전에서 지원하지 않습니다.</p>
</body>
```

애니메이션
박스 1
애니메이션
박스 2

참고: IE9 이하 혹은 낮은 버전에서 지원하지 않습니다.

4 animation-direction 속성

애니메이션의 진행 방향을 설정하는 속성이다. 애니메이션의 사이클을 순방향 또는 역방향으로
설정한다.

표 8-5 animation-direction 속성값의 종류

속성값	설명
normal	기본 설정값이다. 애니메이션이 순방향으로 재생된다.
reverse	애니메이션이 역방향으로 재생된다.
alternate	애니메이션이 양방향으로 재생된다. - 홀수 : 순방향으로 재생된다. - 짝수 : 역방향으로 재생된다.
alternate-reverse	애니메이션이 양방향으로 재생된다. - 홀수 : 역방향으로 재생된다. - 짝수 : 순방향으로 재생된다.

```
<head>
    <style>
        div {
            width: 100px; height: 50px;
            background: red;
            position: relative;
            animation: boxmove 5s linear infinite;
        }
        #box1 {
            animation-delay: 3s;
            animation-direction : reverse;
        }
        #box2 {
            animation-delay: 5s;
            animation-direction : alternate-reverse;
        }
        @keyframes boxmove {
            from { left: 0px; }
            to { left: 300px; }
        }
    </style>
</head>
<body>
    <div id="box1">애니메이션 박스 1</div>
    <div id="box2">애니메이션 박스 2</div>
    <p><strong>참고: </strong>IE9 이하 혹은 낮은 버전에서 지원하지 않습니다.</p>
</body>
```

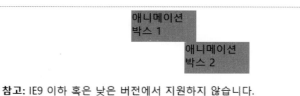

참고: IE9 이하 혹은 낮은 버전에서 지원하지 않습니다.

5 animation-iteration-count 속성

애니메이션 반복 횟수를 지정하는 속성이다. 다음 프로그램에서 박스 1은 두 번, 박스 2는 다섯 번 반복하도록 설정하였다.

```html
<head>
    <style>
        div {
            width: 100px; height: 50px; background: red; position: relative;
            animation: boxmove 5s;
        }
        #box1 {
            animation-delay: 3s;
            animation-direction: reverse;
            animation-iteration-count: 2;
        }
        #box2 {
            animation-delay: 5s;
            animation-direction: alternate-reverse;
            animation-iteration-count: 5;
        }
        @keyframes boxmove {
            from { left: 0px; }
            to { left: 300px; }
        }
    </style>
</head>
<body>
    <div id="box1">애니메이션 박스 1</div>
    <div id="box2">애니메이션 박스 2</div>
    <p><strong>참고: </strong>IE9 이하 혹은 낮은 버전에서 지원하지 않습니다.</p>
</body>
```

참고: IE9 이하 혹은 낮은 버전에서 지원하지 않습니다.

6 animation-timing-function 속성

애니메이션 시작과 끝의 지속 시간을 설정하는 속성이다. transition-timing-function 속성과 마찬가지로 linear, ease, ease-in, ease-out, cubic-bezier(n, n, n, n) 속성값을 사용할 수 있다.

```html
<head>
    <style>
        div {
            width: 100px; height: 50px; background: red; position: relative;
            animation: boxmove 5s alternate;
        }
        #box1 {
            animation-delay: 1s; animation-iteration-count: 3;
            animation-timing-function: ease;
        }
        #box2 {
            animation-delay: 2s;  animation-iteration-count: 3;
            animation-timing-function: linear;
        }
        #box3 {
            animation-delay: 3s;  animation-iteration-count: 3;
            animation-timing-function: ease-out;
        }
        @keyframes boxmove {
            from { left: 0px; }
            to { left: 300px; }
        }
    </style>
</head>
<body>
    <div id="box1">애니메이션 박스 1</div>
    <div id="box2">애니메이션 박스 2</div>
    <div id="box3">애니메이션 박스 3</div>
    <p><strong>참고: </strong>IE9 이하 혹은 낮은 버전에서 지원하지 않습니다.</p>
</body>
```

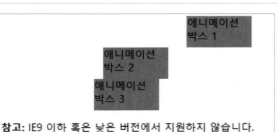

참고: IE9 이하 혹은 낮은 버전에서 지원하지 않습니다.

7 animation-play-state 속성

애니메이션의 상태를 설정하는 속성이다. 애니메이션 실행과 일시 중지 여부를 지정할 수 있다.

표 8-6 animation-play-state 속성값의 종류

속성값	설명
paused	애니메이션을 일시 정지한다.
running	애니메이션을 재생한다.

예제 8-29 마우스를 올리면 멈추게 하기   ch08/29_astate.html

```html
<head>
    <style>
        div {
            width: 100px; height: 50px; background: red; position: relative;
            animation: boxmove 5s infinite alternate;
        }
        #box1 {
            animation-delay: 1s;
            animation-timing-function: ease;
        }
        #box2 {
            animation-delay: 2s;
            animation-timing-function: linear;
        }
        #box3 {
            animation-delay: 3s;
            animation-timing-function: ease-out;
        }
        @keyframes boxmove { from { left: 0px; } to { left: 300px; } }
        div:hover { animation-play-state: paused; }
    </style>
</head>
<body>
    <div id="box1">애니메이션 박스 1</div>
    <div id="box2">애니메이션 박스 2</div>
    <div id="box3">애니메이션 박스 3</div>
    <p><strong>참고: </strong>IE9 이하 혹은 낮은 버전에서 지원하지 않습니다.</p>
</body>
```

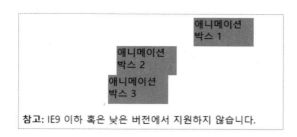

참고: IE9 이하 혹은 낮은 버전에서 지원하지 않습니다.

지금까지 학습한 애니메이션 효과를 응용하여 몇 가지 프로그램을 만들어보자. 먼저 〈예제 8-30〉은 두 박스가 커튼을 치고 걷어내는 것처럼 움직이는 프로그램으로 두 박스를 키프레임으로 정의하고 박스마다 동작을 다르게 설정하였다. 〈예제 8-31〉은 박스가 시계 방향으로 움직이면서 색상을 바꾸는 프로그램으로 각 키프레임의 위치와 색상을 다르게 정의하였다. 마지막으로 〈예제 8-32〉는 서로 다른 색상의 볼 다섯 개가 각각 다른 속도로 점핑하는 프로그램으로 볼마다 애니메이션의 지속 시간을 다르게 설정하였다.

예제 8-30 커튼을 치고 걷어내는 듯한 효과 만들기   ch08/30_effect1.html

```html
<head>
    <style>
        div {
            width: 100px; height: 100px;
            position: absolute;
            animation-duration: 5s;
            animation-timing-function: linear;
            animation-delay: 2s;
            animation-iteration-count: infinite;
            animation-play-state: running;
        }
        #div1 {
            background-color: blue;
            animation-direction: normal;
            animation-name: L-box;
        }
        #div2{
            background-color: yellow;
            animation-direction: reverse;
            animation-name: R-box;
        }
```

```
    @keyframes L-box {
        0% { left: 0px; } 50% { left: 200px; } 100% { left: 0px; }
    }
    @keyframes R-box {
        0% { left: 400px; } 50% { left: 200px; } 100% { left: 400px; }
    }
    </style>
</head>
<body>
    <div id="div1">왼쪽 박스</div>
    <div id="div2">오른쪽 박스</div>
</body>
```

예제 8-31 상하좌우로 움직이면서 색상 변경하기   ch08/31_effect2.html

```
<head>
    <style>
        div {
            width: 100px; height: 100px; background: red; position: relative;
            animation: colorbox 5s infinite;
            animation-direction: alternate;
        }
        @keyframes colorbox {
            from { background: red; left: 0px; top: 0px; }
            25% { background: orange; left: 300px; top: 0px; }
            50% { background: yellow; left: 300px; top: 300px; }
            75% { background: green; left: 0px; top: 300px; }
            to { background: red; left: 0px; top: 0px; }
        }
    </style>
</head>
<body>
    <div×/div>
</body>
```

NOTE_ 다음은 애니메이션 효과를 시뮬레이션해볼 수 있는 사이트이다.

http://cssanimate.com

http://css3gen.com/css3-animation

```
<head>
    <style>
        @keyframes bounce {
            from, to {
                bottom: 0px;
                animation-timing-function: ease-out;
            }
            50% {
                bottom: 200px;
                animation-timing-function: ease-in;
            }
        }
        div {
            position: absolute; width: 20px; height: 20px; border-radius: 10px;
            animation-name: bounce;
            animation-iteration-count: infinite;
        }
        #b1 {
            left: 10px; background: red;
            animation-duration: 5s;
        }
        #b2 {
            left: 50px; background: blue;
            animation-duration: 10s;
        }
        #b3 {
            left: 90px; background: green;
            animation-duration: 3s;
        }
        #b4 {
            left: 130px; background: silver;
            animation-duration: 8s;
        }
        #b5 {
            left: 170px; background: black;
            animation-duration: 1s;
        }
    </style>
```

```
</head>
<body>
    <div id="b1"></div>
    <div id="b2"></div>
    <div id="b3"></div>
    <div id="b4"></div>
    <div id="b5"></div>
</body>
```

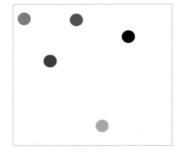

NOTE_ CSS3 스타일 시트 참고 사이트

CSS3에서 지원하는 여러 가지 동적인 효과들을 웹 문서에 적용하려면 다양한 함수와 각종 속성값을 알고 있어야 한다. 이는 웹 프로그래밍을 처음 배우는 사람에게 부담일 수밖에 없다. 다음은 CSS3 스타일 시트 적용 방법을 한눈에 쉽게 알아볼 수 있는 사이트이다. 이 사이트를 이용하여 지금까지 학습한 내용을 복습해보자.

▲ http://www.css3maker.com

요약

01 속성 효과

- **Opacity** : 웹 문서에 포함된 요소의 불투명도를 설정할 때 사용한다. 불투명도의 값은 0.0(완전 투명)~1.0(완전 불투명)의 범위 내에서 설정할 수 있다.

- **Visibility** : 어떤 요소를 보이게 하거나(visible) 반대로 보이지 않게(hidden) 할 때 사용한다.

- **Display** : 블록 형식과 인라인 형식을 서로 변환할 때 사용한다. 'display: block;' 또는 'display: inline;'이라고 작성한다.

- **background: linear-gradient(⋯);** : 그레이디언트 효과를 적용할 때 사용한다. 선형(linear)과 원형(radial) 두 가지 형태가 있다.

02 2차원 변환 효과

함수	설명	사용 예
translate( )	평행 이동 변환	transform: translate(50px, 100px);
rotate( )	회전 변환	transform: rotate(20deg);
scale( )	크기 변환	transform: scale(2, 3);
skewX( )	X축 기울기 변환	transform: skewX(20deg);
skewY( )	Y축 기울기 변환	transform: skewY(20deg);
skew( )	X, Y축 기울기 변환	transform: skew(20deg, 10deg);
matrix( )	2차원 행렬 구조 변환	transform: matrix(1, −0.3, 0, 1, 0, 0);

03 3차원 변환 효과

함수	설명	사용 예
perspective(depth)	3차원 관점 변환	transform: perspective(100px);
translate3d(x, y, z)	3차원 평행 이동 변환	transform: translate3d(50px, 100px, 150px);
translateX(x)	3차원 평행 이동(x축)	transform: translateX(50px);
translateY(y)	3차원 평행 이동(y축)	transform: translateY(50px);
translateZ(z)	3차원 평행 이동(z축)	transform: translateZ(50px);
scale3d(x, y, z)	3차원 크기 변환	transform: scale3d(2, 2, 2);

scaleX(x)	3차원 크기 변환(x축)	transform: scaleX(2);
scaleY(y)	3차원 크기 변환(y축)	transform: scaleY(2);
scaleZ(z)	3차원 크기 변환(z축)	transform: scaleZ(2);
rotate3d(x, y, z, angle)	3차원 회전 변환	transform: rotate3d(1, 1, 1, 45deg);
rotateX(angle)	3차원 회전 변환(x축)	transform: rotateX(30deg);
rotateY(angle)	3차원 회전 변환(y축)	transform: rotateY(30deg);
rotateZ(angle)	3차원 회전 변환(z축)	transform: rotateZ(30deg);

04 변화 효과

- **transition-property** : 변화 효과를 적용할 속성들을 나열한다. 두 개 이상일 경우는 쉼표(,)로 구분하여 순서대로 작성한다.
- **transition-duration** : 변화가 지속되는 시간을 지정한다. 1s는 1초를 뜻한다.
- **transition-timing-function** : 변화의 시작과 끝 타이밍을 지정한다. 예를 들어 빠르게 시작해서 느리게 끝나는 등의 효과를 만들 수 있다.
- **transition-delay** : 변화 효과가 지연되는 시간을 지정한다. 이 시간을 3초로 설정했다면 웹 문서가 로드되고 나서 3초 후에 변화 효과가 시작된다는 뜻이다.

05 애니메이션

- **animation-name** : @keyframes 애니메이션의 이름을 지정한다.
- **animation-duration** : 애니메이션의 지속 시간을 초 단위로 설정한다.
- **animation-timing-function** : 애니메이션의 시작과 끝 타이밍을 지정한다. 예를 들어 빠르게 시작해서 느리게 끝나는 애니메이션을 만들 수 있다.
- **animation-delay** : 애니메이션 시작을 지연시키는 시간을 초 단위로 설정한다.
- **animation-iteration-count** : 애니메이션이 반복 재생되는 횟수를 설정한다. Infinite로 설정하면 무한 반복된다.
- **animation-direction** : 애니메이션의 방향을 설정한다. 속성값으로 normal, reverse, alternate, alternate-reverse 등이 있다.
- **animation-fill-mode** : 애니메이션을 재생하고 있지 않을 때 속성값을 설정한다. 속성값으로 forwards, backwards, both 등이 있다.
- **animation-play-state** : 애니메이션 재생 상태를 설정할 수 있다. 속성값으로 paused, running 등이 있다.

연습문제

01 CSS3 속성 효과에 대한 설명으로 옳지 <u>않은</u> 것은?

① opacity 속성은 0.0(완전 불투명)~1.0(완전 투명)의 범위 내에서 설정할 수 있다.

② visibility 속성을 사용하면 요소를 안 보이게 설정할 수 있다.

③ visibility 속성을 사용하여 요소를 안 보이게 설정하면, 요소는 보이지 않지만 요소가 차지하는 공간은 남아 있다.

④ CSS3에서는 별도의 플러그인 없이 그레이디언트 효과를 적용할 수 있다.

02 기울기 변환에 해당하는 함수는?

① translate( )   ② rotate( )

③ scale( )   ④ skew( )

03 변화 효과와 관련된 설명으로 옳지 <u>않은</u> 것은?

① 변화 효과의 지속 시간을 설정할 수 있다.

② 변화 효과의 시작 시간을 설정할 수 없다.

③ 변화 효과의 진행 속도를 설정할 수 있다.

④ 변화 효과가 시작되는 시간을 지연시킬 수 있다.

04 아래 코드에 대한 설명으로 옳지 <u>않은</u> 것은?

```
@keyframes 애니메이션 이름 {
      from { top: 0px; }
      to { top: 200px; }
}
```

① CSS3를 사용하면 변환 효과와 같은 동적 효과를 줄 수 있다.

② 애니메이션의 시작 지점과 종료 지점을 지정할 수 있다.

③ 위의 코드에 따르면 애니메이션은 아래에서 위로 올라가는 동작을 한다.

④ 키프레임 안에서 퍼센트 단위로 시간을 지정할 수 있다.

05 박스에 마우스를 올리면 배경 색상이 바뀌고 박스 크기가 두 배가 되는 효과를 스타일 시트로 작성하시오.

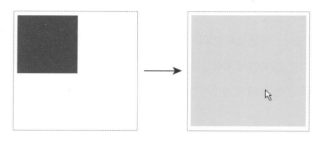

06 박스에 마우스를 올리면 45도 기울어지고 박스 밖으로 이동하면 원래 상태로 되돌아오는 효과를 스타일 시트로 작성하시오.

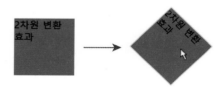

07 원을 네 개의 면으로 나누어 각각 색상을 다르게 보여주는 효과를 다음 〈애니메이션 조건〉을 참고하여 스타일 시트로 작성하시오.

〈애니메이션 조건〉

① 원의 색이 1초에 한 번씩 다른 색으로 변한다.

② 애니메이션의 반복 횟수는 무한대이다.

③ 4면의 색상이 모두 달라야 한다. 단 색상은 자유롭게 선정할 수 있다.

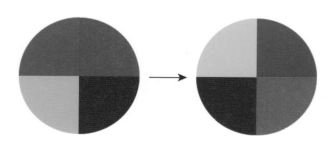

Chapter 09
자바스크립트 기본 문법

학습목표

▶ 자바스크립트의 역할을 설명할 수 있다.

▶ 자바스크립트 코드를 HTML5 문서에 포함하는 방법을 설명할 수 있다.

▶ 자바스크립트 기본 문법을 알고 이를 활용하여 코드를 작성할 수 있다.

▶ 연산자와 제어문의 종류를 알고 이를 활용하여 코드를 작성할 수 있다.

01 자바스크립트 개요

1 자바스크립트의 역할

자바스크립트(javascript)는 웹 문서를 동적으로 제어하기 위해 고안된 프로그래밍 언어로 HTML, CSS와 함께 웹 삼총사라 불린다. 웹 문서에서 HTML과 CSS는 웹 정보의 모델(model)과 뷰(view)를 담당하고 자바스크립트는 제어(controller)를 담당한다.

그림 9-1 웹 삼총사

자바스크립트는 코어 부분인 ECMAScript, 문서 객체 모델인 DOM(Document Object Model), 브라우저 객체 모델인 BOM(Browser Object Model)이 통합된 프로그래밍 언어이다. 웹 문서에서 자바스크립트의 역할은 다음과 같다.

- 요소의 추가 및 삭제
- CSS 및 HTML 요소의 스타일 변경
- 사용자와의 상호작용
- 폼의 유효성 검증
- 마우스와 키보드 이벤트에 대한 스크립트 실행
- 웹 브라우저 제어 및 쿠키 등의 설정과 조회
- AJAX 기술을 이용한 웹 서버와의 통신

2 자바스크립트 작성 방법

자바스크립트는 웹 브라우저에서 동작하는 언어이다. 따라서 웹 브라우저가 설치되어 있다면 이미 자바스크립트를 사용할 준비가 끝난 것이다. 자바스크립트 코드 작성 방법은 다음과 같다.

■ 대소문자를 구분하여 작성한다.

HTML과 CSS는 기본적으로 대소문자를 구분하지 않는다. 하지만 자바스크립트는 대소문자를 구분하여 작성해야 한다. 특히 변수명을 사용할 때 주의해야 한다. 예를 들어 a=10과 A=10은 각각 다른 변수를 사용하고 있는 것이다.

■ 문장은 세미콜론(;)으로 구분한다.

자바스크립트 코드 작성 시 한 행에 한 문장씩 작성할 경우 세미콜론(;)을 쓰지 않아도 된다. 하지만 한 행에 여러 문장을 작성한다면 문장의 마지막에 꼭 세미콜론(;)을 붙여야 한다. 물론 한 행에 한 문장씩 작성할 경우에도 세미콜론을 붙여도 상관 없다.

표 9-1 세미콜론의 사용 예

바른 예	var age=25 document.write("당신의 나이는 " + age + "입니다.")
	var age=25; document.write("당신의 나이는 " + age + "입니다.");
	var age=25; document.write("당신의 나이는 " + age + "입니다.");
잘못된 예	var age=25 document.write("당신의 나이는 " + age + "입니다.")

■ 큰따옴표(" ")와 작은따옴표(' ')를 구분하여 사용한다.

자바스크립트 코드에서 문자열이나 HTML 속성값을 설정하기 위해 큰따옴표(" ") 또는 작은따옴표(' ')를 많이 사용하는데, 따옴표를 중복하여 사용할 경우 주의해야 한다. 즉 자바스크립트 코드 내에 HTML 태그가 작성된 경우 따옴표를 구분하여 사용해야 한다. 예를 들어 자바스크립트 코드에서 큰따옴표를 사용했다면 HTML 태그에서는 작은따옴표를 사용해야 한다.

그 반대로 사용해도 무관하다.

표 9-2 따옴표의 사용 예

바른 예	document.write("\<div style='color: red;'\> 자바스크립트 학습 \</div\>");
	document.write('\<div style="color: red;"\> 자바스크립트 학습 \</div\>');
잘못된 예	document.write("\<div style="color: red;"\> 자바스크립트 학습 \</div\>")

3 자바스크립트 포함 방법

자바스크립트 코드를 HTML 문서에 포함하는 방법은 ① HTML 문서 내부에 코드를 직접 작성하는 방법, ② 자바스크립트 파일을 별도로 작성한 후 HTML 문서에서 참조하는 방법, ③ 이 두 가지 방법을 혼합하여 사용하는 방법이 있다.

3.1 HTML 문서 내부에 코드를 작성하는 방법

이 방법은 다음과 같이 두 가지 형식으로 작성할 수 있다.

■ **자바스크립트 코드를 〈head〉 태그 또는 〈body〉 태그 내에 작성**

〈script〉 코드를 〈head〉 태그 또는 〈body〉 태그 내에 작성하는 방법이다. 〈script〉 코드는 〈head〉 태그 내에 있는 것부터 실행된 후 〈body〉 태그 내에 있는 것이 실행된다. 〈script〉 코드는 여러 개 작성할 수 있다.

```
<head>
   <meta charset="utf-8"/>
   <title>자바스크립트 예제</title>
   <script>
       // 자바스크립트 코드 작성
   </script>
</head>
<body>
   <script>
       // 자바스크립트 코드 작성
   </script>
</body>
```

■ HTML 태그 안에 속성값으로 정의

마우스 클릭 이벤트가 발생하면 함수를 호출하도록 해당 HTML 태그에 속성값으로 작성하는
방법이다.

```
<button type="button" onclick="alert('자바스크립트')">버튼 클릭</button>
```

예제 9-1 자바스크립트 코드의 실행 순서 살펴보기　　　　　　　　　　　　　　ch09/01_js.html

```
<head>
    <meta charset="utf-8"/>
    <title>자바스크립트 예제</title>
    <script>
        var num=0;
        document.write("head 태그 내 실행 순서 : " + num + "<br>");
    </script>
    <script>
        var num=1;
        document.write("head 태그 내 실행 순서 : " + num + "<br>");
    </script>
</head>
<body>
    <script>
        var num=2;
        document.write("body 태그 내 실행 순서 : " + num + "<br>");
    </script>
    <script>
        var num=3;
        document.write("body 태그 내 실행 순서 : " + num + "<br>");
    </script>
</body>
```

```
head 태그 내 실행 순서 : 0
head 태그 내 실행 순서 : 1
body 태그 내 실행 순서 : 2
body 태그 내 실행 순서 : 3
```

간단한 자바스크립트 코드의 경우 HTML 문서 내부에 직접 작성하면 편리하다. 하지만 웹 브라우저에서 마우스 오른쪽 버튼을 클릭해 [페이지 소스 보기]를 선택하면 자바스크립트 코드를 손쉽게 볼 수 있어 보안상 좋지 않다. 또한 코드를 재사용(reuse)할 수도 없다. 어떤 프로그램이건 반복 수행하는 부분이 많다면 이를 함수 단위의 프로그램으로 만들어 여러 웹 문서에서 공통적으로 활용하는 것이 좋다. 따라서 자바스크립트 코드를 HTML 문서에 포함할 때는 다음에 소개하는 두 번째 방법을 사용할 것을 권장한다.

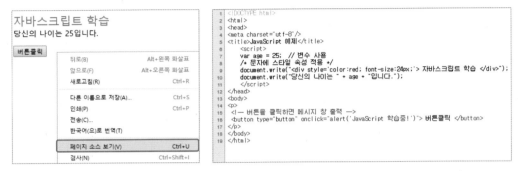

그림 9-2 [페이지 소스 보기] 메뉴로 자바스크립트 코드 열람

3.2 자바스크립트 파일을 별도로 작성한 후 HTML 문서에서 참조하는 방법

외부 자바스크립트(external javascript) 파일을 만든 후 HTML 문서의 〈script〉 태그에 src 속성을 추가하여 참조하는 방법이다. 외부 자바스크립트 파일은 *.js로 저장한다. src 속성값은 자바스크립트 파일이 어디에 저장되어 있는지에 따라 [표 9-3]과 같이 작성한다.

표 9-3 자바스크립트 파일 위치에 따른 src 속성값

위치	src 속성값
HTML 문서와 같은 디렉터리에 있는 경우	〈script src="myscript.js"〉〈/script〉
HTML 문서와 다른 디렉터리에 있는 경우	〈script src="./ejs/myscript.js"〉〈/script〉
HTML 문서와 다른 서버 디렉터리에 있는 경우	〈script src="http://www.hanbit.co.kr/jsfile/myscript.js"〉 〈/script〉

자바스크립트 파일을 외부에서 작성했을 때의 장점은 다음과 같다.

- 자바스크립트 파일을 HTML 문서와 분리하여 관리할 수 있다. 즉 각각의 HTML 문서에서 필요한 자바스크립트 파일을 선택적으로 사용할 수 있다.

- 자바스크립트 코드를 관리, 유지보수, 디버깅하기 쉽다. 또한 자바스크립트 코드를 재사용하기 좋고 네트워크에서 처리 속도가 빨라진다. 잘 작성된 자바스크립트 파일을 만들어 놓으면 여러 HTML 문서를 모두 수정하거나 디버깅해야 하는 불편함을 줄일 수 있다.

- 자바스크립트 코드의 보안성과 안전성을 높일 수 있다. 외부 자바스크립트 파일은 HTML 문서와 별도로 저장 및 관리되기 때문에 웹 브라우저 소스 보기에서는 자바스크립트 파일의 이름만 볼 수 있다. 따라서 자바스크립트 코드 내용은 공개되지 않는다.

예제 9-2 외부 자바스크립트 문서 작성 후 참조하기 ch09/ejs.js

```
var age=23;
/* 문자에 스타일 속성 적용 */
document.write("<div style='color: red; font-size: 24px;'>외부 자바스크립트 파일</div>");
document.write("당신의 나이는 " + age + "입니다.");
```

c09/02_js.html

```
<!DOCTYPE html>
<html>
<head>
    <meta charset="utf-8"/>
    <script src="./ejs/ejs.js"> </script>
</head>
<body>
    <p>
    <!-- 버튼을 클릭하면 메시지 창 출력 -->
    <button type="button" onclick="alert('외부 자바스크립트 파일')">버튼 클릭</button>
    </p>
</body>
</html>
```

외부 자바스크립트 파일
당신의 나이는 23입니다.

[버튼 클릭]

외부 자바스크립트 파일은 HTML 문서에서 하나 이상 참조할 수 있는데, 참조 방법에는 다음과 같은 두 가지가 있다.

- 자바스크립트 파일을 기능 단위로 분류하여 여러 개의 자바스크립트 파일로 저장하고 필요한 파일만 선택하여 참조한다.

- 외부 자바스크립트 파일끼리 내포(nested) 관계를 형성한 후 HTML 문서에서 참조한다. 즉 자바스크립트 파일 내부에 다른 자바스크립트 파일을 포함하도록 하는 것이다. 결과적으로 HTML 문서에는 하나의 자바스크립트 파일만 있는 것처럼 보이지만 실제로는 여러 개의 자바스크립트 파일을 포함한 것과 같다.

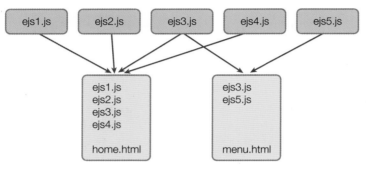

(a) 기능 단위로 분리된 여러 개의 자바스크립트 파일 참조

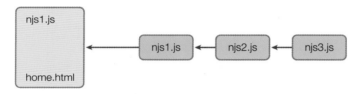

(b) 내포 관계를 가진 자바스크립트 파일 참조

그림 9-3 외부 자바스크립트 파일을 HTML 문서에서 참조하는 방법

예제 9-3 여러 개의 외부 자바스크립트 파일 참조하기 ch09/ejs1.js

```
document.write("ejs1.js");
document.write("<div style=''color: red; font-size: 24px;'>외부 자바스크립트 파일</div>");
```

ch09/ejs2.js

```
document.write("ejs2.js");
document.write("<div style='color: blue; font-size: 20px;'>외부 자바스크립트 파일</div>");
```

ch09/ejs3.js

```
document.write("ejs3.js");
document.write("<div style='color: green; font-size: 16px;'>외부 자바스크립트 파일</div>");
```

```
                                                                              ch09/03_js.html
<!DOCTYPE html>
<html>
<head>
    <meta charset="utf-8"/>
    <script src="./ejs/ejs1.js"> </script>
</head>
<body>
    <script src="./ejs/ejs2.js"> </script>
    <script src="./ejs/ejs3.js"> </script>
</body>
</html>
```

ejs1.js
외부 자바스크립트 파일
ejs2.js
외부 자바스크립트 파일
ejs3.js
외부 자바스크립트 파일

NOTE_ 자바스크립트와 웹 브라우저 성능 문제

여러 개의 자바스크립트 파일을 실행할 경우 웹 브라우저는 첫 번째 파일을 로딩(loading)한 후 실행하고, 다음 파일을 로딩한 후 실행하는 작업을 반복한다. 이러한 순차적 처리 방식은 웹 브라우저의 실행 시간을 지연시켜 웹 문서의 출력에 영향을 줄 수 있다. 따라서 자바스크립트 파일을 너무 여러 개로 분리하여 웹 브라우저의 성능을 저하시키지 않도록 주의해야 한다.

예제 9-4   내포 관계인 자바스크립트 파일 참조하기   ch09/njs1.js

```
document.write("njs1.js");
document.write("<div style='color: red; font-size: 24px;'>외부 자바스크립트 파일</div>");
document.write("<script src='./ejs/njs2.js'> </script>");
```

                                                                              ch09/njs2.js
```
document.write("njs2.js는 njs1.js에 포함");
document.write("<div style='color: blue; font-size: 20px;'>외부 자바스크립트 파일</div>");
document.write("<script src='./ejs/njs3.js'> </script>");
```

                                                                              ch09/njs3.js
```
document.write("njs3.js는 njs2.js에 포함");
document.write("<div style='color: green; font-size: 16px;'>외부 자바스크립트 파일</div>");
alert('Nested Script File');
```

```
                                                              ch09/04_js.html
<!DOCTYPE html>
<html>
<head>
    <meta charset="utf-8"/>
</head>
<body>
    <script src="./ejs/njs1.js"> </script>
</body>
</html>
```

njs1.js
외부 자바스크립트 파일
njs2.js는 njs1.js에 포함
외부 자바스크립트 파일
njs3.js는 njs2.js에 포함
외부 자바스크립트 파일

3.3 혼합 방법

자바스크립트 코드 일부는 HTML 문서에 직접 작성하고, 일부는 외부 자바스크립트 파일을 작성한 후 참조하는 방법이다.

예제 9-5 혼합 방법으로 자바스크립트 파일 포함하기   ch09/mjs.js

```
document.write("mjs1.js");
document.write("<div style='color: red; font-size: 24px;'>외부 자바스크립트 파일</div>");
```

```
                                                              ch09/05_js.html
<!DOCTYPE html>
<html>
<head>
    <meta charset="utf-8"/>
    <script src="./ejs/mjs.js"> </script>
</head>
<body>
    <script>
        document.write("<div style='color: blue; font-size: 20px;'>내부 자바스크립트</div>");
    </script>
</body>
</html>
```

mjs1.js
외부 자바스크립트 파일
내부 자바스크립트

데이터 타입과 변수

자바스크립트는 HTML이나 CSS와 다르게 프로그래밍 언어의 성격이 강하다. 데이터 타입, 변수, 연산자, 제어문, 함수, 객체 등을 사용하기 때문이다. 기존에 다른 프로그래밍 언어를 학습한 적인 있다면 가볍게 보고 넘어가기 바란다.

1 데이터 타입

다른 프로그래밍 언어에서는 데이터 타입을 명시적으로 작성하는 경우가 많지만 자바스크립트에서는 명시적으로 작성하지 않아도 된다. 즉 자바스크립트 코드에서 사용하는 데이터는 메모리에 저장될 때 비로소 데이터 타입이 결정된다. 자바스크립트에서 사용하는 데이터 타입은 사용용도에 따라 기본형 타입(primitive type)과 객체 타입(object type)으로 구분할 수 있다.

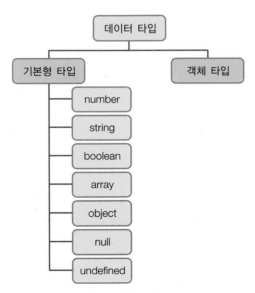

그림 9-4 자바스크립트의 데이터 타입

표 9-4 기본형 타입의 종류

종류	설명	사용 예
number	정수 혹은 실수	100, 10.5, 10e+3
string	문자 혹은 문자열	"홍길동", '홍길동'
boolean	참 혹은 거짓	true, false
array	데이터의 집합(배열, 객체로 취급)	["서울", "부산", "인천"]
object	데이터 속성과 값으로 이루어진 집합	{name: '홍길동', age: 25}
null	객체 값이 없음	null
undefined	데이터 값이 정해지지 않음	undefined

예제 9-6 typeof 연산자를 사용하여 데이터 타입 확인하기   ch09/06_js.html

```
<head>
    <meta charset="utf-8"/>
</head>
<body>
    <script>
        var num;          // 변숫값이 없음
        var obj=null;  // 객체 변숫값이 없음
        document.write(typeof 100+"<br>");
        document.write(typeof 10.5+"<br>");
        document.write(typeof "홍길동"+"<br>");
        document.write(typeof true+"<br>");
        document.write(typeof [1,2,3]+"<br>");
        document.write(typeof {name:'홍길동', age:25}+"<br>");
        document.write(typeof num+"<br>");
        document.write(typeof obj+"<br>");
    </script>
</body>
```

```
number
number
string
boolean
object
object
undefined
object
```

NOTE_ typeof 연산자는 해당 정보가 number, string, boolean, object, function, undefined 의 여섯 가지 형식 중 어떤 데이터 타입인지 알려준다. 다음과 같이 if문에서 데이터 유형을 체크할 때 많이 사용한다.

```
if(typeof(100)=='number') {
    alert("숫자입니다.")
}
```

2 변수명 규칙

변수(variable)는 문자나 숫자 같은 데이터 값을 담는 메모리 공간으로, 프로그램이 실행되는 동안 특정 값을 유지할 필요가 있을 때 사용한다. 자바스크립트에서 변수는 var 키워드를 사용해서 선언한다. 변수의 이름은 특수 문자를 제외한 모든 영문자로 시작할 수 있다. 다만 자바스크립트 예약어를 변수명으로 사용할 수 없으며, 숫자는 변수명의 첫 글자로 사용할 수 없다. 또한 영문자는 대소문자를 구분하여 작성해야 한다. 변수명 작성 규칙을 정리하면 다음과 같다.

- 변수명은 문자, 밑줄(_), 달러 기호($)로 시작한다.
- 변수명은 대소문자를 구별한다. '변수 A'와 '변수 a'는 서로 다른 변수이다.
- 변수명으로 한글을 사용할 수 있다(그러나 영문자 사용을 권장한다).
- 변수명으로 자바스크립트에서 정한 예약어(reserved words)는 사용할 수 없다.

[표 9-5]는 변수명으로 사용할 수 없는 자바스크립트 예약어를 정리한 것이다. 참고로 자바스크립트 예약어는 매개 변수명, 라벨(lable), 사용자 함수명으로도 사용할 수 없다.

표 9-5 자바스크립트 예약어

abstract	Arguments	boolean	break	byte
case	catch	char	class	const
continue	debugger	default	delete	do
double	else	enum	eval	export
extends	false	final	finally	float
for	function	goto	if	implements
import	in	instanceof	int	interface
let	long	native	new	null
package	private	protected	public	return
short	static	super	switch	synchronized
this	throw	throws	transient	true
try	typeof	var	void	volatile
while	with	yield		

NOTE_ 변수명 표기법

변수명이나 함수명에 의미가 없다면 코드의 가독성은 떨어진다. 예를 들어 변수명을 'var a=10;'과 같이 작성하면 a 가 어떤 데이터 값을 나타내는지 알기 어렵다. 그렇다고 'var thisisanumber=10;'과 같이 작성하면 코드가 길어지고 가독성이 떨어진다. 이러한 문제점을 해결하기 위해 프로그래밍 언어에서는 [표 9-6]과 같은 변수명 표기법을 정의하고 있다. 자바스크립트는 낙타 표기법을 사용한다.

표 9-6 변수명 표기법

표기법	설명	사용 예
낙타 표기법	첫 번째 글자는 소문자로 하고, 이후 추가되는 단어들의 첫 글자는 대문자로 표기한다.	userNumber, getLastName, setLastName;
파스칼 표기법	첫 번째 글자는 대문자로 하고, 이후 추가되는 단어들의 첫 글자도 대문자로 표기한다.	UserNumber, GetLastName, SetLastName;
헝가리안 표기법	첫 번째 글자는 데이터 타입을 나타내는 소문자로 하고, 이후 추가되는 단어들은 파스칼 표기법에 따라 표기한다.	numAge, strFirstName, strLastName;

3 변수 사용 방법

자바스크립트에서 변수를 사용할 때는 먼저 변수명을 선언하고 초기 데이터 값을 저장한다. 변수에 데이터 값은 할당 연산자(assignment operator)인 '='를 사용하는데, 수학에서는 '='를 좌변과 우변이 같다는 의미로 사용하지만 프로그래밍 언어에서는 우변을 좌변에 할당하라는 의미로 사용한다. 따라서 변수 선언 시 '='를 중심으로 좌변에는 항상 변수명이 오고 우변에는 변수, 연산식, 데이터 값 등이 온다.

- var x;   // 변수 x 선언
- var y=10;   // 변수 y 선언 및 초깃값 할당
- var x=y;   // 변수 y의 값을 변수 x에 저장
- var a, b, c;   // 변수 a, b, c 선언
- var a=10, b=11, c=12;   // 변수 a, b, c 선언 및 각각 다른 초깃값 할당
- var a=b=c=10;   // 변수 a, b, c 선언 및 같은 초깃값 할당
- var name="홍길동", age=25;   // 변수 name, age 선언 및 각각 다른 초깃값 할당
- var total=a+b+c;   // 변수 a, b, c 값을 더한 결과를 변수 total에 저장

다음은 변수 사용 시 문법적으로 오류가 발생한 사례들이다.

- var 7num=100;   // 숫자로 시작하는 변수명 잘못 사용

- var &num=100;   // 특수 문자로 시작하는 변수명 잘못 사용

- var true=1;   // 예약어를 변수명으로 잘못 사용

- var 10=x;   // 좌변에 상수값 잘못 선언

- var a+b=20;   // 좌변에 연산식 잘못 선언

- var "홍길동"=name;   // 좌변에 문자열값 잘못 선언

- var get Number=100;   // 변수명 사이에 공백(space) 잘못 선언

- var a, b, c=100;   // 콤마로 구분한 변수명 잘못 선언

변수의 데이터 타입은 초깃값에 따라서 자동으로 결정되며, 변수에 저장된 데이터 값이 변경되면 데이터 타입도 자동으로 변경된다.

예제 9-7   변수의 데이터 타입 변경하기   ch09/07_js.html

```
<head>
    <meta charset="utf-8"/>
</head>
<body>
    <script>
        var num=10;
        document.write("num 변수 : " + typeof num + " 타입<p/>");
        document.write("--- 데이터 값 변경 후 ---<p/>");
        var num="홍길동";
        document.write("num 변수 : " + typeof num + " 타입<p/>");
    </script>
</body>
```

```
num 변수 : number 타입

--- 데이터 값 변경 후 ---

num 변수 : string 타입
```

자바스크립트는 변수가 문법을 잘 따르고 있는지 체크하는 과정이 까다롭지 않다. 다른 프로그래밍 언어에서는 자체적으로 변수의 데이터 타입이 정확한지 중복된 변수명은 없는지 체크한다. 하지만 자바스크립트에서는 변수 선언 시 var 키워드를 생략할 수 있고, 변수명을 재선언(redeclaring)해도 저장된 데이터가 없어지지 않는다.

예제 9-8 변수명 재선언 시 데이터 값 변화 살펴보기	Ch09/08_js.html

```
<head>
    <meta charset="utf-8"/>
</head>
<body>
    <script>
        stdName="홍길동";    // var 키워드 생략
        comGrade=96;        // var 키워드 생략
        var stdName;        // 변수명 재선언
        var comGrade;       // 변수명 재선언
        document.write("학생 이름 : " + stdName + "<br>");
        document.write("컴퓨터 점수 : " + comGrade + "<br>");
    </script>
</body>
```

```
학생 이름 : 홍길동
컴퓨터 점수 : 96
```

4 전역 변수와 지역 변수

변수의 '메모리 수명(memory lifecycle)'이란 변수가 생성(allocate)되어 역할을 다한 후 해제(release)되기까지의 주기를 말한다. 변수는 여러 형태(전역 변수, 지역 변수, 배열 변수, 객체 변수 등)로 메모리에 생성되었다가 쓰임을 다한 후 차지했던 메모리 공간을 시스템의 메모리 관리자에게 반환한다. 그러면 메모리 관리자는 쓰레기 수집기(garbage collection)로 메모리 공간을 비운다.

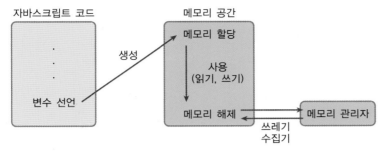

그림 9-5 변수의 메모리 수명

변수는 사용하는 위치에 따라서 유효 범위를 가진다. 자바스크립트에도 변수의 사용 목적에 따라 전역 범위에서 사용하는 전역 변수(global variable)와 지역 범위에서 사용하는 지역 변수(local variable)가 있다. 함수를 예로 들면 함수 외부에 선언하는 변수를 전역 변수라 하고 함수 내부에 선언하는 변수를 지역 변수라고 한다.

- **전역 변수** : 자바스크립트 코드 내 어느 위치에서든 선언하여 코드 전 영역에서 사용할 수 있는 변수이다.
- **지역 변수** : 변수가 선언된 해당 블록에서 선언하여 범위 내에서만 유효하게 사용할 수 있는 변수이다.

전역 변수는 var 키워드를 생략하고 선언할 수 있다. 만약 함수 내부에서 var 키워드를 생략한 채 변수를 선언했다면 그 변수는 자동으로 전역 변수로 선언된다.

```
<script>
    var globValue1;     // 전역 변수 선언
        globValue2;     // 전역 변수 선언, var 생략

    function 함수() {
        var locValue;   // 지역 변수 선언
            globValue;  // 함수 내부에서 var 생략 시 자동 전역 변수로 선언
        locValue=10;    // 지역 변수 사용
    }

    globValue=10;       // 전역 변수 사용
</script>
```

그림 9-6 전역 변수와 지역 변수 선언

전역 변수와 지역 변수를 좀 더 자세하게 이해하기 위해 〈예제 9-9〉~〈예제 9-12〉을 실행하여
결과를 비교해보자.

예제 9-9　전역 변수와 지역 변수 이해하기 1　　　　　　　　　　　　　　　　　　　　ch09/09_js.html

```
<head>
    <meta charset="utf-8"/>
</head>
<body>
    <script>
        function getGrade() {       // 함수 정의
            var kor=95;             // 지역 변수
        }
        var kor=100;               // 전역 변수
        getGrade();                // 함수 호출
        document.write("국어 점수 : " + kor + "<br>");
    </script>
</body>
```

국어 점수 : 100

〈예제 9-9〉의 실행 결과를 보면 kor 전역 변수와 함수 kor 지역 변수의 변수명이 같은데, 함수
가 호출된 이후에도 kor 전역 변수 값을 사용하고 있는 것을 알 수 있다. 즉 kor 지역 변수는 함
수가 호출되었을 때만 사용되고 없어지는 것이다. 하지만 〈예제 9-10〉과 같이 함수 내 지역 변
수에 var 키워드를 사용하지 않으면 자동으로 전역 변수로 사용된다.

예제 9-10 전역 변수와 지역 변수 이해하기 2　　　　　　　　　　　　　　　　　　　　ch09/10_js.html

```
<script>
    function getGrade() {   // 함수 정의
        kor=95;             // 자동 전역 변수
    }
    var kor=100;           // 전역 변수
    getGrade();            // 함수 호출
    document.write("국어 점수 : " + kor + "<br>");
</script>
```

국어 점수 : 95

만약 함수 내에 선언된 지역 변수를 함수 외부에서 사용하려고 하면 지역 변수 값이 출력되지 않는다. 즉 지역 변수는 함수가 호출되어 함수가 사용될 때만 사용할 수 있다.

예제 9-11 전역 변수와 지역 변수 이해하기 3 ch09/11_js.html

```
<script>
    function getGrade() { // 함수 정의
        var kor=95;        // 지역 변수
    }
    getGrade();            // 함수 호출
    document.write("지역 변수 값은 함수 외부에서 사용할 수 없습니다.<br>");
    document.write("국어 점수 : " + kor + "<br>");
</script>
```

지역 변수 값은 함수 외부에서 사용할 수 없습니다.

만약 함수 내 지역 변수 값을 출력하고 싶다면 document.write( )문을 함수의 내부에서 작성해야 한다. 또는 함수의 값을 리턴(return)받아서 출력할 수도 있다. 함수에 대한 자세한 설명은 10장에서 자세히 살펴보도록 한다.

예제 9-12 전역 변수와 지역 변수 이해하기 4 ch09/12_js.html

```
<script>
    function getGrade(){    // 함수 정의
        var kor=95;         // 지역 변수
        return kor;
    }
    getKor=getGrade();      // 함수 호출
    document.write("국어 점수 : " + getKor + "<br>");
</script>
```

국어 점수 : 95

NOTE_ 크롬 브라우저에서 자바스크립트 편집 실행하기

크롬 브라우저에서 개발자 도구(Ctrl+Shift+I)를 선택하거나 단축키(F12)를 선택하면 브라우저 하단에 콘솔(Console) 편집 창이 나타난다. 이 곳에 다음과 같이 작성한 후 Enter를 치면 자바스크립트 실행 결과를 확인할 수 있다.

```
> document.write("Hello Javascript!")
```

03 연산자

연산자(operator)란 피연산자(operands)에게 연산 명령을 내리기 위해 사용하는 기호로 [표 9-7]과 같은 종류가 있다.

표 9-7 연산자의 종류

연산자	기호
문자열 연산자	+(문자열 연결)
산술 연산자	++(증가 연산), --(감소 연산), *(곱셈), /(나눗셈), %(나머지), +(덧셈), -(뺄셈)
비교 연산자	<(작다), <=(작거나 같다), >(크다), >=(크거나 같다), ==(값이 같다), !=(값이 다르다), ===(값과 타입 모두 같다), !==(값 또는 타입이 다르다)
논리 연산자	&(비트 AND), |(비트 OR), ^(비트 XOR), &&(논리 AND), ||(논리 OR)
조건 연산자	(판단) ? true : false;
대입 연산자	=, +=, -=, *=, /=, %=, <<=, >>=, >>>=, &=, |=, ^=

1 문자열 연산자

문자열 연산자는 + 기호를 사용하여 문자열을 연결하는 기능을 한다. 그래서 '연결 연산자'라고 부르기도 한다. 문자열은 "string" 또는 'string'과 같이 큰따옴표 혹은 작은따옴표를 사용하여 나타낸다.

```
var stdName="HongGilDong";      // 큰따옴표 사용
var stdName='HongGilDong';      // 작은따옴표 사용
```

다음은 문자열 연산자로 두 문자열을 연결한 예이다.

```
var st="Hello"+"Javascript";    // 연산 결과 "Hello Javascript"가 출력
```

문자열 연산자는 산술 연산자의 + 기호와 똑같기 때문에 주의해야 한다. 예를 들어 "100"이라는 문자열 데이터와 10이라는 수치 데이터에 + 연산을 하면 문자열 연산이 적용되어 "10010"이 출력된다.

```
var st="100"+10;  // 문자열 연산 결과 "10010"이 출력
var st=100+10;    // 산술 연산 결과 110이 출력
```

> **NOTE_ 문자열 길이 확인**
>
> 문자열 길이는 length 속성을 사용하여 알 수 있다. length 속성은 문자열에 포함된 공백 문자까지 포함하여 문자열 길이를 수치 데이터로 반환한다. 문자열은 객체로 취급하기 때문에 문자열 변수에 .(dot) 연산자를 사용하여 속성값을 얻는다.
>
> ```
> var st="Hello Javascript";
> var stlen=st.length;    // st 문자열의 길이 16이 반환
> ```

2 산술 연산자

산술 연산자는 사칙 연산을 기본적으로 수행하는 연산자로, 다음과 같은 특징이 있다.

- 곱셈(*) 연산자와 나눗셈(/) 연산자 기호가 일반적인 수학 기호와 다르지만 수학적 개념은 같다.
- 나머지(%) 연산자는 나눗셈 결과 나머지 값을 구한다.
- 증가(++) 연산자는 변숫값을 증가(increment)시킨다. 변수의 앞 혹은 뒤에 붙어서 전위 증가(pre-increment) 또는 후위 증가(post-increment)로 사용하는데, 결괏값은 같다.
- 감소(−−) 연산자는 변숫값을 감소(decrement)시킨다. 변수의 앞 혹은 뒤에 붙어서 전위 감소(pre-decrement) 또는 후위 감소(post-decrement)로 사용하는데, 결괏값은 같다.

증가 연산자와 감소 연산자에서 '전위'는 연산 과정에서 변수를 먼저 사용한 후 연산하는 것을 말하며, '후위'는 연산 먼저 하고 변수를 사용하는 것을 말한다.

ch09/13_js.html

```
<script>
    var incData=1;
    var decData=5;
    var r1=r2=0;
    r1=15%6;    // 나머지 연산
    document.write("15%3 = " + r1 +"<br>");
    document.write("incData++ = "+ incData++ +"<br>");    // 후위 증가
    document.write("++incData = "+ ++incData +"<br>");    // 전위 증가
    document.write("decData-- = "+ decData-- +"<br>");    // 후위 감소
    document.write("--decData = "+ --decData +"<br>");    // 전위 감소
    r2=incData*decData;    // 곱셈 연산
    document.write("incData*decData = "+ r2 +"<br>");
</script>
```

```
15%3 = 3
incData++ = 1
++incData = 3
decData-- = 5
--decData = 3
incData*decData = 9
```

3 비교 연산자

비교 연산자는 두 피연산자의 값을 비교하여 참(true) 또는 거짓(false) 값을 반환한다. <(작다), <=(작거나 같다), >(크다), >=(크거나 같다), ==(값이 같다), !=(값이 다르다), ===(값과 타입 모두 같다), !==(값 또는 타입이 다르다) 등이 있다. [표 9-8]은 비교 연산자의 사용 예를 나타낸 것으로, 값은 5이고 데이터 타입은 수치형인 변수 x와, 값은 5이고 데이터 타입은 문자형인 피연산자를 비교한 것이다.

표 9-8 비교 연산자의 사용 예

비교 연산자	설명	사용 예	결과
==	값이 같은지 비교한다.	x=="5"	true
===	값과 타입이 같은지 비교한다.	x==="5"	false
!=	값이 다른지 비교한다.	x!="5"	false
!==	값 또는 타입이 다른지 비교한다.	x!=="5"	true

```
<script>
    var x=5;
    var y="5";
    var result;
    result=(x>y);    // 비교 연산
    document.write(" x > y : " + result + "<br>");
    result=(x==y);  // 두 값이 같은지 비교
    document.write(" x == y : " + result + "<br>");
    result=(x===y); // 두 값과 타입이 같은지 비교
    document.write(" x === y : " + result +" <br>");
    result=(x!=y);   // 두 값이 다른지 비교
    document.write(" x != y : " + result + "<br>");
    result=(x!==y); // 두 값이 다르거나 또는 타입이 다른지 비교
    document.write(" x !== y : " + result + "<br>");
</script>
```

```
x > y : false
x == y : true
x === y : false
x != y : false
x !== y : true
```

4 논리 연산자

논리 연산자는 주어진 조건을 논리적으로 연산하여 참(true) 또는 거짓(false)을 반환한다. 일반 논리 연산자와 비트 논리 연산자가 있다.

4.1 일반 논리 연산자

두 개의 피연산자를 대상으로 하는 논리곱(AND), 논리합(OR)과 한 개의 피연산자를 대상으로 하는 논리 부정(NOT)이 있다.

- **논리곱** : 두 개의 피연산자 값이 모두 참일 때만 참이고, 하나라도 거짓이면 거짓이다. '&&' 기호를 사용한다.
- **논리합** : 두 개의 피연산자 값 중 하나라도 참이면 참이고, 모두 거짓이면 거짓이다. '||' 기호를 사용한다.
- **논리 부정** : 피연산자 값이 참이면 거짓, 거짓이면 참이 된다. '!' 기호를 사용한다.

표 9-9 일반 논리 연산자의 진리표

A	B	A && B	A ‖ B	!A
거짓	거짓	거짓	거짓	참
거짓	참	거짓	참	참
참	거짓	거짓	참	거짓
참	참	참	참	거짓

예제 9-15 일반 논리 연산자 활용하기　　　　　　　　　ch09/15_js.html

```
<script>
    var x=5;
    var y=7;
    var result;
    result=(x<10 && y>10);   // 논리곱
    document.write("(x<10 && y>10) : " + result + "<br>");
    result=(x<10 ‖ y>10);   // 논리합
    document.write("(x<10 ‖ y>10) : " + result + "<br>");
    result=!(x<10 && y>10);   // 논리 부정
    document.write("!(x<10 && y>10) : " + result + "<br>");
</script>
```

```
(x<10 && y>10) : false
(x<10 ‖ y>10) : true
!(x<10 && y>10) : true
```

4.2 비트 논리 연산자

기억 장소에 저장된 이진값 즉 0과 1을 대상으로 연산을 하는 연산자이다. 비트곱(AND), 비트합(OR), 비트 부정(NOT), 배타적 비트합(XOR)이 있다.

- **비트곱** : 두 비트 모두 1일 때만 1이고, 하나라도 0이면 0이다. '&' 기호를 사용한다.
- **비트합** : 두 비트 중 하나라도 1이면 1이고, 모두 0이면 0이다. '|' 기호를 사용한다.
- **비트 부정** : 비트 값이 1이면 0, 0이면 1이 된다. '~' 기호를 사용한다.
- **배타적 비트합** : 두 비트가 같을 때 0이고, 다를 때 1이다. '^' 기호를 사용한다.

표 9-10 비트 논리 연산자의 진리표

A	B	A & B	A ‖ B	A ^ B	~A
0	0	0	0	0	1
0	1	0	1	1	1
1	0	0	1	1	0
1	1	1	1	0	0

```
<script>
    var x=5;           // 0101
    var y=7;           // 0111
    var result;
    result=(x & y);  // 비트곱
    document.write("x & y = " + result + "<br>");
    result=(x | y);  // 비트합
    document.write("x | y = " + result + "<br>");
    result=(x ^ y);  // 배타적 비트합
    document.write("x ^ y = " + result + "<br>");
    result=(~x);        // 비트 부정
    document.write("~x = " + result + "<br>");
</script>
```

```
x & y = 5
x | y = 7
x ^ y = 2
~x = -6
```

5 조건 연산자

조건 연산자는 조건식을 판별하여 참이냐 거짓이냐에 따라 다음 문장을 선택적으로 실행하는 연산자이다. 예를 들어 변수 a와 b의 값을 비교하여 a>b가 참이면 a를, 거짓이면 b를 변수 max_value에 대입하는 수식은 다음과 같다.

```
max_value=(a>b) ? a : b;     // a, b 중 큰 값을 저장
```

```
<script>
    var x=5;
    var y=7;
    var result;
    result=(x>y) ? x : y;       // 조건 연산
    document.write("큰 값 : " + result + "<br>");
    result=(x>y) ? x-y : y-x; // 조건 연산
    document.write("큰 값-작은 값 : " + result + "<br>");
</script>
```

```
큰 값 : 7
큰 값-작은 값 : 2
```

6 대입 연산자

대입 연산자는 '=' 기호를 사용하여 값이나 변수를 할당하는 연산이다. 대입 연산자에 산술 연산자를 같이 사용하면 +=, −=, *=, /= 등과 같은 복합 대입 연산자로 사용할 수 있다. 예를 들어 대입 연산자 '='와 산술 연산자 '+'를 활용하여 작성한 식 'x=x+y'는 복합 대입 연산자 '+='를 사용하여 'x+=y'와 같이 축약하여 쓸 수 있다. 복합 대입 연산자는 연산 속도를 향상시키며 숫자 외에 문자열에도 사용할 수 있다.

예제 9-18 복합 대입 연산자 활용하기　　　　　　　　　　　　　　　　ch09/18_js.html

```
<script>
    var x1=x2=x3=x4=x5=10;
    var st="Hello ";
    x1+=1;
    document.write("x1 : " + x1 + "<br>");
    x2-=2;
    document.write("x2 : " + x2 + "<br>");
    x3*=3;
    document.write("x3 : " + x3 + "<br>");
    x4/=4;
    document.write("x4 : " + x4 + "<br>");
    x5%=5;
    document.write("x5 : " + x5 + "<br>");
    st+="Javascript";
    document.write("st : " + st + "<br>");
</script>
```

```
x1 : 11
x2 : 8
x3 : 30
x4 : 2.5
x5 : 0
st : Hello Javascript
```

NOTE_ 복합 대입 연산자를 사용할 때는 '+ ='과 같이 +와 = 사이에 공백이 있으면 안 되고, '=+'와 같이 =와 +의 순서가 바뀌어서도 안 된다.

04 제어문

제어문은 프로그램의 실행 과정을 제어하기 위해 사용하는 구문으로, 반복 처리 및 선택 처리를 할 때 사용한다. 자바스크립트 제어문은 크게 조건문(conditional statements), 반복문(loop statements), 보조 제어문(break or continue statement)으로 나눌 수 있다.

표 9-11 자바스크립트 제어문

유형	설명	구조
조건문	조건에 따라 다음 문장을 선택적으로 실행한다.	• If문 • if~else문 • 다중 if~else문 • switch~case문
반복문	동일한 명령을 여러 번 처리하거나 특정 연산을 반복적으로 처리한다.	• for문 • while문 • do~while문
보조 제어문	조건문을 만나면 건너뛰거나 반복 수행을 종료한다. 반복문 내에서 사용한다.	• continue문 • break문

1 if문

if문은 조건식이 참(true)이면 블록 내의 문장을 처리하고, 거짓이면 블록을 빠져 나간다. 조건식에 true 값을 직접 대입하면 무조건 처리하도록 제어할 수도 있다. 또한 if문 안에 다른 if문을 포함하여 작성할 수도 있다.

```
if(조건식) {
    실행 문장;
}
```

```
if (조건식A) {
    실행 문장;
    if (조건식B) {
        실행 문장;
    }
}
```

if문은 조건식이 참인 경우에만 블록 내 문장을 처리한다. 따라서 조건식이 거짓인 경우 별도로 처리할 문장이 없는 단순 제어문에 많이 활용한다. 만약 다음 오른쪽과 같이 조건식에 거짓(false) 값을 쓴다면 블록 내 문장은 영원히 처리되지 못할 것이다.

```
if(age)=19) {
    result="성인입니다.";
}
```

```
if(false) {
    result="성인입니다.";    // 영원히 처리되지 않음
}
```

> **NOTE_** 제어문에 사용하는 모든 문자는 소문자(lowercase)를 사용해야 한다. 만약 If 혹은 IF와 같이 작성하면 오류가 발생한다.

2 if~else문

if~else문은 조건식이 참(true)인 경우와 거짓(false)인 경우 처리할 문장이 각각 따로 있을 때 사용하는 제어문이다. 즉 조건식의 두 가지 결괏값을 명확히 제어하고자 할 때 사용한다. 예를 들어 나이가 19세 이상이면 성인, 미만이면 미성년자로 구분하는 프로그램은 다음과 같다.

```
if(age)=19) {
    result="성인입니다.";
}
else {
    result="미성년자입니다.";
}
```

if~else문 역시 다른 if~else문을 포함하여 작성할 수 있다. 주어진 변숫값을 판별하여 남자인지 여자인지, 성인인지 미성년자인지 구분하는 프로그램을 만들어보자.

예제 9-19 성별과 성년을 구분하는 프로그램 만들기　　　　　　　　　　　　ch09/19_js.html

```
<script>
    var gender="M";    // 남자(M), 여자(F)
    var age=21;
    if(gender=="M") {
        if(age)=19) {
```

```
            result="남자 성인입니다.";
        }
        else {
            result="남자 미성년자입니다.";
        }
    }
    else {
        if (age)=19) {
            result="여자 성인입니다.";
        }
        else {
            result="여자 미성년자입니다.";
        }
    }
    document.write("당신은 " + result + "<p/>");
</script>
```

당신은 남자 성인입니다.

다음 순서를 참고하여 로그인 프로그램을 만들어보자.

① 외부 자바스크립트 파일을 포함하기 위한 HTML 문서를 작성한다.

② 외부 자바스크립트 파일을 생성하고 prompt( ) 함수를 사용하여 데이터를 입력 받을 메시지 창을 생성한다. 그리고 if~else문을 사용하여 아이디와 비밀번호(admin/123456)가 모두 일치하면 해당 웹 문서로 연결한다(location 객체에 href 속성 사용).

③ 아이디와 비밀번호가 모두 일치하면 자동으로 연결할 웹 문서를 작성한다(특정 사이트의 URL을 작성해도 됨). 회원 인증이 성공하면 login.html, 성공하지 못하면 error.html 문서로 연결한다.

예제 9-20 로그인 프로그램 만들기   ch09/20_html.html

```
<!DOCTYPE html>
<html>
<head>
    <meta charset="utf-8"/>
</head>
<body>
```

```html
      <p>아이디, 비밀번호 입력</p>
      <script src="./ejs/script.js"> </script>
</body>
</html>
```

```javascript
id=prompt('아이디 입력');
if(id=='admin') {
    password=prompt('비밀번호 입력');
    if(password==='123456') {
        location.href="20_login.html"
    }
    else {
        location.href="20_error.html"
    }
}
else {
    location.href="20_error.html"
}
```

```html
<!DOCTYPE html>
<html>
<head>
    <meta charset="utf-8"/>
</head>
<body>
    <h2>회원 인증에 성공했습니다.</h2>
    <p>저자 홈페이지를 클릭하세요.</p>
    <a href="http://cafe.naver.com/go2web">차세대 웹 프로그래밍</a>
</body>
</html>
```

```html
<!DOCTYPE html>
<html>
<head>
    <meta charset="utf-8"/>
</head>
<body>
    <h2>회원 인증에 실패했습니다.</h2>
```

```
        <p>웹 문서에 접근할 수 없습니다. 관리자에게 문의하시기 바랍니다.</p>
        <p>관리자 e-mail : gosyhong@gmail.com </p>
    </body>
</html>
```

이 페이지 내용:	×
아이디 입력	
admin	
확인 취소	

이 페이지 내용:	×
비밀번호 입력	
123456	
확인 취소	

▲ 아이디/비밀번호 입력

회원 인증에 성공했습니다.

저자 홈페이지를 클릭하세요.

차세대 웹 프로그래밍

회원 인증에 실패했습니다.

웹 문서에 접근할 수 없습니다. 관리자에게 문의하시기 바랍니다.

관리자 e-mail : gosyhong@gmail.com

▲ 로그인 성공/실패

3 다중 if~else문

다중 if ~ else은 여러 조건을 체크해야 할 때 사용한다. 사용 방법은 다음과 같다.

```
if(조건식-1) {
    조건식-1의 결과가 참일 때 실행할 문장;
}
else if(조건식-2) {
    조건식-2의 결과가 참일 때 실행할 문장;
}
else {
    조건식-1, 조건식-2 모두 거짓일 때 실행할 문장;
}
```

0~100점 중 어떤 점수대에 포함되는지에 따라 학점을 A~F 5단계으로 나누어 부여하려고 한
다. 학점 환산 프로그램을 작성해보자.

```
<script>
    var point=93;      // 과목 점수
    var grade="";
    if(point>100) {
        document.write("0~100점 사이 값을 입력해야 합니다." + "<p/>");
    }
    else if(point>=90) {
        grade="A";
        document.write("아주 잘했어요." + "<p/>");
    }
    else if(point>=80) {
        grade="B";
        document.write("잘했어요." + "<p/>");
    }
    else if(point>=70) {
        grade="C";
        document.write("조금만 노력하면 잘할 수 있어요." + "<p/>");
    }
    else if(point>=60) {
        grade="D";
        document.write("좀 더 노력하세요." + "<p/>");
    }
    else {
        grade="F";
        document.write("많이 노력하시기 바랍니다." + "<p/>");
    }
    document.write("학생의 학점은 <b>" + grade + "</b>입니다.<p/>");
</script>
```

아주 잘했어요.

학생의 학점은 **A**입니다.

4 switch~case문

다중 if~else문은 최악의 경우 마지막 else문에 도달할 때까지 모든 조건식을 체크해야 한다. 또한 다중 선택이 많아지면 프로그램이 길어져 프로그램의 전체적인 흐름을 이해하기 어렵다.

switch~case문은 이를 보완하기 위해 사용하는 다중 선택문이다. switch~case문은 조건문을 체크하여 다음에 처리할 문장의 위치를 파악한 후 해당 문장으로 가서 바로 처리한다. 전체 조건식을 모두 체크할 필요가 없으므로 실행 속도가 다중 if~else문보다 훨씬 빠르다. switch~case문의 형식은 다음과 같다.

```
switch(상수값) {
    case n:
        실행 문장;
        break;
    case n:
        실행 문장;
        break;
    default:
        기본 실행 문장;
}
```

- **switch(상수값)** : 상수값으로 수치 또는 문자를 사용한다. 다음에 처리할 문장이 몇 번째 case문에 해당하는지 표시한다.

- **case n ~ default** : case 다음에는 수치나 문자가 오고 그 다음에는 꼭 콜론(:)를 붙인다. case에 해당하는 경우가 없으면 마지막 default문을 수행한다. default문에는 어떤 case문에도 해당하지 않는 경우에 처리할 문장을 작성한다. default문을 작성할 필요가 없다면 사용하지 않아도 된다.

- **break** : 해당 csae문의 문장을 처리하고 블록을 빠져나오도록 한다. break문이 없으면 다음 case문을 처리하므로 주의해야 한다.

다음 예제는 Date 객체의 getDay( ) 함수를 사용하여 오늘이 무슨 요일인지 판단하는 프로그램이다. getDay( ) 함수는 요일을 0~6까지의 상수값으로 반환하는데, 0이면 일요일(sunday), 1이면 월요일(monday), 6이면 토요일(saturday)을 나타낸다.

```
<script>
    var day;
    var week=new Date().getDay();     // 0(일요일)~6(토요일)
    switch(week) {
        case 0:
            day="일요일";          break;
        case 1:
            day="월요일";          break;
        case 2:
            day="화요일";          break;
        case 3:
            day="수요일";          break;
        case 4:
            day="목요일";          break;
        case 5:
            day="금요일";          break;
        case 6:
            day="토요일";          break;
        default:
            day="없는 요일";
    }
    document.write("오늘은 <b>" + day + "</b>입니다. <p/>");
</script>
```

오늘은 **월요일**입니다.

switch~case문은 범위 값을 지정할 수 있는 장점이 있다. 다음 예제는 요일에 따라서 할 일을
자동으로 알려주는 프로그램이다. 월요일과 화요일에는 HTML5를, 수요일과 목요일에는 자바
스크립트를, 금요일과 토요일에는 영어를 학습하고 일요일에는 수영을 한다.

```
<script>
    var text;
    var week=new Date().getDay();     // 0(일요일)~6(토요일)
    switch(week) {
        case 1:     // 월요일
        case 2:     // 화요일
```

```
            text="HTML5";
            break;
        case 3:    // 수요일
        case 4:    // 목요일
            text="자바스크립트";
            break;
        case 5:    // 금요일
        case 6:    // 토요일
            text="영어";
            break;
        case 0:    // 일요일
        default:
            text="수영";
    }
    document.write("오늘은 <b>" + text + "</b> 학습하는 날입니다. <p/>");
</script>
```

오늘은 **HTML5** 학습하는 날입니다.

5 for문

for문은 다음과 같이 괄호 안에 두 개의 세미콜론(;)으로 분리된 세 개의 수식이 있고, 이 수식의 동작에 따라 블록 안의 문장이 반복 실행된다.

```
for(초기식; 조건식; 증감식) {
    실행 문장;
}
```

- **초기식** : 반복 변숫값을 초기화한다. for문이 처음 시작할 때 단 한 번만 실행된다.
- **조건식** : 블록 내 문장을 얼마나 반복할지 결정한다. 조건식이 참인 동안 반복한다.
- **증감식** : 초기식에서 초기화한 변수의 값을 증가 또는 감소시킨다.

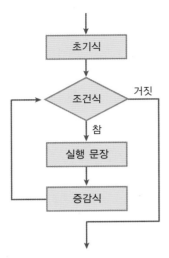

그림 9-7 for문의 순서도

다음은 for문의 간단한 사용 예이다. 반복문은 총 다섯 번 수행된다.

```
<script>
    var num;
    for(num=1; num<=5; num++) {
        document.write("for문 수행 : <b>" + num + "</b> <p/>");
    }
</script>
```

for문 수행 : **1**

for문 수행 : **2**

for문 수행 : **3**

for문 수행 : **4**

for문 수행 : **5**

for문의 초기식, 조건식, 증감식은 다음과 같이 변칙적으로 사용 가능하다.

① 초기식을 for문 이전에 먼저 선언을 했다면 for문에서는 생략 가능하다.

```
<script>
    var num =1;      // 초깃값 선언
    for(  ; num<=5; num++) {
        document.write("for문 수행 : <b>" + num + "</b> <p/>");
    }
</script>
```

② 초기식은 여러 개 선언할 수 있다. 예를 들어 문자열 st의 길이만큼 반복문을 수행하고 싶다면, ct 변수에 문자열 st의 길이를 저장하는 초기식을 추가한 후 조건식에서 ct 변수를 사용하면 된다.

```
<script>
    var num;
    var st="ABCDEF";      // 문자열 길이 6
    var ct;
    for(num=1, ct=st.length; num<ct; num++) {
        document.write("for문 수행 : <b>" + num + "</b> <p/>");
    }
</script>
```

③ for문의 블록 내에 증감식 문장을 포함한다면 for문 자체에서 증감식을 생략해도 된다.

```
<script>
    var num =1;
    var st="ABCDEF";
    var ct=st.length;
    for( ; num<ct;  ) {
        document.write("for문 수행 : <b>" + num + "</b> <p/>");
        num++;
    }
</script>
```

④ for(; ;)와 같이 초기식, 조건식, 증감식을 모두 작성하지 않으면 블록 내 문장을 무한 반복하게 된다. 이 경우에는 특정 조건을 만족하면 for문을 빠져나올 수 있도록 break문을 써주어야 한다.

```
<script>
    var num=1;
    var st="ABCDEF";
    var ct=st.length;
    for( ;  ;  ) {
        if(num<ct){
            document.write(" for문 수행 : <b>" + num + "</b> <p/>");
            num++;
            continue;
        }
        break;
    }
</script>
```

for문 안에 다른 for문을 내포할 수도 있다. 구구단 2~5단까지 출력하는 프로그램을 만들어보자.

예제 9-24 구구단 프로그램 만들기   ch09/24_js.html

```
<script>
    var x, y;
    for(x=2; x<=5; x++){
        document.write("<b> ---[" + x + "단]--- </b>" + "<br>");
        for(y=1; y <= 9; y++){
            document.write(x + "*" + y + "=" + (x * y) + "<br>");
        }
    }
</script>
```

```
---[2단]---
2*1=2
2*2=4
2*3=6
2*4=8
2*5=10
2*6=12
2*7=14
```

6 while문

while문은 조건이 참인 동안 블록 내 문장을 처리하고, 거짓이면 블록을 벗어나 다음 문장을 처리한다. 만약 while문의 조건식을 처음 실행할 때 거짓이면 한 번도 블록 내 문장을 처리하지 못하고 블록을 벗어날 수 있다. 또한 while문의 조건식이 항상 참이 되면 무한 반복한다. 따라서 이러한 경우에는 실행 문장 내에 if문과 break문을 사용하여 특정 조건을 만족하면 반복을 중단하도록 해야 한다.

```
while(조건식) {
    실행 문장;
}
```

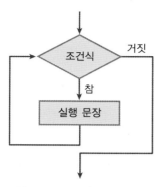

그림 9-8 while문의 순서도

예제 9-25 1부터 100까지 합 구하기   ch09/25_js.html

```
<script>
    var x=1;
    var sum=0;
    while(x<=100) {
        sum+=x;
        x++;
    }
    document.write("1~100까지 합 : <b>" + sum + "</b>");
</script>
```

1~100까지 합 : **5050**

예제 9-26 1부터 10000까지 합 구하기   ch09/26_js.html

```
<script>
    var x=1;
    var sum=0;
    while(1) {      // 무한 반복
        sum+=x;
        x++;
        if(x==10001)
            break;
    }
    document.write("1~10000까지 합 : <b>" + sum + "</b>");
</script>
```

1~10000까지 합 : **50005000**

7 do~while문

while문은 조건식을 먼저 체크한 후 참이면 블록 내 문장을 처리한다. 반대로 do~while문은 블록 내 문장을 먼저 처리한 후 조건식을 체크한다. 따라서 블록 내 문장을 한 번 이상 반드시 수행한다. do~while문을 작성할 때는 끝에 세미콜론(;)을 꼭 써야 한다.

```
do {
    실행 문장;
}
while(조건식);
```

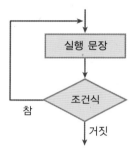

그림 9-9 do~while문의 순서도

예제 9-27 do~while문으로 1부터 100까지 합 구하기
ch09/27_js.html

```
<script>
    var x=1;
    var sum=0;
    do {
        sum+=x;
        x++;
    } while(x<=100);
    document.write("1~100까지 합 : <b>" + sum + "</b>");
</script>
```

1~100까지 합 : **5050**

8 break문

break문은 for문, while문, do~while문과 같은 반복문이나 switch~case문 내에서 해당 블록을 강제적으로 벗어나 다음 문장을 처리하도록 할 때 사용한다.

예제 9-28 break문으로 1부터 100까지 수 중 3의 배수 합 구하기　　　　　　ch09/28_js.html

```
<script>
    var x=0;
    var sum=0;
    while(1) {
        x+=3;    // 3의 배수
    if(x>100)
            break;
        sum+=x;
        document.write(x + " ");
    }
    document.write("<p/>");
    document.write("1~100까지 수 중 3의 배수 합 : <b>" + sum + "</b>");
</script>
```

3 6 9 12 15 18 21 24 27 30 33 36 39 42 45 48 51 54 57 60 63 66 69
72 75 78 81 84 87 90 93 96 99

1~100까지 수 중 3의 배수 합 : **1683**

9 continue문

continue문은 if문과 함께 많이 사용하는데, if문의 조건식이 참이면 continue문 이후의 문장을 처리하지 않고 제어를 반복문의 시작 위치로 옮기는 역할을 한다. break문은 반복문을 완전히 벗어나게 하는 역할을 하는 반면 continue문은 제어를 반복문의 시작 위치로 이동시키는 차이점이 있다.

예제 9-29 continue문으로 1부터 100까지 수 중 3의 배수 합 구하기　　　　　　ch09/29_js.html

```
<script>
    var x=0;
    var sum=0;
    for(x=1; x<=100; x++) {
        if(x%3 != 0)
```

```
            continue;
        sum+=x;
        document.write(x + " ");
    }
    document.write("<p/>");
    document.write("1~100까지 수 중 3의 배수 합 : <b>" + sum + "</b>");
</script>
```

```
3 6 9 12 15 18 21 24 27 30 33 36 39 42 45 48 51 54 57 60 63 66 69
72 75 78 81 84 87 90 93 96 99

1~100까지 수 중 3의 배수 합 : 1683
```

10 label문

break문은 제어를 블록 바깥으로 옮기고, continue문은 블록의 시작 위치로 옮긴다. label문은 제어를 직접 지정할 때 사용한다. lable문을 사용할 때는 특히 프로그램의 처리 구조에 주의해야 한다. 너무 많이 사용하면 프로그램의 논리성이 약해지고, 순환 구조로 프로그래밍하면 무한 반복에 빠질 수 있기 때문이다.

다음은 for문 안에 for문을 사용한 프로그램이다. 정상적으로 처리한다면 모두 출력되겠지만, (i===1 && j===0)인 경우에 outloop 레이블로 점프하게 하였다. 따라서 (i=1, j=0), (i=1, j=1), (i=1, j=2)은 출력되지 않는다.

예제 9-30 label문 활용하기   ch09/30_js.html

```
<script>
    var i, j;
    outloop:      // label name
    for(i=0; i<3; i++) {
        inloop:   // label name
        for(j=0; j<3; j++) {
            if(i===1 && j===0) {
                continue outloop;
            }
            document.write("i = " + i + ", j = " + j + "<br>");        i = 0, j = 0
        }                                                             i = 0, j = 1
    }                                                                 i = 0, j = 2
</script>                                                             i = 2, j = 0
                                                                      i = 2, j = 1
                                                                      i = 2, j = 2
```

요약

01 자바스크립트

자바스크립트(javascript)는 웹 문서를 동적으로 제어하기 위해 고안된 프로그래밍 언어로, HTML5, CSS3와 함께 웹 삼총사라 불린다. 웹 문서에서 HTML5와 CSS3는 웹 정보의 모델(model)과 뷰(view)를 담당하고 자바스크립트는 제어(controller)를 담당한다.

02 자바스크립트 포함 방법

자바스크립트 코드를 HTML 문서에 포함하는 방법은 ① HTML 문서 내부에 코드를 직접 작성하는 방법, ② 자바스크립트 파일을 별도로 작성한 후 HTML 문서에서 참조하는 방법, ③ 이 두 가지 방법을 혼합하여 사용하는 방법이 있다.

03 데이터 타입의 종류

종류	설명	사용 예
number	정수 혹은 실수	100, 10.5, 10e+3
string	문자 혹은 문자열	"홍길동", '홍길동'
boolean	참 혹은 거짓	true, false
array	데이터의 집합(배열, 객체로 취급)	["서울", "부산", "인천"]
object	데이터 속성과 값으로 이루어진 집합	{name: '홍길동', age: 25}
null	객체 값이 없음	null
undefined	데이터 값이 정해지지 않음	undefined

04 변수명 작성 규칙

- 변수명은 문자, 밑줄(_), 달러 기호($)로 시작한다.
- 변수명은 대소문자를 구별한다. '변수 A'와 '변수 a'는 서로 다른 변수이다.
- 변수명으로 한글을 사용할 수 있다(그러나 영문자 사용을 권장한다).
- 변수명으로 자바스크립트에서 정한 예약어(reserved words)는 사용할 수 없다.

05 전역 변수와 지역 변수

- **전역 변수** : 자바스크립트 코드 내 어느 위치에서든 선언하여 코드 전 영역에서 사용할 수 있는 변수이다.
- **지역 변수** : 변수가 선언된 해당 블록에서 선언하여 범위 내에서만 유효하게 사용할 수 있는 변수이다.

06 연산자의 종류

연산자	기호
문자열 연산자	+(문자열 연결)
산술 연산자	++(증가 연산), −−(감소 연산), *(곱셈), /(나눗셈), %(나머지), +(덧셈), −(뺄셈)
비교 연산자	〈(작다), 〈=(작거나 같다), 〉(크다), 〉=(크거나 같다), ==(값이 같다), !=(값이 다르다), ===(값과 타입 모두 같다), !==(값 또는 타입이 다르다)
논리 연산자	&(비트 AND), |(비트 OR), ^(비트 XOR), &&(논리 AND), ||(논리 OR)
조건 연산자	(판단) ? true : false;
대입 연산자	=, +=, −=, *=, /=, %=, 〈〈=, 〉〉=, 〉〉〉=, &=, |=, ^=

07 자바스크립트 제어문

유형	설명	구조
조건문	조건에 따라 다음 문장을 선택적으로 실행한다.	• If문 • if~else문 • 다중 if~else문 • switch~case문
반복문	동일한 명령을 여러 번 처리하거나 특정 연산을 반복적으로 처리한다.	• for문 • while문 • do~while문
보조 제어문	조건문을 만나면 건너뛰거나 반복 수행을 종료한다. 반복문 내에서 사용한다.	• continue문 • break문

◢ 연습문제

01 자바스크립트 작성 방법에 대한 설명으로 옳지 <u>않은</u> 것은?

① 문장은 세미콜론(;)을 사용하여 구분한다.

② 영문 대소문자를 구분하지 않는다.

③ 〈script〉 태그 내에 작성한다.

④ 한 줄 단위의 주석은 //를 사용한다.

02 자바스크립트에서 데이터 타입을 확인하기 위해 사용하는 연산자는?

① checktype

② typedata

③ typeof

④ typewhat

03 자바스크립트 변수명에 대한 설명으로 옳지 <u>않은</u> 것은?

① 자바스크립트 예약어를 사용할 수 없다.

② 영문자와 밑줄(_), 달러 기호($)로 시작한다.

③ 숫자로 시작할 수 없다.

④ 대소문자를 구분하지 않는다.

04 자바스크립트에서 var x="100"+10의 연산 결과로 바른 것은?

① 10010

② 110

③ undefined

④ 0

05 자바스크립트에서 var x="10"; var y=10;으로 선언한 변수에 각각 r1=(x===y); r2=(x==y) 연산을 수행하였다. r1과 r2의 출력 내용으로 바른 것은?

① true, true

② true, false

③ false, true

④ false, false

06 지역 변수와 전역 변수의 개념과 차이점을 간단하게 설명하시오.

07 자바스크립트 파일을 외부에서 작성하여 HTML5 문서에 포함하는 방법을 간략하게 설명하시오.

08 for문을 사용하여 다음 결과 화면과 같이 구구단 프로그램을 만드시오.

1단	2단	3단	4단	5단	6단	7단	8단	9단
1*1=1	2*1=2	3*1=3	4*1=4	5*1=5	6*1=6	7*1=7	8*1=8	9*1=9
1*2=2	2*2=4	3*2=6	4*2=8	5*2=10	6*2=12	7*2=14	8*2=16	9*2=18
1*3=3	2*3=6	3*3=9	4*3=12	5*3=15	6*3=18	7*3=21	8*3=24	9*3=27
1*4=4	2*4=8	3*4=12	4*4=16	5*4=20	6*4=24	7*4=28	8*4=32	9*4=36
1*5=5	2*5=10	3*5=15	4*5=20	5*5=25	6*5=30	7*5=35	8*5=40	9*5=45
1*6=6	2*6=12	3*6=18	4*6=24	5*6=30	6*6=36	7*6=42	8*6=48	9*6=54
1*7=7	2*7=14	3*7=21	4*7=28	5*7=35	6*7=42	7*7=49	8*7=56	9*7=63
1*8=8	2*8=16	3*8=24	4*8=32	5*8=40	6*8=48	7*8=56	8*8=64	9*8=72
1*9=9	2*9=18	3*9=27	4*9=36	5*9=45	6*9=54	7*9=63	8*9=72	9*9=81

09 prompt( ) 함수를 사용하여 아이디와 비밀번호를 입력 받아 다음 세 명의 계정만 로그인할 수 있는 프로그램을 만드시오.

아이디	비밀번호
std01	1111
std02	2222
std03	3333

Chapter 10
자바스크립트 함수와 배열

학습목표

▸ 함수 선언 및 호출 방법을 알고 함수를 이용한 프로그램을 작성할 수 있다.

▸ 배열 생성 방법을 알고 배열을 이용한 프로그램을 작성할 수 있다.

▸ 배열 관련 메소드의 종류와 역할을 알고 메소드를 이용한 프로그램을 작성할 수 있다.

▸ 연관 배열과 2차원 배열의 개념을 알고 이를 활용하여 프로그램을 작성할 수 있다.

01 자바스크립트 함수

1 함수 선언과 호출

함수란 특정 기능을 수행하는 하나의 모듈로, 한번 선언해놓으면 여러 번 호출하여 사용할 수 있다. 함수는 호출할 때마다 어떤 입력값을 주느냐에 따라 출력값이 달라진다. 예를 들어 두 수의 곱셈을 구하는 함수를 선언해놓고 입력값으로 3, 5를 주면 15가 출력되고, 5, 4를 주면 20이 출력된다. 프로그램에서 함수를 선언하고 사용하는 이유는 한번 정의해놓은 작업을 필요할 때마다 호출하여 사용하기 위해서이다. 함수를 선언하고 호출하는 형식은 다음과 같다.

```
function 함수명(매개 변수1, 매개 변수2, ...) {  // 함수 선언
    실행 문장;
    return 반환값;
}
함수명(인자1, 인자2, …);                         // 함수 호출
```

- **함수명** : 함수 이름을 뜻한다. 함수명 작성 규칙은 변수명 작성 규칙과 같다. 변수명으로 사용할 수 없는 것은 함수명으로도 사용할 수 없다.
- **인자** : 함수를 호출할 때 전달하는 입력값을 말한다.
- **매개 변수** : 함수 호출문에서 전달한 인자를 받기 위해 선언된 변수이다. 기본적으로 지역 변수로 정의되어 함수 내에서만 사용할 수 있다.
- **function** : 함수를 선언할 때 사용하는 키워드이다.
- **return** : 함수에서 수행한 결괏값을 반환할 때 사용하는 키워드이다.

자바스크립트에서 함수를 선언하고 호출하는 방법에는 크게 두 가지가 있다.

1.1 일반적인 방법(기본 함수)

함수를 선언하고 호출하는 일반적인 방법으로, 함수는 스크립트 내 어디서나 선언할 수 있다. 함수 호출은 함수 선언 전후 상관없이 할 수 있지만 가급적 함수 선언 후에 할 것을 권장한다.

```
function 함수명(매개 변수1, 매개 변수2, …) {   // 함수 선언
    실행 문장;
}
함수명(인자1, 인자2, …);                        // 함수 호출
```

예제 10-1 기본 함수 호출하기   ch10/01_func.html

```
<script>
    var text1="함수 선언 전 호출";
    var text2="함수 선언 후 호출";
    printMsg(text1);                // 함수 선언 전 호출
    function printMsg(msg) {        // 함수 선언
        document.write("함수 호출 메시지 : " + msg + "<br>");
    }
    printMsg(text2);                // 함수 선언 후 호출
</script>
```

```
함수 호출 메시지 : 함수 선언 전 호출
함수 호출 메시지 : 함수 선언 후 호출
```

함수 호출은 onclick 속성을 사용하여 할 수 있다. 다음 예제는 버튼을 누르면 메시지가 출력되는 프로그램이다.

예제 10-2 onclick 속성값으로 함수 호출하기   ch10/02_func.html

```
<script>
    function printMsg(name, age) {      // 함수 선언
        document.write("학생 이름 : <b>" + name + "</b><br>");
        document.write("학생 나이 : <b>" + age + "</b><br>");
    }
</script>
<button type="button" onclick="printMsg('홍길동', 21)">학생 정보</button>
```

```
학생 정보
```

```
학생 이름 : 홍길동
학생 나이 : 21
```

1.2 함수 표현식으로 작성하는 방법(무명 함수)

함수 표현식을 선언하여 변수에 할당하는 방법으로, 변수를 함수명으로 사용한다. 함수명이 생략되기 때문에 무명 함수라고도 한다. 이 방법을 사용할 때는 함수 선언 전에 함수 호출을 할 수 없다는 점에 주의해야 한다. 함수 선언 전에 호출하면 구문 에러(syntax error)가 발생한다.

```
var 변수명=function(매개 변수1, 매개 변수2, ...) { // 함수 선언
    실행 문장;
}
변수명(인자1, 인자2, …);                        // 함수 호출
```

예제 10-3 무명 함수 호출하기
ch10/03_func.html

```
<script>
    var text1="함수 선언 전 호출 에러";
    var text2="함수 선언 후 호출만 가능";
    // printMsg(text1);                 // 함수 선언 전 호출 에러
    var printMsg=function(msg) {     // 함수 객체 선언
        document.write("함수 호출 메시지 : " + msg + "<br>");
    }
    printMsg(text2);                    // 함수 선언 후 호출 가능
</script>
```

함수 호출 메시지 : 함수 선언 후 호출만 가능

NOTE_ 함수 표현식에 함수명을 정의할 수 있다. 단 함수명은 변수명과 다르게 정의해야 한다. 함수 표현식에서 정의한 함수명은 함수 외부에서 호출하여 사용할 수 없다.

```
var printMsg=function myMsg(msg) {
    document.write("함수 호출 메시지 : " + msg + "<br>");
    myMsg("함수 표현");   // 호출 가능
}
printMsg(text2);        // 함수 호출 가능
myMsg(text2);          // 함수 호출 에러
```

자바스크립트에서 기본 함수와 무명 함수가 같은 이름을 사용하면 무명 함수가 호출된다.

예제 10-4 기본 함수와 무명 함수 호출 우선순위 살펴보기　　　　　　　　　ch10/04_func.html

```
<script>
   var printMsg=function(msg) {    // 무명 함수 선언
      document.write("무명 함수 : " + msg + "<br>");
   }
   function printMsg(msg){         // 기본 함수 선언
      document.write("기본 함수 : " + msg + "<br>");
   }
   printMsg("호출되었습니다.");        // 함수 호출
</script>
```

```
무명 함수 : 호출되었습니다.
```

---

2 반환값 출력

함수 수행 결괏값을 반환할 때는 'return' 키워드를 사용한다. 만약 반환할 결괏값이 없다면 return문을 생략할 수 있다. 반환값을 저장하기 위한 변수는 미리 선언해놓아야 하는데, [그림 10-1]에서는 result가 반환값을 저장하는 변수이다. 함수 처리가 완료되면 자동으로 함수를 호출한 시점으로 다음으로 돌아가 프로그램을 계속 수행한다.

```
function 함수명(매개 변수1, 매개 변수2, 매개 변수3) {   // 함수 선언
   실행 문장;
   return  반환값 ;
}
result=함수명(인자1, 인자2, 인자3);                    // 함수 호출
```

그림 10-1 함수 선언문과 호출문

예제 10-5 변수를 이용하여 반환값 출력하기　　　　　　　　　ch10/05_func.html

```
<script>
   var result;
   function add(name, n) {
      document.write(name + " 학생이 1부터 " + n + "까지 덧셈 수행<br>");
      var sum=0;
      for(var i=1; i<=n; i++) {
         sum+=i;
```

```
            }
            return sum;
        }
        result=add('홍길동', 10);
        document.write("결과 : " + result + "<p/>");
        result=add('이영희', 100);
        document.write("결과 : " + result + "<p/>");
    </script>
```

홍길동 학생이 1부터 10까지 덧셈 수행
결과 : 55

이영희 학생이 1부터 100까지 덧셈 수행
결과 : 5050

변수 없이 반환값을 출력하려면 출력문에서 바로 함수를 호출하면 된다.

예제 10-6 변수 없이 반환값 출력하기 ch10/06_func.html

```
<script>
    function add(name, n) {
        document.write(name + " 학생이 1부터 " + n + "까지 덧셈 수행<br>");
        var sum=0;
        for(var i=1; i<=n; i++) {
            sum+=i;
        }
        return sum;
    }
    document.write("결과 : " + add('홍길동', 10) + "<p/>");
    document.write("결과 : " + add('이영희', 100) + "<p/>");
</script>
```

홍길동 학생이 1부터 10까지 덧셈 수행
결과 : 55

이영희 학생이 1부터 100까지 덧셈 수행
결과 : 5050

자바스크립트에서 함수는 변수에 할당하여 사용할 수 있다. 함수를 먼저 선언한 후 함수명을 변수에 저장하는 방식인데, 여러 변수명으로 하나의 함수를 사용할 수 있다. 다음 예제에서 calSum, addUp 변수는 모두 같은 함수를 참조한다.

```
<script>
    function add(x, y) {
        return x+y;
    }
    var calSum=add;        // 함수를 변수에 할당
    var addUp=add;         // 함수를 변수에 할당
    document.write("결과 값 : " + calSum(5, 10) + "<br>");
    document.write("결과 값 : " + addUp(3, 20) + "<br>");
</script>
```

결과 값 : 15
결과 값 : 23

3 인자와 매개 변수

인자와 매개 변수는 개수도 같고 데이터 타입도 같다. 개수는 프로그래밍 시 사용자가 작성하고,
매개 변수의 데이터 타입은 인자의 데이터 타입에 따라 자동으로 결정되므로 따로 설정하지 않
아도 된다.

```
function 함수명(매개 변수1, 매개 변수2, 매개 변수3) {  // 함수 선언
    실행 문장;
    return 반환값;
}
result=함수명( 인자1 , 인자2 , 인자3 );                    // 함수 호출
```

그림 10-2 인자와 매개 변수

만약 이름은 같고 매개 변수의 개수가 다른 함수가 여러 개 있다면 맨 마지막에 선언된 함수가
호출된다. 또한 인자의 개수가 0이거나 매개 변수보다 적으면 NaN(Not-a-Number)가 출력
되고, 매개 변수보다 많으면 첫 인자부터 적용된 후 나머지 인자 값은 undefined로 처리된다.

> **NOTE_** NaN은 연산 과정에서 잘못된 입력을 받았음을 나타내는 기호로, 숫자를 반환하지 못할 때 출력된다. 자바
> 스크립트에서 NaN은 전역 변수이다. NaN 여부는 다음과 같이 isNaN( ) 함수를 사용하면 확인할 수 있다.
>
> ```
> isNaN(NaN) // true        isNaN('string') // true
> isNaN(0)   // false       isNaN('0')      // false
> ```

```
<script>
   function add() {
      var sum=1;
      return sum;
   }
   function add(x) {
      var sum=x+1;
      return sum;
   }
   function add(x, y) {
      var sum=x+y;
      return sum;
   }
   function add(x, y, z) {
      var sum=x+y+z;
      return sum;
   }
   var r0=add();
   var r1=add(1);
   var r2=add(2, 3);
   var r3=add(4, 5 ,6);
   var r4=add(7, 8, 9, 10);
   document.write("함수 호출 인자 없음 : " + r0 + "<p/>");
   document.write("함수 호출 인자 부족 : " + r1 + "<p/>");
   document.write("함수 호출 인자 부족 : " + r2 + "<p/>");
   document.write("정상적인 함수 호출 : " + r3 + "<p/>");
   document.write("7, 8, 9만 인자값으로 적용 : " + r4 + "<p/>");
</script>
```

함수 호출 인자 없음 : NaN

함수 호출 인자 부족 : NaN

함수 호출 인자 부족 : NaN

정상적인 함수 호출 : 15

7, 8, 9만 인자값으로 적용 : 24

오버라이딩(overriding)이란 함수의 이름을 동일하게 사용하면서 인자의 개수와 데이터 타입을 다르게 작성하여 함수 호출 시 구분하도록 하는 개념이다. 객체지향 프로그래밍 언어인 자바에서는 이 개념을 지원하지만 자바스크립트에서는 지원하지 않는다. 따라서 인자의 개수가 매개 변수보다 적을 경우 함수 내에서 제어문을 이용해 기본값 설정이나 연산 방식을 바꾸어야 한다. 다음은 인자의 개수가 매개 변수보다 적거나 같은 경우에도 정상적으로 처리될 수 있도록 프로그램을 수정한 예이다.

예제 10-9 인자의 개수가 적을 때 처리 방법 살펴보기   ch10/09_func.html

```
<script>
    function add(x, y, z) {
        var sum;
        if((y===undefined) && (z===undefined)) {
            sum=x;
        }
        else if(z===undefined) {
            sum=x+y;
        }
        else {
            sum=x+y+z;
        }
        return sum;
    }
    var r1=add(2);
    var r2=add(2, 3);
    var r3=add(4, 5, 6);
    document.write("함수 호출 인자 부족 : " + r1 + "<p/>");
    document.write("함수 호출 인자 부족 : " + r2 + "<p/>");
    document.write("정상적인 함수 호출 : " + r3 + "<p/>");
</script>
```

함수 호출 인자 부족 : 2

함수 호출 인자 부족 : 5

정상적인 함수 호출 : 15

인자의 개수가 매개 변수보다 적은 경우 간단히 제어문을 사용하여 처리하는 방법을 살펴보았다. 그러나 이 방법은 인자의 개수가 너무 많거나 자주 변하는 경우에는 적용하기 어렵다. 이때는 arguments 객체의 배열(array) 구조로 인자를 처리하면 편리하다. 즉 arguments[0], arguments[1], arguments[2] ... arguments[n]과 같이 각 인자의 값을 배열에 저장하여 처리하는 것이다. 다음은 인자를 arguments 객체로 처리한 프로그램이다. 프로그램에서 arguments.length는 총 인자 수를 뜻한다.

예제 10-10 인자를 arguments 객체로 처리하기 ch10/10_func.html

```
<script>
    function add() {
        var i, sum=0;
        for(i=0; i<arguments.length; i++) {
            sum=sum+arguments[i];
        }
        document.write("수행 결과 : " + sum + "<p/>");
    }
    add(2, 3);
    add(2, 3, 4);
    add(4, 5, 6, 7, 8);
    add(1, 2, 3, 4, 5, 6, 7, 8, 9, 10);
</script>
```

수행 결과 : 5
수행 결과 : 9
수행 결과 : 30
수행 결과 : 55

02 자바스크립트 배열

1 배열의 개념

배열(array)은 여러 데이터를 모아 놓은 하나의 덩어리이다. 변수가 하나의 데이터 값을 저장하는 공간이라면 배열은 여러 데이터 값을 저장하는 공간이다. 배열에 저장된 하나 하나의 데이터는 원소라고 하며, 각 원소는 0~n-1의 인덱스로 구분한다. 예를 들어 원소 열 개가 저장된 배열의 경우 인덱스는 0~9이다.

인덱스 → 0	1	2	3	4	5	6	7	8	9
원소 → a	b	c	d	e	f	g	h	i	j

· 배열 크기 : 10
· 인덱스 : 0~9
· 인덱스 8의 데이터 값 : i

그림 10-3 배열의 구조

2 배열 생성

자바스크립트에서 배열을 만드는 방법은 두 가지이다. 첫 번째는 배열 리터럴(array literal)로 생성하는 방법이고, 두 번째는 배열 객체(object)로 생성하는 방법이다.

2.1 배열 리터럴로 생성하기

배열 변수에 초깃값을 할당하여 배열을 만드는 방법이다. 배열은 0개 이상의 원소를 가진다. 작성 형식은 다음과 같다.

```
var 배열명=[원소1, 원소2, 원소3, ... ];
```

다음은 세 개의 도시 이름을 저장한 city라는 배열을 선언하고 출력하는 프로그램이다. city 배열에 저장된 각 원소는 city[0], city[1], city[2]와 같이 인덱스를 사용하여 접근한다.

예제 10-11 배열 변수에 초깃값을 할당하여 배열 만들기   ch10/11_arr.html

```
<script>
    var city=["Seoul","Busan","Incheon"];      // 배열 리터럴
    function printArr() {
        var i;
        for(i=0; i<city.length; i++) {
            document.write("배열 데이터["+ i + "] = " + city[i] + "<br>");
        }
    }
    printArr();
</script>
```

```
배열 데이터[0] = Seoul
배열 데이터[1] = Busan
배열 데이터[2] = Incheon
```

배열에 저장될 원소 개수를 알 수 없는 경우에는 var arr=[ ];와 같이 선언한다. 배열의 크기는
배열에 저장되는 개수만큼 자동으로 설정된다.

예제 10-12 배열 변수 먼저 선언하고 원소 값은 따로 할당하기   ch10/12_arr.html

```
<script>
    var city=[];      // 배열 변수 선언
    city[0]="Seoul";
    city[1]="Busan";
    city[2]="Incheon";
    city[3]="Mokpo";
    city[4]="Sejeong";
    function printArr(){
        var i;
        for(i=0; i<city.length; i++) {
            document.write("배열 데이터 ["+ i + "] = " + city[i] + "<br>");
        }
    }
    printArr();
</script>
```

```
배열 데이터 [0] = Seoul
배열 데이터 [1] = Busan
배열 데이터 [2] = Incheon
배열 데이터 [3] = Mokpo
배열 데이터 [4] = Sejeong
```

배열 선언을 할 때 초깃값을 할당하면서 모든 원소를 명시할 필요는 없다. 배열의 해당 인덱스에 저장할 원솟값이 정해지지 않았다면 공백으로 두고 쉼표를 찍은 후 다음 원소를 쓰면 된다. 배열은 명시되지 않은 원솟값을 undefined로 처리한다.

예제 10-13 배열에 공백 데이터 포함하기　　　　　　　ch10/13_arr.html

```
<script>
    var city=["Seoul", , "Busan", , "Incheon"];    // 공백 리터럴 포함
    function printArr() {
        var i;
        for(i=0; i<city.length; i++) {
            document.write("배열 데이터 ["+ i + "] = " + city[i] + "<br>");
        }
    }
    printArr();
</script>
```

```
배열 데이터 [0] = Seoul
배열 데이터 [1] = undefined
배열 데이터 [2] = Busan
배열 데이터 [3] = undefined
배열 데이터 [4] = Incheon
```

공백 데이터가 있는 배열에 연산을 할 경우 출력 결과가 의도한 대로 나오지 않을 수 있다. 예를 들어 다음과 같이 컴퓨터 과목 점수 평균을 구하는 프로그램에서 열 명의 학생 중 두 명의 점수를 입력하지 않으면 결과가 제대로 출력되지 않는다.

예제 10-14 공백 데이터를 포함한 배열 연산하기　　　　　　　ch10/14_arr.html

```
<script>
    var com=[95, 88, ,72 ,68, ,99 ,82 ,78, 85];    // 10명 중 8명의 점수만 입력
    var getAvg;
    function printAvg() {
        var i, sum=0;
        var n=com.length;
        document.write(n + "명의 점수 입력<p/>");
        for(i=0; i<n; i++) {
            sum+=com[i];
        }
        return (sum/n);
    }
    getAvg=printAvg();    // 함수 호출
    document.write("평균 : <b>" + getAvg + "</b><p/>");
</script>
```

```
10명의 점수 입력

평균 : NaN
```

위와 같은 경우 공백 데이터를 제외한 값만 선택하여 연산하도록 제어문을 사용하여 공백 데이터를 제외해야 한다. 또한 전체 배열 크기만큼이 아닌 실제 데이터 개수를 파악하여 처리해야 한다.

예제 10-15 공백 데이터 제외하고 연산하기 ch10/15_arr.html

```
<script>
    var com=[95, 88, ,72 ,68, ,99 ,82 ,78, 87];     // 10명 중 8명의 점수만 입력
    var getAvg ;
    function printArr() {
        var i;
        var sum=0;
        var count=0;                      // 입력 점수 카운트 변수
        var n=com.length;
        document.write( n + "명의 점수 입력<p/>");
        for(i=0; i<n; i++) {
            if(com[i]===undefined) {    // 점수가 입력되지 않은 학생은 연산하지 않음
            continue;
            }
            else {
                sum+=com[i];
                count++
            }
        }
        document.write("점수를 입력한 학생 : " + count + "명<p/>");
        document.write("총합 : " + sum + "<p/>");
        return (sum/count);
    }
    getAvg=printArr();
    document.write("평균 : " + getAvg + "<p/>");
</script>
```

10명의 점수 입력

점수를 입력한 학생 : 8명

총합 : 669

평균 : 83.625

일반적으로 배열에는 같은 데이터 타입의 값만 저장된다. 그러나 자바스크립트는 명시적인 타입이 없는(untyped) 언어이므로 배열 원소의 데이터 타입이 반드시 같을 필요는 없다.

```
<script>
    var x=5;
    var arr=[100, "Seoul", true, x];     // 다양한 데이터 타입 저장
    function printArr() {
        var i;
        for(i=0; i<arr.length; i++) {
            document.write("배열 데이터 ["+ i + "] = " + arr[i] + "<br>");
        }
    }
    printArr();     // 함수 호출
</script>
```

```
배열 데이터 [0] = 100
배열 데이터 [1] = Seoul
배열 데이터 [2] = true
배열 데이터 [3] = 5
```

서로 다른 데이터 타입을 가진 배열의 경우 연산식을 사용할 때 주의해야 한다. 다음 두 프로그램의 결과를 비교해보자. 〈예제 10-17〉은 배열에 수치형 데이터만 저장되어 있고 〈예제 10-18〉은 배열에 수치형 데이터와 문자형 데이터가 같이 저장되어 있다. 두 프로그램의 실행 결과를 보면 〈예제 10-17〉은 의도한 대로 배열 원소의 합계가 출력되지만, 〈예제 10-18〉은 10+20+30+40의 결과 100에 문자형 데이터 '50'이 연결되어 10050이 출력된다.

예제 10-17 같은 데이터 타입을 가진 배열 연산하기   ch10/17_arr.html

```
<script>
    var arr=[10, 20, 30, 40, 50];     // 같은 데이터 타입 요소
    function printArr() {
        var i, sum=0;
        for(i=0; i<arr.length; i++) {
            sum+=arr[i];
        }
        return sum;
    }
    var result=printArr();
    document.write("배열 원소 합 : " + result + "<br>");
</script>
```

```
배열 원소 합 : 150
```

```
<script>
    var arr=[10, 20, 30, 40, '50'];     // 다른 데이터 타입 요소
    function printArr() {
        var i, sum=0;
        for(i=0; i<arr.length; i++) {
            sum+=arr[i];
        }
        return sum;
    }
    var result=printArr();
    document.write("배열 원소 합 : " + result + "<br>");
</script>
```

배열 원소 합 : 10050

2.2 배열 객체로 생성하기

자바스크립트에서 배열은 객체로 취급하기 때문에 Array 생성자를 이용하여 만들 수 있다. 생성자를 사용하여 객체를 만들 때는 new 연산자를 사용한다. 배열 객체 생성 방법은 다음과 같다.

```
var 배열명=new Array(원소1, 원소2, 원소3, ... );
```

다음은 city 배열 객체를 생성하고 초깃값을 할당한 예이다.

```
var city=new Array("Seoul", "Busan", "Incheon");
```

배열 객체 역시 선언과 초깃값 할당을 따로 할 수 있다.

```
var city=new Array( );   // 배열 객체 선언
city[0]="Seoul";
city[1]="Busan";
city[2]="Incheon";
```

```
<script>
    var city=new Array("Seoul","Busan","Incheon");
    function printArr() {
        var i;
        for(i=0; i<city.length; i++) {
            document.write("배열 데이터 ["+ i + "] = " + city[i] + "<br>");
        }
    }
    printArr();
</script>
```

```
배열 데이터 [0] = Seoul
배열 데이터 [1] = Busan
배열 데이터 [2] = Incheon
```

배열 객체가 잘 생성됐는지 확인하는 방법은 [표 10-1]과 같다.

표 10-1 배열 객체 생성 확인 방법

방법	사용 예	결과
타입 확인 연산자인 typeof 사용	typeof city	object
배열 객체의 메소드인 isArray( ) 사용	Array.isArray(city)	true
Array 생성자의 연산자인 instanceof 사용	city instanceof Array	true

위의 세 가지 방법으로 배열 객체가 생성된 것을 확인하는 프로그램을 만들어보자.

```
<script>
    var city=new Array("Seoul","Busan","Incheon");
    function printArr() {
        if( city instanceof Array ) {
            document.write("배열 객체가 생성되었습니다.<p/>");
            var i;
            for(i=0; i<city.length; i++) {
                document.write("배열 데이터 ["+ i + "] = " + city[i] + "<br>");
            }
        }
        else {
            document.write("배열 객체가 아닙니다.<br>");
            document.write("데이터 : " + city + "<br>");
```

```
        }
    }
    printArr();
    document.write("<p/> city 변수 타입 : " + typeof city + "<br>");
    document.write("배열 객체 확인 결과 : " + Array.isArray(city) + "<br>");
</script>
```

```
배열 객체가 생성되었습니다.

배열 데이터 [0] = Seoul
배열 데이터 [1] = Busan
배열 데이터 [2] = Incheon

city 변수 타입 : object
배열 객체 확인 결과 : true
```

〈예제 10−20〉에서 두 번째 행의 코드를 배열이 아닌 문자열 변수로 선언하면 다음과 같은 결과
화면이 출력된다.

```
var city=new Array("Seoul","Busan","Incheon");
                        ↓
var city="Seoul, Busan, Incheon";
```

```
배열 객체가 아닙니다.
데이터 : Seoul, Busan, Incheon

city 변수 타입 : string
배열 객체 확인 결과 : false
```

> **NOTE_** 배열 객체로 배열을 생성할 경우에는 배열에 공백 데이터를 사용할 수 없다. 만약 공백 데이터가 있으면
> "Uncaught SyntaxError: Unexpected token,"라는 오류 메시지가 뜬다.

3 배열 데이터 접근 및 조작

배열에 저장된 데이터에 접근할 때 인덱스를 사용한다. 하지만 저장된 데이터가 많을 때는 인덱
스로 일일이 접근하기 어렵다. 배열에 반복적으로 접근하려면 for문이나 while문 같은 반복문을
이용하면 편리하다. 배열에 100개의 수를 저장한 후 모두 더하는 프로그램을 만들어보자.

```
<script>
    var arrdata=[];
    function insertArr() {                    // 배열 데이터 입력 함수
        var i=0;
        for(i=0; i<=99; i++) {
            arrdata[i]=i+1;                    // 1~100까지 저장
        }
        selectArr();
    }
    function selectArr() {                    // 배열 데이터 조회 함수
        var i;
        for(i=0; i<arrdata.length; i++) {
            document.write(arrdata[i] + " ");  // 데이터 조회
        }
        addArr();
    }
    function addArr() {                        // 배열 데이터 덧셈 함수
        var i;
        var sum=0;
        for(i=0; i<arrdata.length; i++) {
            sum+=arrdata[i];                   // 덧셈 연산
        }
        document.write("<p/> 배열 데이터 덧셈 연산 결과 : " + sum + "<p/>");
        document.write("<a href='21_arr.html'>돌아가기</a>");
    }
</script>
<button type="button" onclick="insertArr()">배열 생성/조회/연산</button>
```

1 2 3 4 5 6 7 8 9 10 11 12 13 14 15 16 17 18 19 20 21
22 23 24 25 26 27 28 29 30 31 32 33 34 35 36 37 38
39 40 41 42 43 44 45 46 47 48 49 50 51 52 53 54 55
56 57 58 59 60 61 62 63 64 65 66 67 68 69 70 71 72
73 74 75 76 77 78 79 80 81 82 83 84 85 86 87 88 89
90 91 92 93 94 95 96 97 98 99 100

배열 데이터 덧셈 연산 결과 : 5050

돌아가기

인덱스에 나머지(%) 연산을 적용하면 배열의 특정 위치에 있는 데이터에만 접근할 수 있다. 배열
의 홀수 번째에 저장된 데이터만 0으로 초기화하는 프로그램을 만들어보자.

```
<script>
    var arrdata=[];
    function insertArr() {
            var i=0;
            for(i=0; i<=99; i++) {
                arrdata[i]=i+1;                  // 1~ 100 데이터 저장
                document.write(arrdata[i] + " "); // 데이터 출력
            }
    }
    function delArr() {
        var i;
        for(i=0; i<arrdata.length; i++) {
            if(i%2==0) {                      // 홀수 번째 데이터 삭제
                arrdata[i]=0;                 // 0으로 초기화
            }
            continue;
        }
        selectArr();
    }
    function selectArr() {
        var i;
        for(i=0; i<arrdata.length; i++) {
            document.write(arrdata[i] + " ");    // 데이터 조회
        }
        document.write("<p>홀수 번째 데이터 초기화 완료!" + "</p>");
        document.write("<a href='22_arr.html'>돌아가기</a>");
    }
    insertArr();                              // 배열 데이터 생성 함수 호출
</script>
<p/>
<button type="button" onclick="delArr()">배열의 홀수 번째 데이터 초기화</button>
```

1 2 3 4 5 6 7 8 9 10 11 12 13 14 15 16 17 18 19 20 21
22 23 24 25 26 27 28 29 30 31 32 33 34 35 36 37 38
39 40 41 42 43 44 45 46 47 48 49 50 51 52 53 54 55
56 57 58 59 60 61 62 63 64 65 66 67 68 69 70 71 72
73 74 75 76 77 78 79 80 81 82 83 84 85 86 87 88 89
90 91 92 93 94 95 96 97 98 99 100

배열의 홀수 번째 데이터 초기화

0 2 0 4 0 6 0 8 0 10 0 12 0 14 0 16 0 18 0 20 0 22 0
24 0 26 0 28 0 30 0 32 0 34 0 36 0 38 0 40 0 42 0 44
0 46 0 48 0 50 0 52 0 54 0 56 0 58 0 60 0 62 0 64 0
66 0 68 0 70 0 72 0 74 0 76 0 78 0 80 0 82 0 84 0 86
0 88 0 90 0 92 0 94 0 96 0 98 0 100

홀수 번째 데이터 초기화 완료!

돌아가기

배열의 짝수 번째 데이터에 접근하려면 if문을 다음과 같이 수정하면 된다.

```
if(i%2==1) {          // 배열의 짝수 번째
    arrdata[i]=0;  // 0으로 초기화
}
```

배열에 저장된 모든 데이터를 0으로 초기화하면 배열의 크기는 그대로이다. 배열에 저장된 데이터를 모두 삭제하고 배열 크기를 0으로 만들려면 '배열명.length=0'으로 처리하면 된다.

예제 10-23 배열에 저장된 데이터 삭제하기   ch10/23_arr.html

```html
<script>
    var arrdata=[];
    function insertArr() {
        var i=0;
        for(i=0; i<=99 ; i++) {
            arrdata[i]=i+1;                    // 1~100 저장
            document.write(arrdata[i] + " ");  // 데이터 출력
        }
        document.write("<p>배열 크기 : " + arrdata.length + "</p>");
    }
    function delDataArr() {
        var i;
        for(i=0; i<arrdata.length; i++) {
            arrdata[i]=0;                      // 배열 데이터를 0으로 초기화
        }
        selectArr();
    }
    function allDelArr() {
        arrdata.length=0;                      // 배열 초기화
        selectArr();
    }
    function selectArr(){
        var i;
        for(i=0; i <arrdata.length; i++) {
            document.write(arrdata[i] + " ");  // 데이터 조회
        }
        document.write("<p> 배열 크기 : " + arrdata.length + "</p>");
        document.write("<a href='23_arr.html'>돌아가기</a>");
```

```
    }
    insertArr();                                    // 배열 데이터 생성 함수 호출
</script>
<p/>
<button type="button" onclick="delDataArr()">배열 데이터 초기화</button>
<button type="button" onclick="allDelArr()">배열 데이터 삭제</button>
```

```
1 2 3 4 5 6 7 8 9 10 11 12 13 14 15 16 17 18 19 20 21
22 23 24 25 26 27 28 29 30 31 32 33 34 35 36 37 38
39 40 41 42 43 44 45 46 47 48 49 50 51 52 53 54 55
56 57 58 59 60 61 62 63 64 65 66 67 68 69 70 71 72
73 74 75 76 77 78 79 80 81 82 83 84 85 86 87 88 89
90 91 92 93 94 95 96 97 98 99 100

배열 크기 : 100

[배열 데이터 초기화]  [배열 데이터 삭제]
```

```
0 0 0 0 0 0 0 0 0 0 0 0 0 0 0 0 0 0 0 0 0 0 0 0 0 0 0 0 0 0
0 0 0 0 0 0 0 0 0 0 0 0 0 0 0 0 0 0 0 0 0 0 0 0 0 0 0 0 0 0
0 0 0 0 0 0 0 0 0 0 0 0 0 0 0 0 0 0 0 0 0 0 0 0 0 0 0 0 0 0
0 0 0 0 0 0 0 0 0 0 0 0 0 0 0 0 0

배열 크기 : 100

돌아가기
```

```
배열 크기 : 0

돌아가기
```

03 배열 관련 메소드

자바스크립트에서는 자주 사용하는 기능을 함수로 만들어 제공하는데 이를 내장 함수(built-in function)라고 한다. 내장 함수는 미리 정의되어 있기 때문에 사용자가 호출하면 결과가 자동으로 출력된다. 자바스크립트 내장 함수는 객체 기반 함수로 제공되는 경우가 많아 메소드(method)라고도 부른다. 배열 데이터 조작 시 유용하게 사용할 수 있는 메소드를 살펴보자.

1 join 메소드

배열에 저장된 모든 원소를 문자열로 변환한 후 연결하여 출력한다. 문자열을 연결할 때 구분은 기본적으로 쉼표(,)를 사용하지만 문자 또는 기호(*, /, #, $ 등)를 지정할 수도 있다.

예제 10-24 join 메소드 활용하기   ch10/24_arr.html

```
<script>
    var city=["서울", "부산", "대전"];
    var joindata1=city.join();
    var joindata2=city.join('-');
    var joindata3=city.join(' 그리고 ');
    document.write("조인 결과1 : " + joindata1 + "<p/>");
    document.write("조인 결과2 : " + joindata2 + "<p/>");
    document.write("조인 결과3 : " + joindata3 + "<p/>");
</script>
```

조인 결과1 : 서울,부산,대전

조인 결과2 : 서울-부산-대전

조인 결과3 : 서울 그리고 부산 그리고 대전

---

2 concat 메소드

지정된 배열에 두 개 이상의 데이터를 결합하거나 다른 배열 객체를 결합한다. 함수 처리 결과
배열을 반환한다.

예제 10-25 concat 메소드 활용하기　　　　　　　　　　　　　　　　　　ch10/25_arr.html

```
<script>
    var city01=["서울", "부산", "대전"];
    var city02=["대구", "광주", "인천"];
    var city03=["전주", "부여", "세종"];
    var data1=city01.concat("수원", "오산");
    var data2=city01.concat(city02);
    var data3=city01.concat(city03, city02);
    document.write("결과1 : " + data1 + "<p/>");
    document.write("결과2 : " + data2 + "<p/>");
    document.write("결과3 : " + data3 + "<p/>");
</script>
```

결과1 : 서울,부산,대전,수원,오산

결과2 : 서울,부산,대전,대구,광주,인천

결과3 : 서울,부산,대전,전주,부여,세종,대구,광주,인천

3 reverse 메소드

배열 원소의 순서를 반대로 정렬한다. 즉 배열의 첫 번째 원소가 마지막 원소가 되고, 마지막 원
소가 첫 번째 원소가 된다. 배열에 데이터가 거꾸로 저장되어 있을 때 순서를 바꾸기 위해 많이
사용한다.

예제 10-26 reverse 메소드 활용하기　　　　　　　　　　　　　　　　　　ch10/26_arr.html

```
<script>
    var data=[9, 8, 7, 6, 5, 4, 3, 2, 1];
    document.write("배열 : " + data.join() + "<p/>");
    var rdata=data.reverse();
    document.write("결과 : " + rdata + "<p/>");
</script>
```

```
배열 : 9,8,7,6,5,4,3,2,1
결과 : 1,2,3,4,5,6,7,8,9
```

4 sort 메소드

배열 원소를 정렬한다. 영문자는 알파벳 순으로 정렬하고 한글은 가나다 순으로 정렬한다. 특히 영문자는 대문자를 먼저 정렬한 후 소문자를 정렬하기 때문에 대소문자가 혼용되어 있는 경우 toLowerCase( ) 메소드를 사용하여 영문자를 모두 소문자로 변경한 후 정렬해야 한다.

수치는 기본적으로 최상위 자리부터 오름차순으로 정렬하는데, 자릿수가 다른 수치 데이터가 저장되어 있으면 원하는 결과가 나오지 않을 수 있다. 예를 들어 [13, 5, 28]은 [5, 13, 28]과 같이 정렬되지 않고 [13, 28, 5]와 같이 정렬된다. 이러한 문제는 sort( ) 메소드 내에 다음과 같은 함수를 작성하여 해결할 수 있다.

```
// 오름차순 정렬
sort(function(a, b) {
    return a-b;
});
```

```
// 내림차순 정렬
sort(function(a, b) {
    return b-a;
});
```

예제 10-27 sort 메소드 활용하기

```
<script>
    var ndata1=[19, 38, 67, 26, 55, 24, 53, 12, 31];
    var ndata2=[132, 2, 41, 123, 45, 1234, 6, 29, 4567];
    var edata=['Apple', 'Html', 'Game', 'Computer', 'Java'];
    var kdata = ['서울', '부산', '구포', '대구', '인천'];
    document.write("수치 정렬1 : " + ndata1.sort() + "<p/>");
    document.write("수치 정렬2 : " + ndata2.sort() + "<p/>");
    document.write("수치 정렬3 : " + ndata2.sort(function(a, b) {return a - b;}) + "<p/>");
    document.write("영문 정렬 : " + edata.sort() + "<p/>");
    document.write("한글 정렬 : " + kdata.sort() + "<p/>");
</script>
```

5 slice 메소드

배열의 특정 범위에 속하는 원소만 선택하여 배열을 만든다. 예를 들어 slice(0, 4)는 배열의 0번째 인덱스부터 4번째 인덱스 전까지에 해당하는 데이터를 추출하여 배열로 반환한다. 인자값이 음수라면 배열의 마지막 인덱스를 −1로 보고 데이터를 추출하여 반환한다.

예제 10-28 slice 메소드 활용하기 ch10/28_arr.html

```
<script>
    var kdata=['서울', '부산', '구포', '대구', '인천', '대전', '세종'];
    var str1=kdata.slice(0, 4);
    var str2=kdata.slice(2, -1);
    var str3=kdata.slice(-4, -2);
    document.write("부분 배열1 : " + str1 + "<p/>");
    document.write("부분 배열2 : " + str2 + "<p/>");
    document.write("부분 배열3 : " + str3 + "<p/>");
</script>
```

부분 배열1 : 서울,부산,구포,대구

부분 배열2 : 구포,대구,인천,대전

부분 배열3 : 대구,인천

6 splice 메소드

배열의 원소를 추가하거나 제거한다. splice(start, deleteCount, [item...]) 형태로 작성하는데, 첫 번째 인자는 제거 대상의 인덱스 시작 위치이고, 두 번째 인자는 제거할 원소 개수이며, 세 번째 이후 인자는 추가할 원소의 데이터 값이다. 예를 들어 splice(1, 3)은 두 번째 원소부터 세 개의 원소를 삭제하라는 의미이다.

```
<script>
    var kdata=['서울', '부산', '구포', '대구', '대전'];
    var str1=kdata.splice(1, 2);
    document.write("삭제 데이터 : " + str1 + "<br>");
    document.write("남은 배열 : " + kdata + "<p/>");
    var str2=kdata.splice(1, 1, '강릉', '세종');
    document.write("삭제 데이터 : " + str2 + "<br>");
    document.write("남은 배열 : " + kdata + "<p/>");
    var str3=kdata.splice(2, Number.MAX_VALUE)
    document.write("삭제 데이터 : " + str3 + "<br>");
    document.write("남은 배열 : " + kdata + "<p/>");
</script>
```

삭제 데이터 : 부산,구포
남은 배열 : 서울,대구,대전

삭제 데이터 : 대구
남은 배열 : 서울,강릉,세종,대전

삭제 데이터 : 세종,대전
남은 배열 : 서울,강릉

7 pop & push 메소드

배열의 마지막 위치에 데이터를 추가하거나 제거한다. pop & push 메소드는 배열을 스택(stack)
구조로 활용할 때 사용한다. 스택은 모든 데이터의 삽입과 삭제가 배열의 한쪽 끝에서만 수행되
는 구조이다. push 메소드는 배열의 마지막 위치에 데이터를 추가하고 배열의 길이를 반환한다.
pop 메소드는 배열의 마지막 위치에 있는 데이터를 삭제하고 삭제한 데이터를 반환한다.

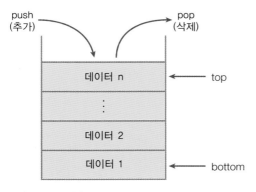

그림 10-4 스택의 구조

예제 10-30 **pop & push 메소드 활용하기**   ch10/30_arr.html

```
<script>
    var kdata=['서울', '부산', '구포', '대구', '대전'];
    var p1=kdata.push('청주', '세종');
    document.write("데이터 : " + p1 + "<br>");
    document.write("배열 데이터 : " + kdata + "<p/>");
    var p2=kdata.pop();
    document.write("데이터 : " + p2 + "<br>");
    document.write("배열 데이터 : " + kdata + "<p/>");
</script>
```

데이터 : 7
배열 데이터 : 서울,부산,구포,대구,대전,청주,세종

데이터 : 세종
배열 데이터 : 서울,부산,구포,대구,대전,청주

8 shift & unshift 메소드

배열의 맨 처음 위치에 데이터를 추가하거나 제거한다. shift 메소드는 배열의 맨 처음 위치에 데이터를 삭제하고 배열의 길이를 반환한다. unshift 메소드는 배열의 맨 처음 위치에 데이터를 삽입하고 배열의 길이를 반환한다.

예제 10-31 **shift & unshift 메소드 활용하기**   ch10/31_arr.html

```
<script>
    var kdata=['서울', '부산'];
    var p1=kdata.unshift('청주', '세종');
    document.write("데이터 : " + p1 + "<br>");
    document.write("배열 데이터 : " + kdata + "<p/>");
    var p2=kdata.shift();
    document.write("데이터 : " + p2 + "<br>");
    document.write("배열 데이터 : " + kdata + "<p/>");
</script>
```

데이터 : 4
배열 데이터 : 청주,세종,서울,부산

데이터 : 청주
배열 데이터 : 세종,서울,부산

9 forEach 메소드

배열을 반복하며 저장된 데이터를 조회한다. forEach 메소드의 인자로 함수를 호출하여 다양한 연산을 할 수 있다.

예제 10-32 forEach 메소드 활용하기 1   ch10/32_arr.html

```
<script>
    var kdata=['서울', '부산', '청주', '대구'];
    function printArr(item, index) {
        document.write("배열 데이터 [" + index + "] : " + item + "<br>");
    }
    kdata.forEach(printArr);
</script>
```

```
배열 데이터 [0] : 서울
배열 데이터 [1] : 부산
배열 데이터 [2] : 청주
배열 데이터 [3] : 대구
```

```
<script>
    var data=[1, 2, 3, 4, 5, 6, 7, 8, 9, 10];
    var sum=0;
    function addArr(value) {
        sum+=value;
    }
    data.forEach(addArr);
    document.write("배열 데이터 합 : " + sum + "<p/>");
</script>
```

배열 데이터 합 : 55

10 map 메소드

배열의 데이터를 함수의 인자로 전달하고 함수의 수행 결과를 반환 받아 새로운 배열을 생성한다. 기존의 배열 데이터는 그대로 존재한다.

예제 10-34 map 메소드 활용하기   ch10/34_arr.html

```
<script>
    var data=[1, 2, 3, 4, 5, 6, 7, 8, 9, 10];
    function mapArr(value) {
        return value*value;
    }
    var mapdata=data.map(mapArr);
    document.write("원래 배열 :" + data + "<p/>");
    document.write("map 메소드 적용 배열 :" + mapdata + "<p/>");
</script>
```

원래 배열 :1,2,3,4,5,6,7,8,9,10

map 메소드 적용 배열 :1,4,9,16,25,36,49,64,81,100

11 filter 메소드

배열의 데이터 중에 조건이 참인 데이터만 반환하여 새로운 배열을 생성한다. 기존의 배열 데이터는 그대로 존재하며 조건에 맞는 데이터만 선별하여 새로운 배열을 생성한다.

```
<script>
    var data=[21, 42, 33, 14, 25, 12, 37, 28, 16, 11];
    function filterArr(value) {
        return value>=18;                   // 조건 검사
    }
    var fdata=data.filter(filterArr);   // 필터 후 배열 생성
    document.write("필터 전 배열 : " + data + "<p/>");
    document.write("필터 후 배열 : " + fdata + "<p/>");
</script>
```

필터 전 배열 : 21,42,33,14,25,12,37,28,16,11

필터 후 배열 : 21,42,33,25,37,28

12 indexOf & lastIndexOf 메소드

배열의 데이터를 검색하여 인덱스 위치를 반환한다. 만약 배열에 데이터가 존재하지 않으면 −1
을 반환한다. 또한 검색한 데이터가 중복으로 나타날 경우 맨 처음에 검색된 인덱스 값을 반환한
다. indexOf 메소드는 indexOf(item, start) 형태로 작성하여 두 번째 start 인자에 검색 시작 위
치를 지정할 수 있다. 반면 lastIndexOf 메소드는 배열의 맨 마지막 원소부터 시작하여 검색한다.

```
<script>
    var data=[10, 20, 30, 40, 30, 60, 70, 30, 90,100];
    document.write("배열 데이터 : [" + data + "]<p/>");
    document.write("처음부터 검색한 30의 인덱스 : " + data.indexOf(30) + "<p/>");
    document.write("마지막에서 검색한 30의 인덱스 : " + data.lastIndexOf(30) + "<p/>");
    document.write("세 번째부터 검색한 30의 인덱스 : " + data.indexOf(30, 3) + "<p/>");
    document.write("처음부터 검색한 300의 인덱스 : " + data.indexOf(300) + "<p/>");
</script>
```

배열 데이터 : [10,20,30,40,30,60,70,30,90,100]

처음부터 검색한 30의 인덱스 : 2

마지막에서 검색한 30의 인덱스 : 7

세 번째부터 검색한 30의 인덱스 : 4

처음부터 검색한 300의 인덱스 : -1

연관 배열과 2차원 배열

1 연관 배열

자바스크립트에서는 배열 인덱스를 문자열로 설정하고 이 문자열에 주어진 값을 매핑하는 연관 배열(association array)을 만들 수 있다. 즉 0부터 시작하는 인덱스를 사용하는 대신 특정 키워드(key_n)로 지정된 인덱스를 사용하는 것이다. 연관 배열을 생성하는 방법은 다음과 같다.

```
arr={key_1:value1, key_2:value2, ...... , key_n:value_n};
```

연관 배열은 배열의 각 원소에 숫자 인덱스가 아니라 arr.key1 혹은 arr[key1]과 같이 키워드로 설정된 인덱스를 이용하여 접근한다.

예제 10-37 연관 배열로 저장된 데이터 조회하기   ch10/37_arr.html

```
<script>
    var data={'f0':100, 'f1':200, 'f2':300};
    data['f3']=400;    // 배열 데이터 저장
    data.f4=500;       // 배열 데이터 저장
    document.write(data.f0 + "</br>");
    document.write(data.f1 + "</br>");
    document.write(data['f2'] + "</br>");
    document.write(data['f3'] + "</br>");
    document.write(data['f4'] + "</br>");
</script>
```

```
100
200
300
400
500
```

2 2차원 배열

2차원 배열은 행과 열로 이루어져 있는 배열을 말한다. 배열의 각 원소는 [행번호][열번호]로 작성된 인덱스로 구분한다. 1차원 배열과 마찬가지로 배열 리터럴 방법으로 만들거나 Array 생성자를 이용하여 배열 객체를 만든다.

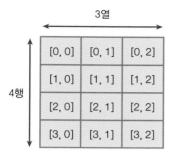

3열

4행

[0, 0]	[0, 1]	[0, 2]
[1, 0]	[1, 1]	[1, 2]
[2, 0]	[2, 1]	[2, 2]
[3, 0]	[3, 1]	[3, 2]

그림 10-5 2차원 배열의 구조

예제 10-38 2차원 배열 생성하고 조회하기　　　　　　　　　ch10/38_arr.html

```
<script>
    var d2data=[[10, 20, 30, 40, 0], [60, 70, 80, 90, 0]];
    d2data[0][4]=50;
    d2data[1][4]=100;
    document.write("2차원 배열 첫 번째 데이터 : " + d2data[0][0] + "<br>");
    document.write("2차원 배열 마지막 데이터 : " + d2data[1][4] + "<br>");
    document.write("2차원 배열 행 길이 : " + d2data.length + "<br>");
    document.write("2차원 배열 열 길이 : " + d2data[0].length + "<br>");
</script>
```

```
2차원 배열 첫 번째 데이터 : 10
2차원 배열 마지막 데이터 : 100
2차원 배열 행 길이 : 2
2차원 배열 열 길이 : 5
```

2차원 배열은 1차원 배열의 집합으로 생각할 수 있기 때문에 1차원 배열의 변수명을 사용하여 선택적으로 2차원 배열을 생성할 수 있다. 또한 2차원 배열에 접근할 때 [행인덱스 번호][열인덱스 번호]를 사용하는 중첩 for문을 사용하면 편리하다.

예제 10-39 1차원 배열로 2차원 배열 생성하고 조회하기　　　　　　　　　ch10/39_arr.html

```
<script>
    var arr0=[10, 20, 30, 40, 50];
    var arr1=[11, 21, 31, 41, 51];
    var arr2=[12, 22, 32, 42, 52];
    var arr3=[13, 23, 33, 43, 53];
    var allArr=[arr0, arr1, arr2, arr3];   // 2차원 배열 생성
```

```
        var partArr=[arr1, arr3];               // 2차원 배열 생성
        function printAll() {
            for(var x=0; x<allArr.length; x++) {
                for(var y=0; y<allArr[x].length; y++) {
                    document.write(allArr[x][y] + " ");
                }
                document.write("<p/>");
            }
            document.write("<a href='39_arr.html'>돌아가기</a>");
        }
        function printPart() {
            for(var x=0; x<partArr.length; x++) {
                for(var y=0; y<partArr[x].length; y++) {
                    document.write(partArr[x][y] + " ");
                }
                document.write("<p/>");
            }
            document.write("<a href='39_arr.html'>돌아가기</a>");
        }
</script>
<button type="button" onclick="printAll()">전체 배열 데이터 보기</button></p>
<button type="button" onclick="printPart()">홀수 배열 데이터 보기</button>
```

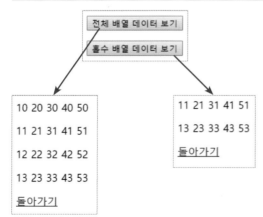

다음은 반복문을 이용하여 10행 3열의 2차원 배열을 생성하고 데이터를 저장한 후 조회하는 프로그램이다.

```
<script>
    var data=[];
    for(var i=0; i<10; ++i) {
        data[i]=[String(i+"-"+0), String(i+"-"+1), String(i+"-"+2)];
    }
    function printData() {
        for(var x=0; x<data.length; x++) {
            for(var y=0; y<data[x].length; y++) {
                document.write(data[x][y] + " ");
            }
            document.write("<p/>");
        }
        document.write("<a href='40_arr.html'>돌아가기</a>");
    }
</script>
<button type="button" onclick="printData()">전체 배열 데이터 보기</button>
```

0-0 0-1 0-2
1-0 1-1 1-2
2-0 2-1 2-2
3-0 3-1 3-2
4-0 4-1 4-2
5-0 5-1 5-2
6-0 6-1 6-2
7-0 7-1 7-2
8-0 8-1 8-2
9-0 9-1 9-2
돌아가기

NOTE_ Array( ) 생성자를 사용하여 2차원 배열을 만들 때는 new 연산자를 사용하여 1차원 배열 객체를 생성한 후, 그 배열 객체의 인덱스에 다시 Array( ) 생성자로 배열 객체를 만든다.

```
// 2차원 배열 선언
var data=new Array();
// 배열 데이터 생성 및 저장
for(var i=0; i<10; i++) {
    data[i]=new Array(String(i+"-"+0), String(i+"-"+1), String(i+"-"+2));
}
```

◤ 요약

함수 선언과 호출

```
function 함수명(매개 변수1, 매개 변수2, …)  // 함수 선언
{
    실행 문장;
    return 반환값;
}
함수명(인자1, 인자2, …);                    // 함수 호출
```

02 배열 생성

- **배열 리터럴로 생성** : 배열 변수에 초깃값을 할당하여 배열을 만드는 방법이다. 'var 배열명=[원소1, 원소2, 원소3, …];'과 같은 형식으로 작성한다.

- **배열 객체로 생성** : Array( ) 생성자를 이용하여 배열을 만드는 방법이다. 'var 배열명=new Array(원소1, 원소2, 원소3, …);'과 같은 형식으로 작성한다.

03 배열 관련 메소드

- **join** : 배열에 저장된 모든 원소를 문자열로 변환한 후 연결하여 출력한다.

- **concat** : 지정된 배열에 두 개 이상의 데이터를 결합하거나, 다른 배열 객체를 결합한다.

- **reverse** : 배열 원소의 순서를 반대로 정렬한다.

- **sort** : 배열 원소를 정렬한다.

- **slice** : 배열 원소 중 부분적인 범위 내에 있는 원소만 선택하여 배열을 만든다.

- **splice** : 배열의 원소를 추가하거나 제거한다.

- **pop & push** : 배열의 마지막 위치에 데이터를 추가하거나 제거한다.

- **shift & unshift** : 배열의 맨 처음 위치에 데이터를 추가하거나 제거한다.

- **forEach** : 배열을 반복하며 저장된 데이터를 조회한다.

- **map** : 배열의 데이터를 함수의 인자로 전달하고 함수의 수행 결과를 반환 받아 새로운 배열을 생성한다.

- **filter** : 배열의 데이터 중에 조건이 참인 데이터만 반환하여 새로운 배열을 생성한다.

- **indexOf & lastIndexOf** : 배열에 데이터를 검색하여 인덱스 위치를 반환한다.

▶ 연습문제

01 자바스크립트 함수 정의 방법과 특징에 대한 설명으로 옳지 <u>않은</u> 것은?

① 자바스크립트 함수 선언은 function 키워드를 사용한다.

② 함수 선언에 인자는 100개 이내로 정의할 수 있다.

③ 함수의 처리 결과는 return 키워드를 사용하여 반환한다.

④ 함수는 함수 선언 전 혹은 후에 호출할 수 있다.

02 자바스크립트 함수 호출에 대한 설명으로 옳지 <u>않은</u> 것은?

① 함수 이름(function name)으로 호출한다.

② 함수가 여러 개 중복 선언된 경우 첫 번째 함수가 호출된다.

③ 함수는 여러 번 반복하여 호출할 수 있다.

④ 함수 호출 시 인수를 전달하면 함수 선언문에서 매개 변수로 값을 받는다.

03 자바스크립트 배열 생성 방법에 대한 설명으로 옳지 <u>않은</u> 것은?

① 자바스크립트 배열 원소는 〈 〉 형식으로 선언한다.

② 배열의 크기는 배열에 저장되는 개수만큼 자동으로 설정된다.

③ 배열을 선언할 때 초깃값을 사용할 수 있다.

④ 배열 객체 선언 시 Array 생성자를 사용한다.

04 자바스크립트 배열에 대한 설명으로 옳지 <u>않은</u> 것은?

① 배열의 개수를 정하여 생성할 수 있다.

② 배열 리터럴은 공백(space)을 포함할 수 있다.

③ 배열 요소의 첫 번째 원소는 0번 인덱스부터 시작한다.

④ 배열 내에 같은 데이터 타입만 저장할 수 있다.

05 자바스크립트에서 배열 전체의 크기를 알기 위해 사용하는 명령어는?

① 배열명.size

② 배열명.instanceof

③ 배열명.length

④ 배열명.space

06 자바스크립트에서 생성한 배열이 배열 객체인지 확인하는 방법 세 가지를 설명하시오.

07 n개의 공간을 가지는 1차원 자바스크립트 배열을 생성하고자 한다. 배열명은 arrData로 선언하고, 배열에 1~n까지 저장하는 함수를 작성하시오.

08 자바스크립트 배열 공간을 삭제하는 방법을 쓰시오.

09 n 값을 입력하면 n!(n 팩토리얼) 결과를 계산해주는 함수를 포함한 자바스크립트 프로그램을 작성하시오(재귀 함수 호출 방법 이용).

N 팩토리얼 계산 값을 입력하시오.

| 5 | N 팩토리얼 계산 |

5! 계산 결과는 120입니다.

10 구구단 프로그램을 2차원 배열을 이용하여 작성하시오.

1단	2단	3단	4단	5단	6단	7단	8단	9단
1*1=1	2*1=2	3*1=3	4*1=4	5*1=5	6*1=6	7*1=7	8*1=8	9*1=9
1*2=2	2*2=4	3*2=6	4*2=8	5*2=10	6*2=12	7*2=14	8*2=16	9*2=18
1*3=3	2*3=6	3*3=9	4*3=12	5*3=15	6*3=18	7*3=21	8*3=24	9*3=27
1*4=4	2*4=8	3*4=12	4*4=16	5*4=20	6*4=24	7*4=28	8*4=32	9*4=36
1*5=5	2*5=10	3*5=15	4*5=20	5*5=25	6*5=30	7*5=35	8*5=40	9*5=45
1*6=6	2*6=12	3*6=18	4*6=24	5*6=30	6*6=36	7*6=42	8*6=48	9*6=54
1*7=7	2*7=14	3*7=21	4*7=28	5*7=35	6*7=42	7*7=49	8*7=56	9*7=63
1*8=8	2*8=16	3*8=24	4*8=32	5*8=40	6*8=48	7*8=56	8*8=64	9*8=72
1*9=9	2*9=18	3*9=27	4*9=36	5*9=45	6*9=54	7*9=63	8*9=72	9*9=81

구구단 배열 데이터 보기

Chapter 11
자바스크립트 객체

학습목표

▸ 객체 모델링의 의미를 알고 프로그램에 적용할 수 있다.

▸ 사용자 정의 객체를 생성할 수 있다.

▸ 배열 객체와 Date 객체를 활용하여 프로그램을 작성할 수 있다.

▸ 문서 객체를 생성하여 동적인 웹 문서를 만들 수 있다.

01 객체의 이해

1 객체 모델링

객체란 이 세상에 존재하는 모든 것을 말한다. 사람, 동물, 자동차, 냉장고 등 볼 수 있고 만질 수 있는 모든 것은 객체가 될 수 있으며 계좌, 계약, 춤 같이 무형의 형태로 존재하는 것도 객체가 될 수 있다. 프로그램에서 객체를 활용하려면 객체의 속성과 기능을 정의해야 한다. 이러한 과정을 객체 모델링이라고 한다. 예를 들어 자동차는 모델명, 연비, 색상, 도어 수 등의 속성과 시동 걸기(start), 속도 내기(accelerator), 멈추기(break), 변속하기(transmission) 등의 기능으로 모델링할 수 있다.

그림 11-1 자동차의 속성과 기능

객체의 '기능'은 프로그래밍에서 '메소드'라는 용어로 표현된다. [그림 11-1]을 표로 정리하면 다음과 같다.

표 11-1 자동차의 객체 모델링

객체	속성	메소드
car	car.name="Sonata" car.speed=100 car.color="white" car.door=4	car.start( ) { } car.accel( ) { } car.break( ) { } car.transe( ) { }

2 자바스크립트 객체

자바스크립트 객체는 사용자 정의 객체와 내장 객체로 구분된다.

- **사용자 정의 객체** : 사용자가 직접 객체의 속성과 메소드를 정의하여 사용하는 객체이다(예 : Car( ), House( ), Hotel( )).
- **내장 객체** : 자바스크립트 프로그램 자체에서 정의하여 사용자에게 제공하는 객체이다(예 : Object( ), Array( ), Date( )).

자바스크립트는 웹 브라우저에서 동작하는 프로그램이다. 웹 브라우저는 웹 브라우저 창과 이 창이 현재 보여주고 있는 웹 문서를 표현하기 위해 많은 내장 객체를 가지고 있다. 내장 객체의 종류는 크게 세 가지로 나뉜다.

- **브라우저 객체 모델(BOM, Browser Object Model)** : 웹 브라우저의 각종 요소를 객체로 표현한다.
- **문서 객체 모델(DOM, Document Object Model)** : 웹 문서의 각종 요소를 객체로 표현한다.
- **전역 자바스크립트 객체(Global JavaScript Objects)** : 자바스크립트 프로그램 전체에서 사용하는 내장 객체를 말한다.

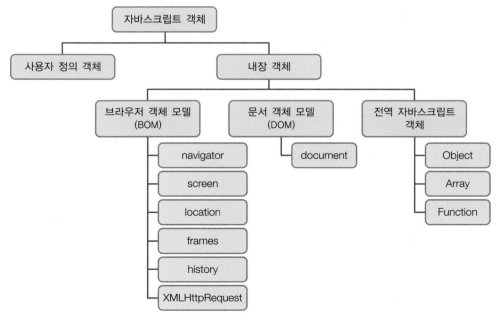

그림 11-2 자바스크립트 객체의 종류

02 객체 생성

자바스크립트에 사용자 정의 객체를 생성하는 방법은 객체 변수를 이용하는 방법과 생성자 함수를 이용하는 방법이 있다.

1 객체 변수를 이용하는 방법

객체를 생성하여 객체 변수에 저장하는 방법이다. 속성은 속성명과 값의 집합으로 정의하고, 메소드는 함수 형식으로 정의한다.

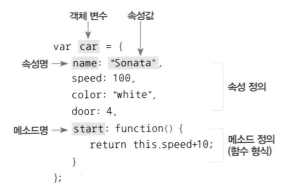

그림 11-3 객체 변수를 이용하여 객체 생성

객체의 속성에 접근할 때는 [표 11-2]와 같이 마침표(.)나 대괄호([ ])를 사용한다. 마침표(.)는 '멤버 접근 연산자(member operator)'라고도 하며 왼쪽에는 객체 이름이 오고 오른쪽에는 속성이나 메소드가 온다.

표 11-2 객체 속성 접근 방법

방법	사용 예	방법	사용 예
객체명.속성명	car.name car.speed car.color	객체명['속성명']	car['name'] car['speed'] car['color']

자바스크립트는 웹 문서의 각종 요소를 동적으로 제어하는 역할을 한다. 자바스크립트로 어떤 요소를 제어하려면 먼저 해당 요소를 찾아야 한다. 자바스크립트로 제어할 요소를 찾아 결과를 출력하는 방법은 [표 11-3]과 같다.

표 11-3 자바스크립트로 제어할 요소를 찾아 결과를 출력하는 방법

방법	사용 예	의미
innerHTML 속성 이용	document.getElementById("carname").innerHTML;	웹 문서 안에서 아이디가 "carname"인 요소를 찾아 내용을 출력한다.
textContent 속성 이용	var cname=document.getElementById("carname"); cname.textContent;	웹 문서 안에서 아이디가 "carname"인 요소를 찾아서 cname 변수에 반환한 후 cname 변수의 내용을 출력한다.

예제 11-1 속성만 가진 객체 만들기   ch11/01_obj.html

```
<body>
    <p id="var1"></p>
    <p id="var2"></p>
    <p id="var3"></p>
    <script>
        var car={name: 'Sonata', speed: 100, color: 'white'};
        document.getElementById("var1").innerHTML="자동차 이름 : " + car['name'];
        document.getElementById("var2").innerHTML="자동차 속도 : " + car.speed;
        document.getElementById("var3").innerHTML="자동차 색상 : " + car.color;
    </script>
</body>
```

자동차 이름 : Sonata

자동차 속도 : 100

자동차 색상 : white

```html
<body>
    <p id="msg1"></p>
    <p id="msg2"></p>
    <p id="msg3"></p>
    <script>
        var obj={
            m1: function() {
                return "Hello Sonata";
            },
            m2: function(a) {
                var result=a;
                return result;
            },
            m3: function(a, b) {
                var result=a+b;
                return result;
            }
        };
        document.getElementById("msg1").innerHTML=obj.m1();
        document.getElementById("msg2").innerHTML=obj.m2(100);
        document.getElementById("msg3").innerHTML=obj.m3(100, 200);
    </script>
</body>
```

```
Hello Sonata

100

300
```

```html
<body>
    <p id="carname"></p>
    <p id="carcolor"></p>
    <p id="carspeed"></p>
    <script>
        var car={
            name: 'Sonata',
```

```
            speed: 50,
            color: 'white',
            start: function() {
                return this.speed+10;
            }
        };
        var cname=document.getElementById("carname");
        cname.textContent=car.name;
        var colname=document.getElementById("carcolor");
        colname.textContent=car.color;
        var cspeed=document.getElementById("carspeed");
        cspeed.textContent=car.start();
    </script>
</body>
```

```
Sonata
white
60
```

〈예제 11-3〉의 메소드에서 사용하는 this 키워드는 객체 자체를 의미한다. 즉 this.speed는 car 객체의 속성인 speed를 말한다. this 키워드를 이용하면 속성값을 변경하거나 연산할 수 있다. 다음은 자동차 객체에 속도를 높이는 speedup( ) 메소드와 speeddown( ) 메소드를 추가한 프로그램이다.

예제 11-4 자동차의 속도 조절하기 ch11/04_obj.html

```
<body>
    <p id="upspeed"></p>
    <p id="downspeed"></p>
    <script>
        var car={
            name: 'Sonata',
            speed: 50,
            color: 'white',
            speedup: function() {
                return this.speed+10;
            },
            speeddown: function() {
```

```
            var low=this.speed-10;
            return low;
        }
    };
    var upspeed=document.getElementById("upspeed");
    upspeed.textContent='속도 증가 : ' + car.speedup();
    var downspeed=document.getElementById("downspeed");
    downspeed.textContent='속도 감소 : ' + car.speeddown();
    </script>
</body>
```

```
속도 증가 : 60
속도 감소 : 40
```

〈예제 11-4〉는 속도를 일정하게 올리거나 줄일 수 있지만 속도의 변화를 주지 못한다. 원하는 만큼 속도를 올리거나 줄이고 싶으면 메소드 호출 시 인자(argument) 값을 넘겨 주면 된다. 또한 현실에서는 자동차의 속도를 무한대로 높일 수 없고 마이너스(-) 속도를 낼 수도 없다. 따라서 메소드 내에서 최고 속도와 최저 속도를 제어해야 한다. 다음은 원하는 만큼 속도 조절이 가능하고 최고 속도와 최저 속도 범위 내에서 속도를 제어할 수 있는 프로그램이다.

예제 11-5 자동차의 속도 제어하기   ch11/05_obj.html

```
<body>
    <p id="upspeed"></p>
    <p id="downspeed"></p>
    <script>
    var car={
        name: 'Sonata',
        speed: 100,
        color: 'white',
        speedup: function(a) {
            var sp=this.speed+a;
            if(sp)=300) {
                sp=50;
                return sp;
            }
            else {
```

```
                return sp;
            }
        },
        speeddown: function(a) {
            var sp=this.speed-a;
            if(sp<0) {
                sp=0;
                return sp;
            }
            else {
                return sp;
            }
        }
    };
    var upspeed=document.getElementById("upspeed");
    upspeed.textContent='속도 증가 : ' + car.speedup(100);
    var downspeed=document.getElementById("downspeed");
    downspeed.textContent='속도 감소 : ' + car.speeddown(30);
</script>
</body>
```

```
속도 증가 : 200
속도 감소 : 70
```

2 생성자 함수를 이용하는 방법

이 방법은 자바스크립트에서 제공하는 Object 함수를 이용하는 방법과 사용자가 직접 생성자 함수를 정의하는 방법이 있다.

2.1 Object 함수 이용

Object 함수로 객체를 생성할 때는 'new' 연산자로 객체를 먼저 생성한 후 속성과 메소드를 정의한다. 객체의 속성과 메소드가 정해지지 않았을 경우 객체부터 생성해야 할 때 이 방법을 사용한다.

```
var car=new Object();        // 객체 생성
car.name='Sonata';           // 속성 정의
car.speed=100;
car.color='blue';
car.speedup=function() {     // 메소드 정의
    return this.speed+10;
};
```

NOTE_ Object 함수의 첫 문자 O는 대문자이다. 이와 같이 생성자 함수 이름의 첫문자는 대문자로 작성할 것을 권장한다.

객체를 생성하기 위해 Object 함수를 사용하는 것이 일반적이지만 간단하게 중괄호만 사용해 객체를 생성할 수도 있다. 중괄호는 빈 객체를 의미한다.

```
var car=new object();
```
→
```
var car={};
```

예제 11-6 Object 함수를 이용하여 객체 만들기   ch11/06_obj.html

```
<body>
    <p id="carname"></p>
    <p id="carcolor"></p>
    <p id="carspeed"></p>
    <script>
        var car=new Object();
        car.name='Sonata';
        car.speed=100;
        car.color='blue';
        car.speedup=function() {
            return this.speed+10;
        };
        var cname=document.getElementById("carname");
        cname.textContent='자동차 이름 : ' + car.name;
        var colname=document.getElementById("carcolor");
        colname.textContent='자동차 색상 : ' + car.color;
```

```
            var cspeed=document.getElementById("carspeed");
            cspeed.textContent='자동차 속도 : ' + car.speedup();
    </script>
</body>
```

```
자동차 이름 : Sonata

자동차 색상 : blue

자동차 속도 : 110
```

2.2 생성자 함수 정의

붕어빵 틀을 한 번 만들어 놓으면 계속해서 붕어빵을 만들 수 있다. 객체도 생성자 함수를 이용하여 속성과 메소드를 한 번 정의해 놓으면 필요할 때마다 new 연산자로 새로운 객체를 생성할 수 있다. 다음은 자동차 객체를 생성자 함수로 정의한 예이다.

```
function Car(name, color, speed) {
    this.name=name;
    this.color=color;
    this.speed=speed;
    this.speedup=function() {
        return this.speed+10;
    };
    this.speeddown=function() {
        return this.speed-10;
    };
}
```

생성자 함수로 정의한 객체는 다음과 같이 new 연산자로 인스턴스화한 후 사용한다. 인스턴스 (instance)란 정의된 객체 모형에 따라 실제로 메모리에 생성된 객체를 말한다. 인스턴스화된 모든 객체는 각각 고유한 객체로 취급된다.

```
var Hongcar=new Car('Sonata', 'blue', 100);
var Kimcar=new Car('Jeep', 'red', 70);
var Leecar=new Car('Passt', 'white', 150);
```

```
<body>
    <p>[Hong's Car]</p>
    <p id="carname"></p>
    <p id="carcolor"></p>
    <p id="carspeed"></p>
    <p>[Kim's Car]</p>
    <p id="carname2"></p>
    <p id="carcolor2"></p>
    <p id="carspeed2"></p>
    <script>
        function Car(name, color, speed) {
            this.name=name;
            this.color=color;
            this.speed=speed;
            this.speedup=function() {
                return this.speed+10;
            };
            this.speeddown=function() {
                return this.speed-10;
            };
        }
        var Hongcar=new Car('Sonata', 'blue', 100);
        var Kimcar=new Car('Jeep', 'red', 70);
        var cname=document.getElementById("carname");
        cname.textContent='자동차 이름 : ' + Hongcar.name;
        var colname=document.getElementById("carcolor");
        colname.textContent='자동차 색상 : ' + Hongcar.color;
        var cspeed=document.getElementById("carspeed");
        cspeed.textContent='자동차 속도 : ' + Hongcar.speedup();
        var cname=document.getElementById("carname2");
        cname.textContent='자동차 이름 : ' + Kimcar.name;
        var colname=document.getElementById("carcolor2");
        colname.textContent='자동차 색상 : ' + Kimcar.color;
        var cspeed=document.getElementById("carspeed2");
        cspeed.textContent='자동차 속도 : ' + Kimcar.speedup();
    </script>
</body>
```

```
[Hong's Car]

자동차 이름 : Sonata

자동차 색상 : blue

자동차 속도 : 110

[Kim's Car]

자동차 이름 : Jeep

자동차 색상 : red

자동차 속도 : 80
```

이미 생성된 객체에 속성을 추가하려면 '객체명.속성명=속성값' 형태로 작성하고 속성을 제거하려면 'delete 객체명.속성명' 형태로 작성한다. 객체에 속성을 추가하거나 제거하면 해당 객체에만 적용되고 다른 객체에는 적용되지 않는다. 따라서 다른 객체의 속성과 메소드는 정상적으로 사용할 수 있다.

```
Kimcar.price='3천만 원';   // 속성 추가
delete Kimcar.color;      // 속성 삭제
```

예제 11-8   이미 생성된 객체에 속성 추가 및 삭제하기   ch11/08_obj.html

```html
<body>
    <p>[Hong's Car]</p>
    <p id="hong1"></p>
    <p id="hong2"></p>
    <p id="hong3"></p>
    <p>[Kim's Car]</p>
    <p id="data1"></p>
    <p id="data2"></p>
    <p id="data3"></p>
    <p id="data4"></p>
    <script>
        function Car(name, color, speed) {
            this.name=name;
            this.color=color;
            this.speed=speed;
```

```
        this.speedup=function() {
            return this.speed+10;
        };
        this.speeddown=function() {
            return this.speed-10;
        };
    }
    var Hongcar=new Car('Sonata', 'blue', 100);
    var Kimcar=new Car('Jeep', 'red', 70);
    Kimcar.price='3천만 원';      // 속성 추가
    delete Kimcar.color;        // 속성 삭제
    var cname=document.getElementById("hong1");
    cname.textContent='자동차 이름 : ' + Hongcar.name;
    var colname=document.getElementById("hong2");
    colname.textContent='자동차 색상 : ' + Hongcar.color;
    var cspeed=document.getElementById("hong3");
    cspeed.textContent='자동차 속도 : ' + Hongcar.speedup();
    var cname=document.getElementById("data1");
    cname.textContent='자동차 이름 : ' + Kimcar.name;
    var colname=document.getElementById("data2");
    colname.textContent='자동차 색상 : ' + Kimcar.color;  // 삭제된 속성 출력
    var cspeed = document.getElementById("data3");
    cspeed.textContent='자동차 속도 : ' + Kimcar.speedup();
    var cspeed=document.getElementById("data4");
    cspeed.textContent='자동차 가격 : ' + Kimcar.price;   // 추가된 속성 출력
  </script>
 </body>
```

```
[Hong's Car]
자동차 이름 : Sonata
자동차 색상 : blue
자동차 속도 : 110
[Kim's Car]
자동차 이름 : Jeep
자동차 색상 : undefined
자동차 속도 : 80
자동차 가격 : 3천만 원
```

03 배열 객체와 Date 객체

1 배열 객체

배열 객체를 표현하는 방법에는 두 가지가 있다. 첫 번째는 배열 내 객체를 배열 원소로 저장하는 것이고, 두 번째는 객체를 Array 생성자를 이용하여 2차원 배열 구조로 저장하는 것이다.

1.1 배열 내 객체 구조

객체를 배열의 원소로 저장하는 방법이다. 각 객체는 속성과 값으로 이루어진 중괄호 단위로 작성한다. 객체에 접근할 때는 배열의 인덱스와 함께 속성명을 적는다. 예를 들어 객체 car[0]의 색상을 알고 싶다면 car[0].color와 같이 작성한다.

```
var car=[
    { name:'Sonata', color:'blue', speed:100 },
    { name:'Jeep', color:'red', speed:70 },
    { name:'Passt', color:'white', speed:150 }
]
car[0].color;
car[2].speed;
car[0];
```

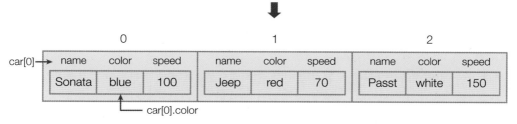

그림 11-4 배열 내 객체 구조

```html
<body>
    <p>[Car1]</p>
    <p id="data10"></p>
    <p id="data20"></p>
    <p id="data30"></p>
    <p>[Car2]</p>
    <p id="data11"></p>
    <p id="data21"></p>
    <p id="data31"></p>
    <p>[Car3]</p>
    <p id="data12"></p>
    <p id="data22"></p>
    <p id="data32"></p>
    <script>
        var car=[
            { name:'Sonata', color:'blue', speed:100 },
            { name:'Jeep', color:'red', speed:70 },
            { name:'Passt', color:'white', speed:150 }
        ]
        for(var i=0; i<3; i++) {
            var cname=document.getElementById("data1"+i);
            cname.textContent='자동차 이름 : ' + car[i].name;
            var colname=document.getElementById("data2"+i);
            colname.textContent='자동차 색상 : ' + car[i].color;
            var cspeed=document.getElementById("data3"+i);
            cspeed.textContent='자동차 속도 : ' + car[i].speed;
        }
    </script>
</body>
```

```
[Car1]
자동차 이름 : Sonata
자동차 색상 : blue
자동차 속도 : 100
[Car2]
자동차 이름 : Jeep
자동차 색상 : red
자동차 속도 : 70
[Car3]
자동차 이름 : Passt
자동차 색상 : white
자동차 속도 : 150
```

1.2 Array 생성자 배열 객체 구조

객체 안에 여러 개의 배열을 만드는 방법이다. 결과적으로 2차원 배열 구조를 가지게 된다. 객체에 접근할 때는 car[0]와 같이 배열 단위로 접근하거나 car[0][0]과 같이 배열 안의 원소 단위로 접근할 수 있다.

```
var car=new Array (
    ['Sonata', 'blue', 100],
    ['Jeep', 'red', 70],
    ['Passt', 'white', 150]
);
car[0][1];
car[2][2];
car[0];
```

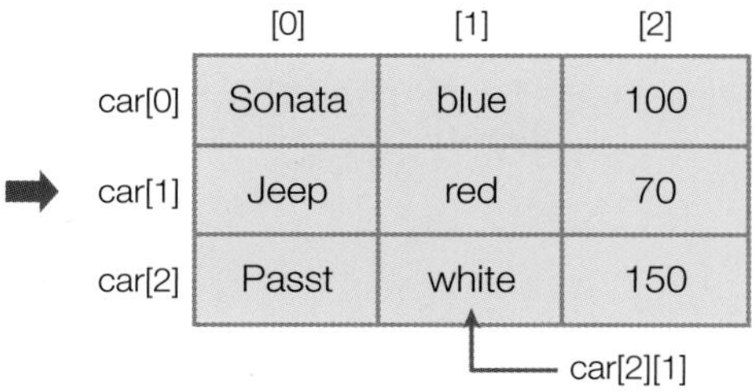

	[0]	[1]	[2]
car[0]	Sonata	blue	100
car[1]	Jeep	red	70
car[2]	Passt	white	150

car[2][1]

그림 11-5 Array 생성자 배열 객체 구조

예제 11-10 Array 생성자로 배열 객체 구조 선언하기　　　　　　　　　　ch11/10_obj.html

```
<body>
    <p id="car"></p>
    <p>[Car1 속성]</p>
    <p id="car0"></p>
    <p>[Car2 속성]</p>
    <p id="car1"></p>
    <p>[Car3 속성]</p>
    <p id="car2"></p>
    <script>
        var car=new Array (
            ['Sonata', 'blue', 100],
            ['Jeep', 'red', 70],
            ['Passt', 'white', 150]
        );
        var cname=document.getElementById("car");
        cname.textContent="car[2][1] : "+ car[2][1];
        for(var i=0; i<3; i++) {
            var cname=document.getElementById("car"+i);
            cname.textContent=car[i];
        }
    </script>
</body>
```

car[2][1] : white

[Car1 속성]

Sonata,blue,100

[Car2 속성]

Jeep,red,70

[Car3 속성]

Passt,white,150

2 Date 객체

Date 객체는 자바스크립트에서 많이 활용되는 내장 객체 중 하나로, 날짜와 시간 정보를 출력한
다. Date 생성자의 작성 형식은 다음과 같다.

```
var d=new Date();
var d=new Date(milliseconds);
var d=new Date(dateString);
var d=new Date(year, month, day, hours, minutes, seconds, milliseconds);
```

NOTE_ 생성자 오버로딩

위의 코드를 보면 같은 날짜 객체를 생성하더라도 매개 변수의 입력에 따라서 서로 다른 날짜 객체가 생성되는 것
을 볼 수 있는데 이를 '생성자 오버로딩'이라고 한다. Date()와 같이 아무런 매개 변수가 없는 모형을 기본 생성자
(default constructor)라고 한다.

예제 11-11 Date 객체 활용하기   ch11/11_obj.html

```
<body>
    <p id="d1"></p>
    <p id="d2"></p>
    <p id="d3"></p>
    <p id="d4"></p>
    <script>
        // 기본 생성자
        document.getElementById("d1").innerHTML=new Date();
        // 1970.01.01 이후의 밀리초 계산
        document.getElementById("d2").innerHTML=new Date(1491803527400);
        // 문자열 날짜
        document.getElementById("d3").innerHTML=new Date("October 15, 2018 06:18:07");
        // 주의사항 : 월(month)은 0부터 시작
        // 날짜 지정
        document.getElementById("d4").innerHTML=new Date(2018, 11, 25, 18, 30, 29);
    </script>
</body>
```

```
Thu Jun 22 2017 17:52:12 GMT+0900 (대한민국 표준시)
Mon Apr 10 2017 14:52:07 GMT+0900 (대한민국 표준시)
Mon Oct 15 2018 06:18:07 GMT+0900 (대한민국 표준시)
Tue Dec 25 2018 18:30:29 GMT+0900 (대한민국 표준시)
```

Date 객체에서 지원하는 메소드의 종류는 상당히 많다. 주로 getXXX( ) 메소드 형식과 setXXX( ) 메소드 형식을 많이 사용하는데, getXXX( )는 객체 속성 정보를 반환(getter)하는 메소드이고, setXXX( )는 속성 정보를 설정(setter)하는 메소드이다.

표 11-4 Date 객체 메소드의 종류

구분	메소드	속성 정보
반환 메소드	getDate( )	1~31 날짜 반환
	getDay( )	0~6 요일 반환(0 : 일요일, 1 : 월요일 …)
	getFullYear( )	연도 반환
	getHours( )	0~23 시간 반환
	getMillisecond( )	0~999 밀리초 반환
	getMinutes( )	0~59 분 반환
	getMonth( )	0~11 월 반환
	getSecond( )	0~59 초 반환
설정 메소드	setDate( )	1~31 날짜 설정
	setDay( )	0~6 요일 설정(0 : 일요일, 1 : 월요일 …)
	setFullYear( )	연도 설정
	setHours( )	0~23 시간 설정(시간, 분, 초, 밀리초)
	setMillisecond( )	0~999 밀리초 설정
	setMinutes( )	0~59 분 설정
	setMonth( )	0~11 월 설정
	setSecond( )	0~59 초 설정

```
<body>
    <p id="d1"></p>
    <p id="d2"></p>
    <p id="d3"></p>
    <p id="d4"></p>
    <script>
        var today=new Date();
        document.getElementById("d1").innerHTML=today.getFullYear() + "년";
        document.getElementById("d2").innerHTML=today.getMonth()+1 + "월 " + today.
        getDate() + "일";
        document.getElementById("d3").innerHTML=today.getHours() + "시 " + today.
        getMinutes() + "분 " + today.getSeconds() + "초";
        document.getElementById("d4").innerHTML="1970년 1월 1일 이후 현재까지 몇 초가 지
        났나요?</p>" + today.getTime() + "ms가 지났습니다.";
    </script>
</body>
```

2017년

6월 22일

17시 52분 51초

1970년 1월 1일 이후 현재까지 몇 초가 지났나요?

1498121571861ms가 지났습니다.

toXXXXXString( ) 형태의 메소드는 날짜를 특정 문자열 형태로 변환한다. 다음 예제를 브라우
저에서 실행하여 처리 결과를 살펴보자.

```
<body>
    <p id="d1"></p>
    <p id="d2"></p>
    <p id="d3"></p>
    <p id="d4"></p>
    <p id="d5"></p>
    <p id="d6"></p>
    <p id="d7"></p>
```

```
    <p id="d8"></p>
    <p id="d9"></p>
    <script>
        var today=new Date();
        document.getElementById("d1").innerHTML=today.toDateString();
        document.getElementById("d2").innerHTML=today.toISOString();
        document.getElementById("d3").innerHTML=today.toJSON();
        document.getElementById("d4").innerHTML=today.toLocaleDateString();
        document.getElementById("d5").innerHTML=today.toLocaleTimeString();
        document.getElementById("d6").innerHTML=today.toLocaleString();
        document.getElementById("d7").innerHTML=today.toString();
        document.getElementById("d8").innerHTML=today.toTimeString();
        document.getElementById("d9").innerHTML=today.toUTCString();
    </script>
</body>
```

```
Thu Jun 22 2017

2017-06-22T08:53:39.460Z

2017-06-22T08:53:39.460Z

2017. 6. 22.

오후 5:53:39

2017. 6. 22. 오후 5:53:39

Thu Jun 22 2017 17:53:39 GMT+0900 (대한민국 표준시)

17:53:39 GMT+0900 (대한민국 표준시)

Thu, 22 Jun 2017 08:53:39 GMT
```

다음은 Date 객체로 디지털 시계를 만드는 프로그램이다. 날짜와 시간 정보를 1초 간격으로 계속 호출하여 시간이 변화되는 모습을 표현했으며, 특정 시간 이후에 함수를 반복 호출하기 위해 setTimeout( ) 메소드를 활용했다.

```
<body>
    <div id="digClock"></div>
    <script>
        function digClock() {
            var today=new Date();
            var day=today.getMonth()+1 + "월 " + today.getDate() + "일 ";
            var time=today.getHours() + "시 " + today.getMinutes() + "분 " + today.
            getSeconds() +"초";
            document.getElementById("digClock").innerHTML=day+time;
            setTimeout('digClock()', 1000);
        }
        digClock();
    </script>
</body>
```

6월 22일 17시 54분 13초

NOTE_ 타이머 관련 메소드

자바스크립트에서 타이머 설정은 Windows 객체의 setTimeout( )과 setInterval( ) 두 가지 메소드로 구현할 수 있다. setTimeout( )은 시간 경과 후 동작하는 것이고 setInterval( )은 동일 시간마다 동작을 반복하는 것이다. 이 메소드들은 특정 시간 이후 함수를 호출할 경우 많이 사용한다. 1,000 밀리초는 1초이므로 시간 설정은 밀리초 단위로 작성한다.

```
setTimeout(function, milliseconds)
setInterval(function, milliseconds)
```

04 문서 객체 모델

문서 객체 모델(DOM, Document Object Model)은 웹 문서를 메모리로 읽어 들여 트리(tree) 구조로 변환한다. [그림 11-6]은 웹 문서를 문서 객체 모델의 트리 구조로 변환한 것이다. 웹 문서의 각종 요소는 요소 노드(element node)로, 텍스트는 텍스트 노드(text node)로 변환된다. 이렇게 변환된 트리 구조를 이용하면 자바스크립트로 웹 문서를 조작할 수 있다. 문서 객체 모델의 트리 구조를 순회하면서 웹 문서의 구조, 내용, 스타일 등을 변경하는 것이다.

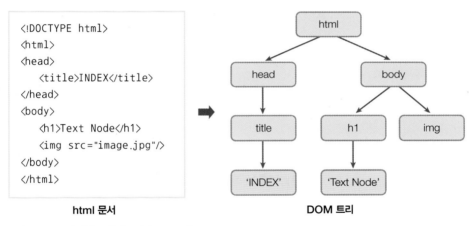

html 문서 　　　　　　**DOM 트리**

그림 11-6 문서 객체 모델의 트리 구조

1 문서 객체 생성

웹 문서 안에 문서 객체를 포함시키면 동적인 웹 문서를 만들 수 있다. 문서 객체는 요소 노드와 텍스트 노드를 생성한 후 요소 노드에 텍스트 노드를 연결하고 요소 노드를 body 객체에 추가하여 만든다.

표 11-5 문서 객체 생성과 관련된 메소드

메소드	설명
createElement( )	요소 노드를 생성한다.
createTextNode( )	텍스트 노드를 생성한다.
appendChild( )	요소 노드를 body 객체에 추가한다.

예제 11-15 문서 객체 생성하기   ch11/15_dom.html

```
<head>
    <script>
        function add() {
            var header=document.createElement('h3');
            var textNode=document.createTextNode('내 이름은 홍길동입니다.');
            header.appendChild(textNode);
            document.body.appendChild(header);
        };
    </script>
</head>
<body>
    <a href="#" onclick="add()">당신의 이름은 무엇입니까?</a>
</body>
```

당신의 이름은 무엇입니까?   ⟶   당신의 이름은 무엇입니까?
                                내 이름은 홍길동입니다.

2 문서 객체 속성값 설정

문서 객체의 속성값을 설정하는 방법은 두 가지가 있다.

- **객체 변수 사용** : 객체변수.속성='값';

- **속성 메소드 사용** : setAttrbute(속성, 값);

예제 11-16 객체 변수를 사용해 속성값 설정하기   ch11/16_dom.html

```
<head>
    <script>
        function add() {
```

```
            var img=document.createElement('img');
            img.src='html5.jpg';
            img.width=100;
            img.height=122;
            document.body.appendChild(img);
        };
    </script>
</head>
<body>
    <a href="#" onclick="add()">[이미지 추가]</a>
</body>
```

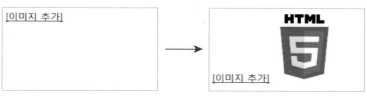

예제 11-17 setAttribute( ) 메소드를 사용해 속성값 설정하기

<ch11/17_dom.html>ch11/17_dom.html</ch11/17_dom.html>

```
<head>
    <script>
        function add() {
            var img=document.createElement('img');
            img.setAttribute('src', 'html5.jpg');
            img.setAttribute('width', 100);
            img.setAttribute('height', 122);
            document.body.appendChild(img);
        };
    </script>
</head>
<body>
    <a href="#" onclick="add()">[이미지 추가]</a>
</body>
```

3 문서 객체 스타일 변경

문서 객체의 스타일을 변경하려면 다음과 같이 속성값을 변경하면 된다.

```
document.getElementById(id).style.속성명="속성값";
```

예제 11-18 문서 객체 스타일 변경하기 ch11/18_dom.html

```
<head>
    <script>
        function textstyle() {
            document.getElementById("msg").style.color="blue";
            document.getElementById("msg").style.fontSize="30px";
            document.getElementById("msg").style.fontStyle="italic";
        };
        function texthidden() {
            document.getElementById("msg").style.visibility="hidden";
        };
        function textvisible(){
            document.getElementById("msg").style.visibility="visible";
        };
    </script>
</head>
<body>
    <p id="msg">문서 객체 스타일 변경하기</p>
    <input type="button" onclick="textstyle()" value="텍스트 스타일 변경">
    <input type="button" onclick="texthidden()" value="텍스트 숨기기">
    <input type="button" onclick="textvisible()" value="텍스트 보이기">
</body>
```

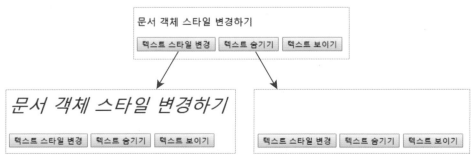

요약

01 객체 모델링

프로그램에서 객체를 활용하려면 그 속성과 기능을 정의해야 하는데, 이러한 과정을 객체 모델링이라고 한다.

02 자바스크립트 객체의 종류

- **사용자 정의 객체** : 사용자가 직접 객체의 속성과 메소드를 정의하여 사용하는 객체이다(예 : Car( ), House( ), Hotel( )).
- **내장 객체** : 자바스크립트 프로그램 자체에서 정의하여 사용자에게 제공하는 객체이다(예 : Object( ), Array( ), Date( )).

03 내장 객체의 종류

- **브라우저 객체 모델(BOM, Browser Object Model)** : 웹 브라우저의 각종 요소를 객체로 표현한다.
- **문서 객체 모델(DOM, Document Object Model)** : 웹 문서의 각종 요소를 객체로 표현한다.
- **전역 자바스크립트 객체(Global JavaScript Objects)** : 자바스크립트 프로그램 전체에서 사용하는 내장 객체를 말한다.

04 객체 생성

자바스크립트에 객체를 생성하는 방법은 객체 변수를 이용하는 방법과 생성자 함수를 이용하는 방법이 있다.

05 문서 객체 모델

문서 객체 모델(DOM, Document Object Model)은 웹 문서를 메모리로 읽어 들여 트리(tree) 구조로 변환한다. 웹 문서의 각종 요소는 요소 노드(element node)로, 텍스트는 텍스트 노드(text node)로 변환하는데, 이 트리 구조를 이용하면 자바스크립트로 웹 문서를 조작할 수 있다(문서 객체 모델의 트리 구조를 순회하면서 웹 문서의 구조, 내용, 스타일 등을 변경한다).

▶ 연습문제

01 자바스크립트 내장 객체 중 날짜와 시간에 관련된 객체는?

① Date( )　　　② Year( )　　　③ Calendar( )　　　④ Daytime( )

02 자바스크립트에서 시간을 얻어 오기 위해 사용하는 메소드는?

① time( )　　　② hours( )　　　③ getHours( )　　　④ getTime( )

03 웹 문서를 메모리로 읽어 들여 트리(tree) 구조로 변환하는 모델은?

① XML　　　② DOM　　　③ SAX　　　④ Array

04 다음 과일 목록을 배열 내 객체 구조로 정의하고 각 과일의 정보를 출력하는 자바스크립트 문서를 작성하시오.

이름	가격	개수
사과	21000	10
참외	18000	20
귤	15000	30

05 4번의 과일 목록을 Array 생성자 배열 객체 구조로 정의하고 각 과일의 정보를 출력하는 자바스크립트 문서를 작성하시오(배열 객체의 변수명은 fruits로 선언한다).

06 다음 출력 결과를 참고하여 자신의 생년월일을 입력하면 현재까지 살아온 일수와 나이를 계산해주는 자바스크립트 프로그램을 작성하시오.

Chapter 12
제이쿼리 활용

학습목표

▸ 제이쿼리 라이브러리 사용 방법을 설명할 수 있다.

▸ 제이쿼리를 이용하여 마우스 이벤트 처리를 할 수 있다.

▸ 제이쿼리를 이용하여 CSS 스타일을 변경할 수 있다.

▸ 제이쿼리를 이용하여 애니메이션 효과를 적용할 수 있다.

제이쿼리 개요

1 제이쿼리란?

제이쿼리(jQuery)는 2006년 미국의 존 레식(John Resig)이 만든 자바스크립트 라이브러리로, MIT 라이선스의 오픈소스로 제공되어 누구나 무료로 사용할 수 있다. 제이쿼리는 자바스크립트 코드 형식을 좀 더 직관적으로 이해할 수 있도록 짧고 단순한 코드 형태로 변형하여 제공한다. 다음은 같은 의미의 자바스크립트 코드와 제이쿼리 코드를 비교한 것이다. 제이쿼리 코드가 좀 더 간결한 것을 볼 수 있다.

자바스크립트	`document.getElementsById("p").innerHTML="웹 프로그래밍";`
제이쿼리	`$("#p").html("웹 프로그래밍");`

그림 12-1 자바스크립트 코드와 제이쿼리 코드 비교

> **NOTE_ 존 레식**
>
> 존 레식(John Resig, 1984~)은 칸 아카데미(Khan Academy) 소속의 응용 프로그램 개발자이다. 모질라 코퍼레이션에서 자바스크립트 툴 개발자로 근무했으며, 자바스크립트 라이브러리인 제이쿼리를 만들었다.

2 제이쿼리 라이브러리 사용 방법

제이쿼리는 여러 브라우저에서 동작한다. 간단한 API를 통해 HTML 문서를 탐색 및 조작하고 각종 이벤트와 애니메이션 등을 처리할 수 있도록 해준다. HTML 문서에 제이쿼리 라이브러리를 추가하는 방법에는 다운로드하는 방법과 웹에 접속해 사용하는 방법이 있다.

■ 다운로드

온라인과 오프라인 환경에서 모두 사용할 수 있도록 제이쿼리 라이브러리를 다운로드하는 방법이다. http://www.jQuery.com 사이트에 접속하면 최신 버전을 다운로드할 수 있다. 다운로드한 제이쿼리 라이브러리 파일은 제이쿼리를 사용할 HTML 문서와 같은 디렉터리 또는 하위 디렉터리에 저장한다.

그림 12-2 제이쿼리 라이브러리 다운로드 및 저장

제이쿼리 라이브러리 파일을 컴퓨터에 저장한 후 다음과 같이 ⟨script⟩~⟨/script⟩ 태그 안에 src 속성으로 파일이 저장된 경로를 지정하여 사용한다.

```
<head>
    <script src="jquery-3.2.1.min.js"X/script>
</head>
```

■ 웹에 접속

웹에서 제공하는 제이쿼리 라이브러리에 접속하여 사용하는 방법이다. 구글, 마이크로소프트
등과 같은 CDN(Content Delivery Network)을 통해 제이쿼리 라이브러리를 사용하는 것
으로 다음과 같이 〈script〉~〈/script〉 태그 안에 src 속성으로 URL을 작성한 후 사용한다.

```
<head>
    <script src="http://code.jQuery.com/jQuery-3.2.1.min.js"X/script>
</head>
```

CDN(Content Delivery Network)이란 콘텐츠 사업자의 다양한 콘텐츠를 복잡한 네트워크
환경에서 사용자에게 안정적으로 전송해주기 위해 고안된 기술이다. CDN은 인터넷을 통해
제이쿼리 라이브러리를 제공하는데, http://jquery.com/download/에 접속하면 콘텐츠 사
업자별 제이쿼리 라이브러리 파일의 URL을 확인할 수 있다. 예를 들어 구글의 CDN은 다음
과 같다.

```
<script src="https://ajax.googleapis.com/ajax/libs/jquery/3.2.1/jquery.min.js">
</script>
```

제이쿼리 라이브러리를 추가하기 위해서 어떤 방법을 사용하든 상관없다. 인터넷 연결이 불
안정하다면 다운로드하여 사용하는 것이 좋고, HTML 문서가 저장된 디렉터리가 변경될 여
지가 있다면 CDN을 통해 URL을 추가하는 것이 좋다. 이 책에서는 제이쿼리 라이브러리를
다운로드하여 사용하겠다.

제이쿼리 코드 구조와 이벤트 처리

1 제이쿼리 코드 구조

제이쿼리 함수는 선택자로 웹 문서에서 특정 요소를 찾아 그 요소를 참조하는 제이쿼리 객체를 생성한다. 제이쿼리 객체에는 여러 메소드가 있어 참조한 요소에 이벤트를 적용하거나 CSS 스타일 속성을 변경하거나 애니메이션 효과를 줄 수 있다. 다음은 제이쿼리 함수의 기본 형식을 나타낸 것이다. 이 형식은 $ 기호를 사용하여 단축형으로도 사용할 수 있다.

기본형	jQuery(선택자).메소드

단축형	$(선택자).메소드

그림 12-3 제이쿼리 함수의 기본형과 단축형

예를 들어 hide( )라는 메소드로 특정 요소를 감추는 제이쿼리 코드는 다음과 같다.

- $("p").hide( ) : 모든 〈p〉 요소를 찾아서 감춘다.

- $(".group").hide( ) : class="group"인 요소를 찾아서 감춘다.

- $("#group").hide( ) : id="group"인 요소를 찾아서 감춘다.

- $(this).hide( ) : 자기 자신을 찾아서 감춘다.

NOTE_ 제이쿼리 코드 작성 시 주의점

제이쿼리 라이브러리에 정의된 함수명 또는 메소드명은 기본적으로 대소문자를 구분한다. 따라서 함수명이나 메소드명을 쓸 때는 API 문서를 참고하여 대소문자를 구분해야 한다.

표 12-1 제이쿼리 함수의 사용 예

잘못된 예	바른 예
JQuery( )	jQuery( )
Hide( )	hide( )
addclass( )	addClass( )

제이쿼리에서 선택자는 중요한 역할을 한다. CSS 선택자 형식별로 제이쿼리 코드 작성 방법을 살펴보면 [표 12-2]와 같다.

표 12-2 CSS 선택자 형식별 제이쿼리 코드 작성 방법

선택자 형식	HTML 문서	제이쿼리 코드
요소 선택자	⟨body⟩ 　⟨p⟩jQuery⟨/p⟩ 　⟨p⟩Study⟨/p⟩ ⟨/body⟩	$("p").hide( );
.class 선택자	⟨body⟩ 　⟨p class="c1"⟩jQuery⟨/p⟩ ⟨/body⟩	$(".c1").hide( );
#id 선택자	⟨body⟩ 　⟨p id="hong"⟩jQuery⟨/p⟩ ⟨/body⟩	$("#hong").hide( );
첫 번째 요소	⟨body⟩ 　⟨p⟩jQuery⟨/p⟩ 　⟨p⟩Study⟨/p⟩ ⟨/body⟩	$("p:first").hide( );
속성 선택자	⟨body⟩ 　⟨a href="http://www.jQuery.com"⟩Link⟨/a⟩ ⟨/body⟩	$("[href]")
모든 선택자	⟨body⟩ 　⟨p⟩jQuery⟨/p⟩ ⟨/body⟩	$("*").hide( );
자기 자신	⟨body⟩ 　⟨p⟩클릭하면 버튼이 없어집니다.⟨/p⟩ 　⟨button⟩클릭 버튼⟨/button⟩ ⟨/body⟩	$(this).hide( );

제이쿼리 코드는 HTML 문서가 메모리에 완전히 로드되어 문서의 구조가 파악되었을 때 비로소 각 요소에 메소드를 적용할 수 있다. HTML 문서의 구조는 '문서 준비 이벤트(document ready event)'를 실행하여 파악한다. 문서 준비 이벤트가 실행되면 문서 객체 모델(DOM)의 트리 구조가 생성된다. 문서 준비 이벤트 코드는 다음과 같다.

```
$(document).ready(function() {

    // 제이쿼리 메소드

});
```

2 제이쿼리 이벤트

이벤트란 사용자가 웹 문서에 어떤 행위를 하는 것을 말한다. 마우스로 화면의 특정 부분을 클릭하거나, 키보드로 입력폼에 텍스트를 입력하는 것 등이 모두 이벤트이다. 제이쿼리를 사용하면 이벤트 처리 프로그램을 간단하게 작성할 수 있다. [표 12-3]은 제이쿼리에서 많이 사용되는 이벤트와 각 이벤트의 메소드를 나타낸 것이다.

표 12-3 제이쿼리 이벤트의 종류

이벤트	메소드
Browser Events	error, resize, scroll
Document Loading	load, unload, ready
Form Events	submit, focus, change, select, blur
Keyboard Events	keydown, keypress, keyup
Mouse Events	click, dblclick, mouseenter, mouseleave, mousedown, mouseup

다음은 웹 문서의 버튼을 클릭했을 때 ⟨p⟩ 요소를 사라지게 하는 마우스 클릭 이벤트이다.

```
$(document).ready(function () {
    $("button").click(function () {
        $("p").hide();
    });
});
```

[그림 12-4]는 마우스 클릭 이벤트 처리 과정을 나타낸 것이다. 이벤트 리스너(event listener)가 이벤트를 감지하고 있다가 이벤트가 발생하면 이벤트 메소드의 기능을 수행하여 웹 문서를 처리한다.

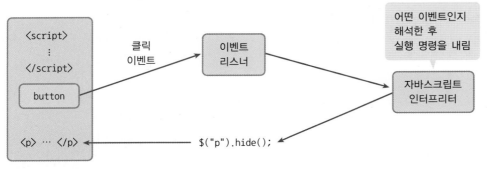

그림 12-4 제이쿼리 이벤트 처리 과정

```html
<head>
    <script src="jquery-3.2.1.min.js"></script>
    <script>
        $(document).ready(function () {
            $("button").click(function () {
                $("p").hide();
            });
        });
    </script>
</head>
<body>
    <p>메시지 : 제이쿼리를 공부하고 있습니다.</p>
    <button>메시지 삭제</button>
</body>
```

메시지 : 제이쿼리를 공부하고 있습니다.

메시지 삭제   →   메시지 삭제

제이쿼리 코드에는 여러 가지 이벤트를 정의할 수 있다. 다음은 두 개의 버튼을 생성한 후 각 버튼마다 이벤트 처리 함수를 따로 호출하는 프로그램이다.

```html
<head>
    <script src="jquery-3.2.1.min.js"></script>
    <script>
        $(document).ready(function () {
            $("button.hide").click(function () {
                $("p").hide();
            });
            $("button.show").click(function () {
                $("p").show();
            });
        });
    </script>
</head>
<body>
    <p>문서 준비 이벤트에는 여러 다중 이벤트를 정의할 수 있습니다.</p>
    <p>버튼을 클릭하면 이벤트 처리를 합니다.</p>
    <button class="hide">메시지 삭제</button>
    <button class="show">메시지 보기</button>
</body>
```

다음은 마우스 이벤트를 활용하여 만든 퀴즈 프로그램이다. 〈body〉 태그 내에 두 개의 퀴즈 문항과 정답을 작성하였고 문항 간에 정답을 구분하기 위해 〈ans class="q1"〉과 같이 클래스 선택자를 사용하였다. 〈script〉 태그에는 처음에 퀴즈 문항만 보여주기 위해 hide( ) 메소드를 사용하여 ans 요소를 보이지 않게 했다. 그리고 각 문항의 [정답 보기]를 클릭하면 show( ) 메소드를 호출하여 정답이 보이도록 했고 다시 각 문항의 정답을 클릭하면 hide( ) 메소드를 호출하여 보이지 않도록 했다.

예제 12-3 퀴즈 프로그램 만들기   ch12/03_jq.html

```html
<head>
    <script src="jquery-3.2.1.min.js"></script>
    <script>
        $(document).ready(function () {
            $("ans").hide();
            $("p.q1").click(function () {
                $("ans.q1").show();
            });
            $("ans.q1").click(function () {
                $(this).hide();
            });
            $("p.q2").click(function () {
                $("ans.q2").show();
            });
            $("ans.q2").click(function () {
                $(this).hide();
            });
        });
    </script>
</head>
<body>
    <h2>질문1 : 대한민국의 수도는 어디입니까?</h2>
    <p class="q1">[정답 보기]</p>
    <ans class="q1">대한민국의 수도는 <strong>서울</strong>입니다.</ans>
    <br></br>
    <h2>질문2 : 대한민국의 국보1호는 무엇입니까?</h2>
    <p class="q2">[정답 보기]</p>
    <ans class="q2">대한민국의 국보1호는 <strong>숭례문</strong>입니다.</ans2>
</body>
```

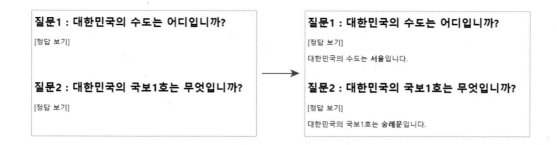

3 마우스 이벤트

웹 브라우저에서 마우스 이벤트는 많이 활용되는 이벤트 중 하나이다. 마우스 이벤트 메소드의
종류는 [표 12-4]와 같다.

표 12-4 마우스 이벤트 메소드의 종류

메소드	설명
mouseenter( )	마우스 포인터가 요소 선택자 안에 있으면 호출한다.
mouseleave( )	마우스 포인터가 요소 선택자 밖에 있으면 호출한다.
mousedown( )	마우스 버튼이 눌린 상태이면 호출한다.
mouseup( )	마우스 버튼에서 손을 떼면 호출한다.

〈예제 12-4〉~〈예제 12-6〉을 통해 마우스 이벤트 메소드의 동작 원리를 파악해보자. 〈예제
12-4〉는 마우스 포인터가 노란색 박스 안에 들어갈 때마다 카운트를 하나씩 증가하는 프로그램
이다.

예제 12-4 mouseenter( ) 메소드 실습하기   ch12/04_jq.html

```
<head>
    <script src="jquery-3.2.1.min.js"></script>
    <script>
        var n=0;
        $(document).ready(function() {
            $("div.out").mouseenter(function() {
                $("p:first", this).text("마우스 포인트 들어옴");
                $("p:last", this).text(++n);
            });
        });
    </script>
```

```
    <style>
        div.out {
            width: 200px;
            height: 100px;
            border:1px solid #000000;
            text-align: center;
            background-color: yellow;
        }
    </style>
</head>
<body>
    <div class="out">
        <p>마우스 이벤트 알아보기</p>
        <p>0</p>
    </div>
</body>
```

〈예제 12-5〉는 마우스 포인터가 노란색 박스 안에 들어올 때마다 카운트를 하나씩 증가하고 박스 밖으로 나갈 때 최종 카운트 횟수를 보여주는 프로그램이다.

예제 12-5 mouseenter(), mouseleave() 메소드 실습하기   ch12/05_jq.html

```
<head>
    <script src="jquery-3.2.1.min.js"></script>
    <script>
        var n=0;
        $(document).ready(function() {
            $("div.out").mouseenter(function() {
                $("p:first", this).text("마우스 포인트 들어옴");
                $("p:last", this).text(++n);
            });
            $("div.out").mouseleave(function() {
                $("p:first", this).text("마우스 포인트 나감");
```

```
              $("p:last", this).text("최종 횟수 : " + n);
          });
      });
  </script>
  <style>
      div.out {
          width: 200px;
          height: 100px;
          border:1px solid #000000;
          text-align: center;
          background-color: yellow;
      }
  </style>
</head>
<body>
  <div class="out">
      <p>마우스 이벤트 알아보기</p>
      <p>0</p>
  </div>
</body>
```

마우스 포인트 들어옴	마우스 포인트 나감
5	최종 횟수 : 5

〈예제 12-6〉은 〈예제 12-5〉에서 작성한 프로그램에 마우스 버튼을 누르고 있으면 메시지가 사라지고 버튼에서 손을 떼면 메시지가 다시 나타나도록 하는 기능을 추가한 프로그램이다.

예제 12-6 mousedown( ), mouseup( ) 메소드 실습하기　　　　　　　　ch12/06_jq.htm

```
<head>
   <script src="jquery-3.2.1.min.js"></script>
   <script>
      var n=0;
      $(document).ready(function() {
         $("div.out").mouseenter(function() {
            $("p:first", this).text("마우스 포인트 들어옴");
```

```
                $("p:last", this).text(++n);
        });
            $("div.out").mouseleave(function() {
            $("p:first", this).text("마우스 포인트 나감");
            $("p:last", this).text("최종 횟수 : " + n);
        });
            $("div.out").mousedown(function() {
            $("p:first", this).hide();
            $("p:last", this).text("메시지 사라짐");
        });
            $("div.out").mouseup(function() {
            $("p:first", this).show();
            $("p:last", this).text("최종 횟수 : " + n);
        });
    });
    </script>
    <style>
        div.out {
            width: 200px;
            height: 100px;
            border:1px solid #000000;
            text-align: center;
            background-color: yellow;
        }
    </style>
</head>
<body>
    <div class="out">
        <p>마우스 이벤트 알아보기</p>
        <p>0</p>
    </div>
</body>
```

메시지 사라짐	마우스 포인트 나감
⬚	최종 횟수 : 7

03 CSS 스타일 처리

1 CSS 스타일 변경

제이쿼리를 사용하면 특정 요소의 CSS 스타일도 다양하게 변경할 수 있다. CSS 스타일을 변경하기 위해 사용하는 메소드는 [표 12-5]와 같다.

표 12-5 CSS 스타일 변경 메소드의 종류

메소드	설명
addClass( )	선택한 요소에 하나 이상의 클래스를 추가한다.
removeClass( )	선택한 요소에 하나 이상의 클래스를 삭제한다.
toggleClass( )	선택한 요소에 클래스 추가 및 삭제를 반복적으로 수행한다.
css( )	선택한 요소의 스타일 속성을 설정하거나 반환한다.
width( )	선택한 요소의 가로 크기를 반환한다(패딩, 경계, 마진은 제외).
height( )	선택한 요소에 세로 크기를 반환한다(패딩, 경계, 마진은 제외).

다음은 제이쿼리 코드를 이용하여 특정 요소의 텍스트 속성을 변경하는 프로그램이다. [CSS 적용] 버튼을 클릭하면 CSS 스타일이 적용되고, [CSS 적용 해제] 버튼을 클릭하면 원래대로 돌아온다.

예제 12-7 addClass(), removeClass() 메소드 실습하기 ch12/07_jq.html

```
<head>
    <script src="jquery-3.2.1.min.js"></script>
    <script>
        $(document).ready(function() {
            $("button.add").click(function() {
                $("h1, h2, p").addClass("blue");
                $("div").addClass("important");
            });
```

```
            $("button.remove").click(function() {
                $("h1, h2, p").removeClass("blue");
                $("div").removeClass("important");
            });
        });
    </script>
    <style>
        .important {
            font-weight: bold;
            font-size: xx-large;
        }
        .blue {
            color: blue;
        }
    </style>
</head>
<body>
    <h1>HTML5</h1>
    <h2>CSS3</h2>
    <p>자바스크립트</p>
    <div>제이쿼리</div><br>
    <button class="add">CSS 적용</button>
    <button class="remove">CSS 적용 해제</button>
</body>
```

특정 요소에 CSS 스타일을 적용하거나 해제하는 과정을 반복적으로 수행할 때는 toggleClass( ) 메소드를 사용한다.

예제 12-8   toggleClass() 메소드 실습하기   ch12/08_jq.html

```html
<head>
    <script src="jquery-3.2.1.min.js"></script>
    <script>
        $(document).ready(function() {
            $("button").click(function() {
                $("h1, h2, p, div").toggleClass("red");
            });
        });
    </script>
    <style>
        .red {
            color: red;
            border: 1px solid blue;
        }
    </style>
</head>
<body>
    <h1>HTML5</h1>
    <h2>CSS3</h2>
    <p>자바스크립트</p>
    <div>제이쿼리</div><br>
    <button>CSS 적용/해제</button>
</body>
```

특정 요소에 여러 CSS 속성을 동시에 변경할 때는 css( ) 메소드를 사용한다.

예제 12-9 css( ) 메소드 실습하기　　　　　　　　　　　　　　ch12/09_jq.html

```html
<head>
    <script src="jquery-3.2.1.min.js"></script>
    <script>
        $(document).ready(function() {
            $("button").click(function() {
                $("p").css({"background-color": "yellow", "font-size": "200%"});
            });
        });
    </script>
</head>
<body>
    <p>김길동</p>
    <div>02-123-4567</div>
    <p>이길동</p>
    <div>042-567-2929</div>
    <p>홍길동</p>
    <div>051-278-9485</div>
    <br></br>
    <button>이름 강조</button>
</body>
```

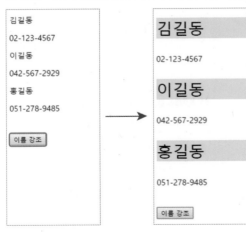

크기가 같은 다섯 개의 박스를 만든 후 박스를 클릭한 순서대로 일정한 크기만큼 줄어드는 프로그램을 만들어보자. 박스의 초기 색상은 노란색이고 클릭하면 빨간색으로 바뀐다.

예제 12-10 박스를 클릭하여 박스 크기와 색상 변경하기 ch12/10_jq.html

```html
<head>
    <script src="jquery-3.2.1.min.js"></script>
    <script>
        $(document).ready(function () {
            var xWidth=100;
            var yHeight=100;
            $("div").click(function () {
                $(this).width(xWidth).addClass("box");
                $(this).height(yHeight).addClass("box");
                xWidth=xWidth-10;
                yHeight=yHeight-10;
            });
        });
    </script>
    <style>
        div {
            width: 100px;
            height: 100px;
            float: left;
            margin: 5px;
            background: yellow;
        }
        .box { background: red; }
    </style>
</head>
<body>
    <div>박스1</div>
    <div>박스2</div>
    <div>박스3</div>
    <div>박스4</div>
    <div>박스5</div>
</body>
```

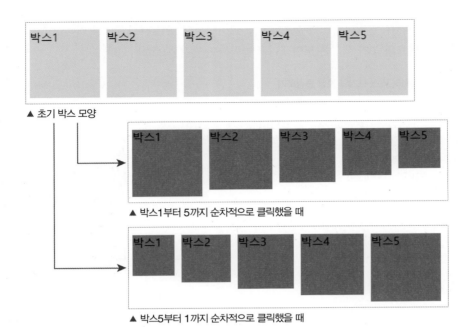

▲ 초기 박스 모양

▲ 박스1부터 5까지 순차적으로 클릭했을 때

▲ 박스5부터 1까지 순차적으로 클릭했을 때

애니메이션 처리

1 크기 및 위치 변경

제이쿼리로 웹 문서 내 특정 요소의 크기나 위치를 변경할 때는 animate( ) 메소드를 사용한다. animate( ) 메소드는 선택자로 해당 요소를 찾은 후 크기나 위치 속성을 변경한다. 작성 방법은 다음과 같다.

```
$(선택자).animate(속성 [, 지속 시간])
```

- **속성** : 변경할 CSS 속성 및 속성값을 지정한다.
- **지속 시간** : 변경 지속 시간을 "slow", "fast" 같은 문자열이나 100ms 같은 시간 단위로 설정한다.

예제 12-11 그림의 크기를 픽셀 단위로 변경하기　　　　　　　　　ch12/11_jq.html

```html
<head>
    <script src="jquery-3.2.1.min.js"></script>
    <script>
        $(document).ready(function() {
            $("button.b1").click(function() {
                $("img").animate( {
                    width: '100px'
                });
            });
            $("button.b2").click(function() {
                $("img").animate( {
                    width: '200px'
                });
            });
            $("button.b3").click(function() {
                $("img").animate( {
                    width: '300px'
```

```
                    });
                });
            });
        </script>
        <style>
            .css_pic {
                height: 430px;
                text-align: center;
            }
            .css_pic img {
                width: 250px;
            }
        </style>
    </head>
    <body>
        <div class="css_pic">
            버튼을 누르면 그림의 크기가 바뀝니다.</p>
            <button class="b1">가로 100픽셀</button>
            <button class="b2">가로 200픽셀</button>
            <button class="b3">가로 300픽셀</button><br><br>
            <img name="pic1" src="pic1.jpg"/>
        </div>
    </body>
```

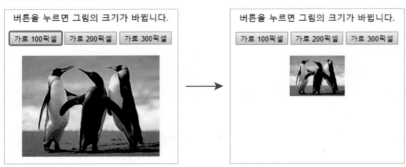

다음은 [확대] 버튼을 클릭하면 그림이 처음 위치에서 왼쪽으로 300픽셀만큼 이동하면서 크기가
세 배 확대되고 [축소] 버튼을 클릭하면 원래대로 돌아오는 프로그램이다. 그림의 position 속성
이 static이면 이동하지 않으므로 position 속성은 relative로 설정한다.

```html
<head>
    <script src="jquery-3.2.1.min.js"></script>
    <script>
        $(document).ready(function() {
            $("button.move").click(function() {
                $("img").animate( {
                    left: '300px',
                    height: '300px',
                    width: '350px'
                });
            });
            $("button.init").click(function() {
                $("img").animate( {
                    left: '0px',
                    height: '100px',
                    width: '130px'
                });
            });
        });
    </script>
</head>
<body>
    <button class="move">확대</button>
    <button class="init">축소</button>
    <p></p>
    <img name="pic1" src="pic1.jpg" width="130" height="100" style="position: relative"/>
</body>
```

2 기타 애니메이션 효과

[표 12-6]은 제이쿼리에서 제공하는 다양한 애니메이션 효과와 관련된 메소드이다. show( ), hide( ), toggle( ) 메소드는 애니메이션 지속 시간을 "slow" 또는 "fast"와 같은 문자열이나 ms(milliseconds)와 같은 시간 단위로 설정할 수 있다.

표 12-6 애니메이션 메소드의 종류

메소드	설명	사용 예
show( )	선택한 요소를 보이게 한다.	$("div").show("slow")
hide( )	선택한 요소를 숨긴다.	$("div").hide("fast")
toggle( )	선택한 요소를 보이게 하거나 숨기는 작업을 반복 수행한다.	$("div").toggle(1000)
stop( )	애니메이션 효과를 중지한다. fade 혹은 slide 관련 메소드에 적용된다.	$("div").stop( )
fadeIn( )	선택한 요소를 서서히 보이게 한다.	$("div").fadeIn("slow")
fadeOut( )	선택한 요소를 서서히 사라지게 한다.	$("div").fadeOut("slow")
fadeToggle( )	선택한 요소를 서서히 보이게 하거나 사라지게 하는 작업을 반복 수행한다.	$("div").fadeToggle("slow")
fadeTo( )	선택한 요소를 서서히 투명하게 나타낸다. 투명도는 0.0~1.0 값으로 지정한다.	$("div").fadeTo("slow", 0.5)
slideUp( )	선택한 요소를 밀어 올린다.	$("div").slideUp("slow")
slideDown( )	선택한 요소를 밀어 내린다.	$("div").slideDown("slow")
slideToggle( )	선택한 요소를 밀어 올리거나 내리는 작업을 반복 수행한다.	$("div").slideToggle("slow")

예제 12-13 show( ), hide( ), toggle( ) 메소드 실습하기　　　　　　　　ch12/13_jq.html

```
<head>
    <script src="jquery-3.2.1.min.js"></script>
    <script>
        $(document).ready(function() {
            $("#hide").click(function() {
                $("img").hide("slow");
            });
            $("#show").click(function() {
                $("img").show("fast");
            });
            $("#toggle").click(function() {
```

```
                $("img").toggle(3000);
            });
        });
    </script>
</head>
<body>
    <button id="hide">hide</button>
    <button id="show">show</button>
    <button id="toggle">toggle</button>
    <p></p>
    <img name="pic1" src="pic1.jpg"/>
</body>
```

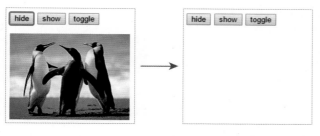

예제 12-14 fade 관련 메소드 실습하기
ch12/14_jq.html

```
<head>
    <script src="jquery-3.2.1.min.js"></script>
    <script>
        $(document).ready(function() {
            $("#out").click(function() {
                $("img").fadeOut("slow");
            });
            $("#in").click(function() {
                $("img").fadeIn("slow");
            });
            $("#toggle").click(function() {
                $("img").fadeToggle("slow");
            });
            $("#to50").click(function() {
                $("img").fadeTo("slow", 0.5);
            });
```

```
            $("#to10").click(function() {
                $("img").fadeTo("slow", 0.1);
            });
            $("#to100").click(function() {
                $("img").fadeTo("slow", 1.0);
            });
        });
    </script>
</head>
<body>
    <button id="out">fadeOut</button>
    <button id="in">fadeIn</button>
    <button id="toggle">fadeToggle</button>
    <button id="to50">opacity 50%</button>
    <button id="to10">opacity 90%</button>
    <button id="to100">opacity 0%</button>
    <p></p>
    <img name="pic1" src="pic1.jpg"/>
</body>
```

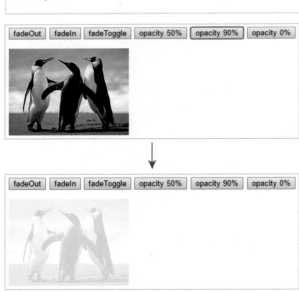

```html
<head>
    <script src="jquery-3.2.1.min.js"></script>
    <script>
        $(document).ready(function() {
            $("#panel").click(function() {
                $("#panel").slideUp("fast");
            });
            $("#slide").click(function() {
                $("#panel").slideDown(5000);
            });
            $("#flip").click(function() {
                $("#panel").slideToggle("slow");
            });
            $("#stop").click(function() {
                $("#panel").stop();
            });
        });
    </script>
    <style>
        #slide, #panel, #flip {
            padding: 5px;
            text-align: center;
            background-color: #e5eecc;
            border: solid 1px #c3c3c3;
        }
        #panel {
            padding: 70px;
            display: none;
            background-color: #ffff00;
        }
    </style>
</head>
<body>
    <div id="slide">[오늘의 공지사항]</div>
    <div id="panel">오늘은 jQuery 프로그램을 학습합니다. <br>
                    예제를 작성한 후 실행해보세요.</div>
    <div id="flip">Toggle slide</div>
    <p></p>
```

```
    <button id="stop">Stop sliding</button>
</body>
```

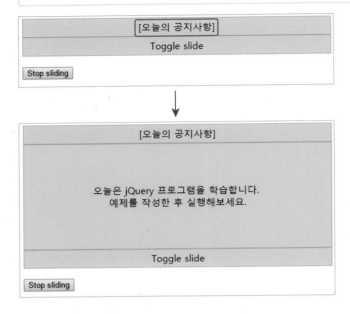

3 메소드 체이닝

메소드 체이닝(method chaining)이란 단일 구문 내에서 동일한 요소 선택자에 여러 기능의 메소드를 한꺼번에 적용하는 것이다. 다음은 메소드 체이닝을 이용하여 하나의 요소 선택자에 css( ), slideUp( ), slideDown( ), fadeTo( ) 메소드를 동시에 적용한 프로그램이다. '[오늘의 공지사항]'을 클릭하면 자동으로 공지사항을 보여준 후 닫는다. 이때 한 번 본 공지사항 글은 희미하게 보여준다.

예제 12-16 메소드 체이닝 실습하기   ch12/16_jq.html

```
<head>
    <script src="jquery-3.2.1.min.js"></script>
    <script>
        $(document).ready(function() {
        $("#slide").click(function() {
            $("#panel").css("color","red")
```

```
                .slideDown(2000)
                .slideUp(6000)
                .fadeTo("slow", 0.3);
            });
        });
    </script>
    <style>
        #slide, #panel {
            padding: 5px;
            text-align: center;
            background-color: #e5eecc;
            border: solid 1px #c3c3c3;
        }
        #panel {
            padding: 50px;
            display: none;
            background-color: #ffff00;
        }
    </style>
</head>
<body>
    <div id="slide">[오늘의 공지사항]</div>
    <div id="panel">오늘은 jQuery 프로그램을 학습합니다. <br>
                예제를 작성한 후 실행해보세요.</div>
</body>
```

[오늘의 공지사항]
오늘은 jQuery 프로그램을 학습합니다. 예제를 작성한 후 실행해보세요.

▲ [오늘의 공지사항]을 첫 번째 클릭했을 때

[오늘의 공지사항]
오늘은 jQuery 프로그램을 학습합니다. 예제를 작성한 후 실행해보세요.

▲ [오늘의 공지사항]을 두 번째 클릭했을 때

다음은 세 개의 그림을 각각 다른 속도로 이동시키는 프로그램이다. 첫 번째 그림은 6초, 두 번째 그림은 3초, 세 번째 그림은 1초동안 이동하고 [초기화] 버튼을 클릭하면 세 그림이 동시에 원 위치로 돌아간다. 이 프로그램은 같은 메소드를 적용할 요소가 여러 개일 때 같은 코드를 여러 번 작성하지 않고 함수로 작성한 예이다. 아래 설명을 참고하여 프로그램을 작성하고 실행해보자.

- **HTML 문서** : 세 개의 그림과 초기화 버튼을 삽입한 후 각 그림을 클릭하면 move 함수를 호출하고 [초기화] 버튼을 클릭하면 back 함수를 호출한다. move 함수의 인자는 자기 자신을 뜻하는 this와 ms 단위의 이동 속도로 구성한다. 1000ms가 1초이므로 첫 번째 그림의 이동 속도는 6000, 두 번째 그림의 이동 속도는 3000, 세 번째 그림의 이동 속도는 1000으로 설정한다.

- **스타일 시트 속성** : 그림을 이동하기 위해 position 속성은 relative로 설정한다.

- **제이쿼리 함수** : stop( ) 메소드와 animate( ) 메소드를 메소드 체이닝하여 그림을 이동시키는 move( ) 함수를 작성한다. 함수의 매개변수는 어떤 그림이 클릭되었는지 나타내는 obj 변수와 이동 시간을 나타내는 time 변수로 설정한다. 또한 [초기화] 버튼을 클릭했을 때 동작할 back( ) 함수를 작성한다.

예제 12-17 제이쿼리 함수 작성하기　　　　　　　　　　　　　　　ch12/17_jq.html

```
<head>
    <script src="jquery-3.2.1.min.js"></script>
    <script>
        function move(obj, time) {
            $(obj).stop().animate( {
                left:-350,
                top:0
            }, time);
        }
        function back(css) {
            $(css).stop().animate( {
                left:0,
                top:0
            });
        }
    </script>
    <style>
        .moving {
            border:1px solid #000000;
            margin: 20px auto 0 auto;
            text-align: right;
```

```
            width: 550px;
        }
        .moving img {
            cursor: pointer;
            position: relative;
        }
    </style>
</head>
<body>
    <div class="init">
        <button type="button" onclick="back('.moving img')">초기화 상태</button><br>
    </div>
    <div class="moving">
        <img onclick="move(this, 6000)" src="pic1.jpg"/><br>
        <img onclick="move(this, 3000)" src="pic2.jpg"/><br>
        <img onclick="move(this, 1000)" src="pic3.jpg"/><br>
    </div>
</body>
```

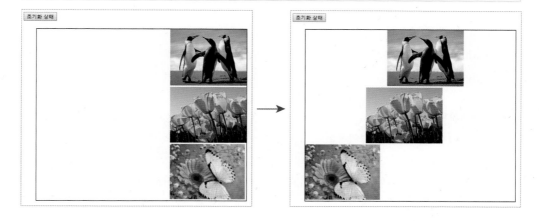

NOTE_ 제이쿼리 모바일

제이쿼리 모바일(jQM, jQuery Mobile)은 짧은 코드로 모바일에 최적화된 웹(web)과 앱(App)을 만들어주는 라이브
러리이다. 제이쿼리 모바일을 사용하면 빠르고 간편하게 웹과 호환이 되는 모바일 페이지를 만들 수 있다. 또한 이미
완성되어 있는 UI(User Interface)를 제공하기 때문에 디자인과 코딩 부분에 도움을 많이 받을 수 있다. 자세한 내용
은 제이쿼리 모바일 홈페이지(http://jquerymobile.com)를 참고한다.

▶ 요약

01 제이쿼리

2006년 미국의 존 레식(John Resig)이 만든 자바스크립트 라이브러리로, MIT 라이선스의 오픈소스로 제공되어 누구나 무료로 사용할 수 있다. 자바스크립트 코드 형식을 좀 더 직관적으로 이해할 수 있도록 짧고 단순한 코드 형태로 변형하여 제공한다.

02 마우스 이벤트 메소드

- mouseenter( ) : 마우스 포인터가 요소 선택자 안에 있으면 호출한다.
- mouseleave( ) : 마우스 포인터가 요소 선택자 밖에 있으면 호출한다.
- mousedown( ) : 마우스 버튼이 눌린 상태이면 호출한다.
- mouseup( ) : 마우스 버튼에서 손을 떼면 호출한다.

03 CSS 스타일 변경 메소드

- addClass( ) : 선택한 요소에 하나 이상의 클래스를 추가한다.
- removeClass( ) : 선택한 요소에 하나 이상의 클래스를 삭제한다.
- toggleClass( ) : 선택한 요소에 클래스 추가 및 삭제를 반복적으로 수행한다.
- css( ) : 선택한 요소의 스타일 속성을 설정하거나 반환한다.
- width( ) : 선택한 요소의 가로 크기를 반환한다(패딩, 경계, 마진은 제외).
- height( ) : 선택한 요소의 세로 크기를 반환한다(패딩, 경계, 마진은 제외).

04 애니메이션 메소드

- show( ) : 선택한 요소를 보이게 한다.
- hide( ) : 선택한 요소를 숨긴다.
- toggle( ) : 선택한 요소를 보이게 하거나 숨기는 작업을 반복 수행한다.
- stop( ) : 애니메이션 효과를 중지한다. fade 혹은 slide 관련 메소드에 적용된다.
- fadeIn( ) : 선택한 요소를 서서히 보이게 한다.
- fadeOut( ) : 선택한 요소를 서서히 사라지게 한다.
- fadeToggle( ) : 선택한 요소를 서서히 보이게 하거나 사라지게 하는 작업을 반복 수행한다.
- fadeTo( ) : 선택한 요소를 서서히 투명하게 나타낸다. 투명도는 0.0~1.0 값으로 지정한다.
- slideUp( ) : 선택한 요소를 밀어올린다.
- slideDown( ) : 선택한 요소를 밀어내린다.
- slideToggle( ) : 선택한 요소를 밀어올리거나 내리는 효과를 반복 수행한다.

01 제이쿼리에 대한 설명으로 옳지 <u>않은</u> 것은?

① 오픈소스 라이브러리이다.

② 제이쿼리 API를 다운로드해서만 사용할 수 있다.

③ 자바스크립트 코드 형식보다 간결하다.

④ 제이쿼리 코드의 단축형에는 '$' 기호를 사용한다.

02 웹 문서의 〈h2〉~〈/h2〉에 해당하는 텍스트가 보이지 않도록 hide( ) 메소드를 올바르게 작성한 것은?

① h2.hide( )　　　② $h2.hide( )　　　③ $("h2").hide( )　　　④ h2$hide( )

03 제이쿼리 마우스 이벤트에 해당하지 <u>않는</u> 것은?

① mouseenter( )　　　② mouseleave( )　　　③ mousedown( )　　　④ mouseclick( )

04 〈body〉~〈/body〉 안의 텍스트를 클릭하면 모든 정보가 사라지도록 제이쿼리 코드를 완성하시오.

```
<script>
    $(document).ready(function () {



    });
</script>
```

05 다음 실행 결과를 참고하여 각 색상 블록 영역에서 총 클릭 횟수를 나타내는 제이쿼리 프로그램을 작성하시오.

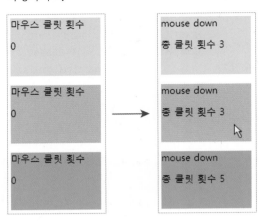